耦耕集

文化语言学存稿

游汝杰　周振鹤　著

GUANGXI NORMAL UNIVERSITY PRESS
广西师范大学出版社　·桂林·

图书在版编目（CIP）数据

耦耕集：文化语言学存稿 / 游汝杰，周振鹤著．
桂林：广西师范大学出版社，2014.5
ISBN 978-7-5495-5219-1

Ⅰ．①耦… Ⅱ．①游…②周… Ⅲ．①文化语言学一文集 Ⅳ．①H0-05

中国版本图书馆 CIP 数据核字（2014）第 049589 号

广西师范大学出版社出版发行
（广西桂林市中华路 22 号　邮政编码：541001
网址：http://www.bbtpress.com）
出版人：何林夏
全国新华书店经销
湛江南华印务有限公司印刷
（广东省湛江市霞山区绿塘路 61 号　邮政编码：524002）
开本：880 mm × 1 240 mm　1/32
印张：10.625　　字数：235 千字
2014 年 5 月第 1 版　　2014 年 5 月第 1 次印刷
审图号：GS（2013）2852 号　　定价：36.00 元

前　言

这本集子的上编是我们在撰写《方言与中国文化》一书前后聚首讨论文化语言学时所写的一系列论文，从中可以看到我们学术思想发展的路径，加之其中有些内容在该书中未有体现，所以承广西师范大学出版社好意，将其结集出版，以待学界之批评。本集的下编则是游汝杰个人已经发表，但尚未结集的有关“文化语言”的论文与译文，编在一起以便读者审评。这些论文是多年前撰写的，其中有些观点现在看来也许不甚妥当，但这次结集未做任何修订，以见当年的心路历程。

作者谨识

目　录

上编

下编

上编

古越语地名初探
——兼与周生春同志商榷

周振鹤　游汝杰

周生春同志在1979年1—2期《杭州大学学报》上发表的《姑苏考》一文，考证了姑苏即今苏州的苏山，这是正确的。但他立论的基础是训“姑”为“山”，值得商榷。我们认为“姑”字在此只是发语词，没有实义。所谓“齐头式”地名，可分成倒置式和前加式两大类。周生春同志认为姑苏是倒置式，我们认为姑苏是前加式。本文试对江浙一带（包括江西和安徽的部分地区）的古越语地名作些探讨。

据史籍记载，先秦时代江浙闽粤一带为百越所居地。又据《左传·襄公十四年》、《左传·宣公四年》和《说苑·越人歌》的有关记载，可以窥测古越语和华夏语是距离很远的。先秦时代江浙一带的地名原是用古越语来命名的，春秋以后始见于文献记载，当是华夏族用华夏语言同音字所记。研究这一带地名必须有以下三个出发点：第一，这些古地名的音义都来源于另一个部族语言，同一地名往往用音近的不同汉字来记录；第二，不能站在汉字的立场上望文生义；第三，自有不同于汉语的特点。但汉代以来，人们对这些地名往往囿于汉字，望文生义，妄加解释。如无锡，应是古越语前加式地名，“无”是发语词。但是王莽篡汉后却改“无锡”为“有锡”，误把这个“无”字当作“有无”之“无”。

江浙一带的齐头式地名都属前加式。现将这类地名及其冠首字举例如下(限于汉前)：

句(勾同)：句章、句容(《汉书·地理志》)、句甬东(即甬句东，《吴越春秋·夫差内传第五》)、句无(又名句乘，《国语·越语上》)、句注山(《吕氏春秋·有始览》)、句余之山(《山海经·南山经·南次二经》)

鸠：鸠兹(《左传·襄公元年》)

姑：姑苏(《国语·越语下》)、姑熊夷(《国语·吴语》)、姑蔑(或作姑妹，《国语·越语上》)、姑末(《吴越春秋·句践归国外传第八》)。

于：于越(《春秋·定公十四年》)、于潜(《汉书·地理志》)

乌：乌程、乌伤(《汉书·地理志》)

余：余暨、余干(或余汗)、余姚(《汉书·地理志》)、余杭(《绝越书卷二》)

无：无锡(《汉书·地理志》)

芜：芜湖(《汉书·地理志》)

夫：夫椒(《左传·哀公元年》)

这些古越语地名是用汉字记录的。古代汉字多通假之例。这些地名的冠首词也多互相通假，可以归并。以上九个冠首字的上古音，从韵母来看，属于鱼部的有：于、余、无、芜、姑、乌、夫；属于侯部的有句、鸠。鱼、侯是邻韵，可以相押的地方很多,故可相通。从声母来看属于见母的有姑、句、鸠;属于影母的有于、乌;属于于母的有余;属于明母的有无、芜;属于滂母的有夫。综上所述,可以把姑、句、鸠归并为一类,因为韵母则鱼侯相通;声母则均属见母。可以把于、乌、余、无、芜、夫归并为另一类,因为韵母则均属鱼部;声母则又可分为两小类:属于喉音的影母和余母,属于重唇音的明母和滂母。喉音和重唇音似乎距离较大,但是从吴方言中保留古音较多的温州话来看,于、无、芜、余同音,即[vu],夫则读[fu],区别仅在于重唇和轻唇。因为古越语音值不可稽考,暂用汉字"句"代表第一类冠首词,用"于"代表第二类冠首词。

"句"类词和"于"类词都是发语词,并没有实义。古越语多发语词,东汉人服虔说:"吴蛮夷,言多发声,数语共成一言。"[1]《史记·吴太伯世家》:"太伯之奔荆蛮,自号勾吴。"颜师古注《汉书·地理志》曰:"句,音钩。夷俗语之发声也,亦犹越为于越也。"勾吴即是吴,于越即是越。句、于是没有实义的发语词。这两类词不仅见于地名,也见于人名,如句践、句亶、余善、余祭、余昧、夫差、夫槩、无余、无壬、无睪无疆。现代吴方言在单音节人名前也加发语词,如阿根、阿土。其结构模式跟古越语同。如寿梦两个儿子的名字余祭和余昧,用现代的话来说就是阿祭、阿昧。

现将上述地名冠首字的发语词性质分别加以考证。

句。在出土的铜器中,吴器有吴王光逗戈,攻敔王光戈,攻吴王夫差鉴,攻吴王夫差剑,工𫊸王钟,工𫊸太子姑发腎反剑等。敔、𫊸是吴字之通假,攻、工是勾字之通假。吴(敔、

---

〔1〕《世本·居篇》注。

歔)字前可加勾(工、攻)字,也可不加任何字,可见勾(工、攻)无实义,是发语词而已。又,出土“越王鸠浅剑”,勾践作鸠浅,可见勾、鸠亦可通假。字面的意义和所记的客体没有联系。《左传·哀公二十二年》:“越灭吴,请使吴王居甬东。”《国语·越语》则将甬东记为甬句东。可见句字可有可无。另有句甬,得名于甬江,句字亦属虚义。

姑和诸。郭沫若同志释《姑冯昏同之子句鑃》铭文,认为“姑冯昏同”即越王句践时的大夫冯同[1]。姑字可省,可见属虚义。姑苏后世称苏州,姑亦省去。上述“工歔太子姑发胃反剑”,郭沫若、商承祚等同志考证为吴王诸樊之剑。铭剑者当时为寿梦太子。商氏拟“姑”为“诸”则不仅姑为虚义,“诸”亦类之。再者,《国语·吴语》载:“大夫种乃献谋曰……越王许诺,乃命诸稽郢行成于吴。”再看《国语·越语》对同一件事的记载:“大夫种进对曰:‘……’。勾践曰:‘苟得闻大夫之言,何后之有?’执其手而与之谋,遂行成于吴。”可见献谋者,行成于吴者均是大夫种,亦即诸稽郢。两名同指一人,快读为种,慢读为稽郢。至今闽南话“种”读[tɕiŋ],犹是稽郢之合音。至于“诸”很明显仅是发语词,有无不影响意义,故可省去。“姑”和“诸”实唯一字。《世本·居篇》注曰:“姑之言诸也,毛诗传读姑为诸。”这样看来诸暨也属此类地名。

于。《竹书纪年》称越为于粤(越、粤通假):“晋出公十年十一月,于粤子句践卒。”[2]但是出土的“越王鸠浅剑”、“越王者旨于赐剑”、“戉王州句剑”等越器铭文均作越不作于越,于字因属虚义而省去。于潜亦可省称为潜。《吴越春秋》:

---

〔1〕 郭沫若:《两周金文辞大系考释》“越器·姑冯句鑃”。

〔2〕 商承祚:《“姑发胃反”即“诸樊”议》,载《中山大学学报》(哲学社会科学版)1963年第3期。

“秦徙大越鸟语人置之曁。”曁即丹阳郡的于潜县。又，《水经·浙江水注》曰，于潜“因县境曁仙而得名”。

乌。于、乌同音，至今浙南吴语皆然。西汉会稽郡有乌程县、乌伤县，后人多望文生义，强解乌程因乌氏程氏所居而得名。而乌伤之解则更荒谬，据云乃乌(鸦)口皆伤之意[1]。其实此两地只叫做程、伤而已，加“乌”以发语。至今闽南晋江一带，仍以“乌”[ɔː]作发语词用于单音节人名之前，如乌海、乌珠，对不知其名的人当面可叫“乌个[ɔː ɛ]。在这里“乌”不作“黑”解(闽南话称“黑”为“乌”)，用法与厦门话、粤语、吴语的“阿”，福州话的“依”相同，用于发语，带爱称意味。浙北以“乌”字起头的，地名很多，如乌风山、乌带山、乌戎山、乌胆山、乌午严、乌蜀山、乌巨山等。

余。“余”字非古汉语地名用字。含“余”字地名有西汉豫章郡余汗县(或作余干，地在今江西省余干)。《汉书·严助传》载淮南王安上武帝书谓“越人欲之变，必先由余干界中”。可见当时越人曾分布至赣东北，“余干”必是越语地名。浙北的余杭、余姚、余暨更是越人所居地，也当是越语地名，秦汉不过用汉字记其音，而沿用其名。汉会稽郡的余暨，东汉人应劭认为是“吴王阖闾弟夫槩所邑”[2]，当必有所据。因为是夫槩之城，故以暨名之。余、夫两字都只有虚义，所以暨字不变，夫字换为余字，仍可表暨领有之地。余姚得名于姚水。余杭的“杭”来源未详，有人训为航，恐未必然。后世杭州、姚州均省去“余”字，可见“余”无实义。《左传·昭公十七年》:“冬……大败吴师，获其舟余皇。”余皇是吴先王所乘

---

〔1〕《史记·句践世家·索隐》。
〔2〕《汉书·补注·会稽郡》。

之舟。可见“余”不仅可以前置于地名、人名，还可以前置于物名，仅起发语作用而已。江浙一带以“余”字冠首的地名还有余不、余罂、余渔、余英、余支等。

夫。《左传·哀公元年》：“春，吴王夫差败越于夫椒。”杜注：“夫椒：吴郡吴县西南太湖中椒山。”夫椒得名于椒山，原无“夫”字，“夫”无实义可知。

无。越王中称无某的颇多，传说中越国始祖叫无余。《竹书纪年》、《吴越春秋》所载越王名有：无任、无曎、无阻、无余、无颛等，直至汉代，闽越王中犹有号无诸者。近人罗香林认为古越人命名不避祖讳，并训“无”为“王”[1]。这种看法未必确当。“无”即训为“王”，为什么其他越王名也有不含“无”者？况且地名中的“无”字又显然不能释为“王”。其实古越语地名、人名乃至物名有一种一致性，即用些发语词冠首，如上述的姑、夫、句、余均是。其用法可与英语虚词相类比。“无”当类此。“无”如训为“王”，则不能解释地名，如训为有无之“无”，又不能解释越王名，只能解释为发语词才妥切。无锡既不是“其地无锡”，也不是“锡王”。无锡乃越语，“无”是词头，“锡”另有越义。后人不知其所由来，妄加解释，或说其地本产锡，至汉锡已采尽，而名无锡，或说“后汉有樵客于山(指锡山)下得铭云‘有锡兵，天下争，无锡宁，天下清’”，皆无稽之谈。

通观上文所作考证，可知周生春同志训姑苏之“姑”为“山”是不对的。请再以四证补充之。第一，江浙一带古越语地名的一条规律是齐头式地名只有前加式，即以发语词冠

---

〔1〕 罗香林：《古代越族文化考》，录自《百越源流与文化》，“国立”编译馆中华丛书编审委员会1955年12月出版。

首，未见有倒置式地名。如依周说，则姑苏为倒装式地名，这不符合一般规律。第二，如依周说，无法解释人名中的“姑”字。第三，姑蔑之类地名可以省称为蔑，如训为山，则姑字不可省。第四，依周说，姑是岵的通假，含山义，则姑是汉字汉音。那么姑灌、姑射、姑逢、姑兒中的“姑”字含山义已极为明显，但是《山海经》却作：“姑灌之山、姑射之山、姑逢之山、姑兒之山”，《山海经》不至画蛇添足至于此。姑苏乃越语地名，“姑”是发语词，“苏”另有他义，不可以汉字汉义强解之。

以上研究仅限于江浙一带古越语地名。古代百越分布的范围要广阔得多。臣瓒曰：“自交趾至会稽七八千里，百粤杂处，各有种姓。”[1]他们的语言应该有某种一致性，以各地同类古地名有待进一步整理和研究，这里不赘。

原载《复旦学报》，1980年第4期。

〔1〕《汉书·地理志》注。

方言地理和历史行政地理的密切关系
——以浙江方言分区为例

游汝杰　周振鹤

引　言

语言是历史的产物。现代汉语方言区的形成是多种历史因素综合作用的结果。移民和政区沿革是这些因素中两个重要的方面。换句话说,方言地理与移民史和历史行政地理的研究有着密切的关系。

谁都知道客家方言是西晋末年以后几次大规模移民的直接后果。虽然对移民与方言的关系至今还很少进行过深入的研究,但是无论是历史学界或语言学界都承认这种关系有重要的意义。然而历史行政地理与方言地理的关系却并未引起人们应有的重视。虽然西方语言学家早就注意到:方言分区界线有可能与政治疆界相一致,但也从未有人借助历史地理学的方法来进行方言分区。

方言地理学历来使用"特征判断法"划分方言区域,也就是以表示方言特征(包括语音、词汇、语法)的"同言线束",作为方言分区的界线。但是同言线有时并不重合或密集成束,而是十分离散,甚至犬牙交错。在这种情况下,如果选择其中一条同言线作为分区界线,难免失之偏颇。如根据麻韵(开口二等)今读[a]这条同言线,金华和杭州同属一个方言区,但是如果以古寒韵(见组)今读[ε]这条同言线为准,金华和杭州又要分属两区。因此特征判断法可行性差的缺陷是显而易见的。

有些西方学者因此干脆走向取消主义,认为方言之间并不存在疆界,划定方言边界的企图是徒劳的。事实上,一般人光凭听感都可以得出结论:吴语和闽语是分属两个不同的方言区的;就是在闽语内部,福州话和厦门话也分属两个更小的方言区,如此等等。问题在于方言的疆界比较模糊,简单地、机械地运用西方传统的"特征判断法",往往不能科学地划出边界。我们应该综合考虑方言形成的历史原因、文化背景和方言本身的特征,另辟蹊径,寻求适合我国实际情况的新方法。

笔者最近在探讨吴语分区问题时,发现历史行政地理与方言地理存在某种程度的一致性,可以用历史时期的行政区划作为吴语内部分区的基础。本文以浙江省为例,首先阐述其政区沿革过程,分析其与方言分区产生一致性的历史原因,然后从语言学角度论证以历史政区作为方言分区基础的切实可行性。

浙江政区沿革简述[1]

自秦代开始建立统一的中央集权制国家以后，我国地方行政区划经历了纷纭繁复的变化，归纳起来大致可以分成四个阶段。第一阶段是秦汉时期，地方行政区划分成郡县两级，汉武帝以后在郡之上设州，作为监察区。第二阶段是魏晋南北朝时期，这时汉代的州变成一级政区，形成州—郡—县三级行政区划。第三阶段是唐五代宋辽金时期，三级行政区变成道（路）—州—县的形式（隋代是郡县两级，与秦汉相似）。第四阶段是元明清时期，政区形式又一变而为省—府—县的体制。

两千年来，县是唯一不变的基本政区形式。史籍上记载由某县分某县，往往表明新县（子县）是由老县（母县）的人民前去开发的，这些人必然要将原有的方言带到新的居住地。因此开发的过程实际上也是方言传播的过程，如果明白了县的析置过程，大体上也就可以知道该县的方言应与母县的方言相近。

浙江的开发途径大致是由北而南，在政区沿革上则经历了两次置县的高潮。秦代在浙江地区设置了十九个县[2]，大部分集中在浙北杭嘉湖和宁绍平原，少数几个县位于浙西

〔1〕 本节曾承谭其骧志师教示，谨致谢忱。

〔2〕 据《汉书·地理志》，今浙江地区有汉县二十，其中唯回浦汉置，余十九县应为秦置。《汉书·高纪》载：六年“以故东阳郡、鄣郡、吴郡五十三县立刘贾为荆王”。这五十三县当是秦县数。除去东阳郡十七城（今苏北南半部），鄣郡和吴郡应有三十六城，其中在苏南和安徽省有十七城，在浙江有十九城。参见周振鹤《西汉诸侯王国封域考》第二章，载《中华文史论丛》1982年第三辑。

天目山和金衢诸暨盆地。这些县的设置是秦代以前几千年先民筚路蓝缕以启山林的结果。汉代重视经营西北，忽略开发东南。西汉两百年间只在沿海增设了回浦（今临海）一县，东汉开头一百多年间也只在瓯江口设置了永宁一县（今温州市）。自东汉后期起，至西晋太康年间，主要由于孙吴政权的刻意经营，百年之内，浙江增县二十六，比东汉中叶以前二十一旧县翻了一番还多，这是大规模设县的第一大高潮。这些新设的县填补了浙江地区的大部分空白，除西南一隅外，基本上已达今之省境。东晋、南北朝时期二百七十年间，仅增设了三县。

唐代三百年间，恢复了在隋代不合理并掉的二十多个旧县，并增设了十多个新县，这是第二个高潮。新县多处于今省境的边缘地带。这时浙江大部分地区都已开发。此后吴越增三县，两宋三百余年只增两县，又是一段低潮时期。

明代二百余年又增设九县，其中约半数在偏僻山区，半数在滨海地带。这时浙江大陆部分的开发已达到饱和状况。所以清代、民国及解放以后新置的八县，除两县在高山峻岭之中外，其余六县皆在海岛之上。

县以上的二级政区如秦汉的郡、唐宋的州、元明清的府与方言的分区有直接的关系。这些二级政区的辖境大小基本上是以所辖县的多少划定的。秦汉时期，南方尚未大规模开发，县的密度小，因此一个郡相当或大于今天一个省的范围。秦时的浙江境内不过十九个县，只占会稽郡的一部分而已。东汉末年以后浙江境内大量设县，郡的辖区也就相应缩小，郡数随之增加。至西晋太康间，浙江境内已有临海、会稽、东阳三个整郡和吴郡、吴兴郡、新安郡各一部分。

唐代的二级政区由郡改为州。浙江境内已有杭、湖、越、明、睦、婺、衢、括、温、台十个整州及苏州的一部分。

唐以后，增置县的大浪潮已经停止，二级政区的数量和辖境也稳定下来。宋代基本上仍是十个半州的体制。元代分南宋嘉兴府（即北宋秀州）为嘉兴路和松江府，于是今浙江境内容纳了十一路（相当于唐宋的州）。

明初正式设立浙江省。洪武十四年（1381）以后，直至清末，浙江一直包含十一府。这十一府的辖境除嘉兴外完全沿袭了唐宋时期州的规模。明清嘉兴府的辖境相当于元嘉兴路，但只占南宋嘉兴府或北宋秀州或唐苏州的一部分。由此可见，除嘉兴府外，其他十府（州）的辖境稳定了近一千年不变。政治区划如此长期的稳定，必定会对这个区域内的方言的内部一致性产生极大的影响。频繁的社会交往必然促使语言趋向一致。府（州）是一群县的有机组合体，府治不但是一府的政治中心，而且一般也是该府的经济、文化、交通中心。因此府属各县与府治的密切接触也必然有助于消除各县方言的特殊之处，使各县的方言自觉不自觉地向府治靠拢。历史记载证实了这个推论。唐代的苏州在北宋时分出秀州。这个秀州（南宋称嘉兴府）只不过存在了三百五十年，就在这三百多年间，秀州（嘉兴府）治嘉兴县的语音成了全州（府）的权威语音。到元代分出松江府以后，这种情况并未立即改变，过了两百多年，到明朝正德年间，松江府的语音依然“视嘉兴为重”，而“视上海为轻”（见正德《松江府志》）。又过了一百多年，到了清代康熙年间才变为“视姑苏为重”（见康熙《松江府志》）。

进一步的查考表明，浙江各府的属县基本上都是由一二个或两三个最古老的县析置的。这是府内方言存在一致性的更深远的历史原因。宁波府六县析自秦句章、鄮、鄞三县；

台州府六县除宁海外[1]，都析自西汉回浦县；宁海析自鄞县；金华府八县都析自秦乌伤县；衢州府五县都析自秦大末县；温州府六县都析自东汉永宁县；处州府十县都析自松阳、平昌二县；嘉兴府七县析自秦由拳、海盐二县；至于绍兴府地则是春秋越国的主体，秦代在该府境内已设有上虞、剡县、山阴、会暨、诸暨、余姚六县，后世不过增置二县而已。

杭州、湖州二府则稍复杂些。杭州府九县，东部七县析自秦钱塘、富春、余杭和后来属于嘉兴府的海盐，西部二县析自秦于潜。秦于潜与钱塘等县分属不同政区，至西晋才同属一郡。这是杭州府东西部方言略有差异的历史原因之一。湖州府七县析自秦乌程、鄣二县。这二县秦末亦分属两郡。这可能使得湖州的安吉一带与府治乌程（今吴兴）方言稍有区别。只有严州府的情况最为特殊，它不是由位于府境之内的秦汉旧县发展出来。府属六县虽然分别析自秦歙（今安徽歙县）和富春（今浙江富阳）二县，但这两县从不共存于同一个二级政区内，后来更分属不同的一级政区，两县县治也不位于严州府境内。严州府的前身——隋代的遂安郡是由故新安郡和吴郡各一部分并合而成的，所以严州府方言内部一致性必然很低。

邻接的府与府之间，由于某些历史原因，也可能存在某种同一性。上述十一府大致可以分为四组。第一组包括北部的嘉兴、湖州、杭州、绍兴、宁波。这五府的主体部分是连成一片的宁绍平原和杭嘉湖平原。这是浙江最早有人居住的地方，浙江境内良渚以上的文化只发现于这个地区。秦代

---

〔1〕 宁海东晋析自鄞县，隋代省并，入章安县（今临海），唐代置台州，恢复宁海县，故属台州。

在浙江境内所置十九县就有十七个分布在这五府之中。因此这一带的方言相互间必然比较接近。第二组是金华、衢州、处州三府。衢州原为婺州(金华府前身)的信安县,唐代才独立成州。处州府的开发较迟,至东汉末才置平昌、松阳二县。这二县最接近秦大末县地(衢州前身),而离瓯江口的永宁县较远,所以这二县应是衢江流域人民溯灵溪、逾仙霞岭、下松阳溪前去开辟的。此后隋代在松阳溪中游置括苍(今丽水),唐代则在其下游置青田。由这一置县路线可以推测处州府方言应当接近衢州府。第三组是台州府,第四组是温州府,两府渊源有别,不能合成一组,方言也应有较大差别。

浙江的行政地理沿革大略如上所述。从历史行政地理出发,对浙江方言的内部分区问题进行语言学方面的分析和论证,结果表明方言地理和历史行政地理关系之密切,远远超出一般人的想象。

浙江次方言区的划分

基于上节所述的认识,我们设计了一套方法将浙江方言进行分区。

这一套方法的设想是:第一步,列出能反映吴语内部语音差异的项目若干条作为比较的依据,这是同中求异,亦即在同一吴语中求出各地方言在这些项目上的差异。第二步,以各府治作为标准点,将全省各县的语音逐项和标准点作比较,计算出相同项目的百分比。这个百分比称为接近率。假设用于比较的语音特征的项目有二十五个,而某县和某府治相同的项目有二十个，则两者的接近率为80%。这是异中求同。接近率的高低标志语音一致性的程度。因为造成方言差异的原因除了跟政区沿革有关外，还往往跟移民等其他因素有关，所以某些府中的个别县有可能跟府治的接近率较低，反而跟邻府府治一致性更大，在这种情况下，我们就把个别县调整到邻府中去。这样就形成经过修正的以府治为中心的新的单位，我们把这种新的单位称为"板块"。第三步，求出上述各板块（基本上是府）内各点和标准点（即府治）接近率的算术平均值。这些平均值即表示各板块内部的一致性程度。与此同时求出每个板块内各点与所有其他板块标准点接近率的算术平均值。这个数值即是各板块方言之间接近程度的指标。根据这些算术平均值的高低，即可判定哪几块板块一致性较大，可以互相并合成更大的板块；哪些板块独立性较强，不应与别的板块并合。这些更大的板块（称之为"府群"）和独立的板块即是最后划定的一个个次方言区。

下文具体讨论怎样依据上述设想来划分浙江的次方言区。

一、同中求异，列出语音特征的比较项目

本文据以分析比较的语音原则上以今市或县为最基本的单位（个别地点是解放初期的旧县），各市、县取一个方言点来讨论。浙江各县的方言材料至今尚未齐备，我们搜集了

五十二个地点的材料[1]，所列的语音绝大多数代表县城或市区的老派语音，个别地点（均非旧府治）由于县城材料欠缺，暂用乡下老派语音。

表一　浙江各地语音特征表（节录）

府	县名＼项目	拳	借蔗	烧	保饱	刀	沙	九	走	看	娘	真	鼻化	阴平	一？
嘉兴府	嘉兴	dʑ	分	ɔ	混	ɔ	o	iəu	e	ɤə	iã	iŋ	有	53	有
	嘉善	dʑ	分	ɔ	混	ɔ	o	iɤ	ɤ	ø	iɛ̃	iŋ	有	53	有
	平湖	dʑ	分	ɔ	混	ɔ	o	iɤ	ɤ	ø	iɛ	iŋ	有	53	有
	海盐	dʑ	分	ɔ	混	ɔ	o	iu	ei	ə	iɑŋ	iŋ	无	53	有
	桐乡	dʑ	分	ɔ	混	ɔ	o	iəθ	əθ	E	iã	iəŋ	有	44	有
宁波府	宁波	dʑ	分	iu	混	ɔ	o	Y	œY	Ei	iã	iŋ	有	53	有
	定海	dʑ	分	iɔ	混	ɔ	o	iu	iu	Ēi	iaŋ	iŋ	有	53	有
	奉化	dʑ	分	iθ	混	ɔ	o	iY	ɤu	æI	iã	iŋ	有	44	有
	慈溪	dʑ	分	io	混	ɔ	o	y	ɤu	E	iɑŋ	əŋ	有	53	有
	普陀	dʑ	分	io	混	ɔ	o	iu	əy	ɛ	iã	oŋ	有	53	有
	杭州	dʑ	分	ɔ	混	ɔ	a	Y	ei	ɛ̃	iaŋ	in	有	44	有
	湖州	dʑ	分	ɔ	混	ɔ	u	Y	Y	e	iã	ien	有	53	有
	绍兴	dʑ	分	ɒ	混	ɒ	o	iɤ	ɤ	ē	iaŋ	ē	有	53	有
处州府	丽水	dʑ	混	iʌ	混	ʌ	uo	iɯ	ɯ	uɛ	iã	eŋ	有	34	有
	遂昌	dʑ	混	iau	混	au	ɑ	iu	ɤɯ	uɛē	iaŋ	iŋ	有	45	有
	缙云	dʑ	混	iɤɯ	混	ɤɯ	ʊ	iu	ɤɯ	uE	ia	in	无	55	有
	青田	dʑ	混	iɔ	分	œ	ʊ	iu	ɜʉ	uʌ	i	aŋ	无	33	有

〔1〕语音材料的来源有三：一是笔者调查所得；二是已经发表的调查报告；三是《浙江方音集》，浙江省推广普通话工作委员会、杭州大学中文系方言调查小组编印，1959，油印本。江根、岔路和安吉、长兴沿边地带方言概况分别承郑张尚芳、蔡勇飞和鲍士杰同志见告。

续表

	项目 县名	拳	借蔗	烧	保饱	刀	沙	九	走	看	娘	真	鼻化	阴平	一?
温州府	温州	dʑ	混	iɛ	分	ɜ	o	au	au	ø	i	aŋ	无	44	无
	永嘉	dʑ	混	iœ	分	œ	o	iau	au	ø	iɛ	aŋ	无	44	无
	瑞安	dʑ	混	iɔ	分	ɜ	o	iau	au	ø	ie	aŋ	无	44	无
	平阳	dʑ	混	yø	分	ɛ	o	iau	au	ø	ie	aŋ	无	44	无
	泰顺	dʑ	混	iɑɔ	混	ɑɔ	o	iu	au	yə	iaŋ	aŋ	有	213	有
	玉环	ɟ	分	iɔ	混	ɔ	o	iu	əu	iɛ	iã	iŋ	有	33	有
	临海	ɟ	分	iɔ	混	ɔ	o	iə	ə	ø	iɑŋ	iŋ	无	433	有
	金华	dʑ	混	iau	混	ɔ	a	iɯ	eu	aŋ	iAŋ	iŋ	有	334	有
	巨州	dʑ	分	yɑɔ	混	ɑɔ	a	iu	əɯ	aŋ	iɑŋ	iŋ	有	33	有

首先,我们挑选出能够反映浙江方言内部差异的语音特征共二十五项,为省篇幅,项目名称从略,各项只举一个例子说明如下。即声母三项:茶、拳、狂;韵母十九项:灰、保和饱的分混、走、沙、书、九、手、真、官、看、娘、共、江、生、忙、刀、借和蔗的分混、烧、羊;声调三项:骨、天、小称变调或变音。就这二十五个项目,我们制出了五十二个地点的语音特征表。表一就是这张表的节录。表一横列的十四个项目是二十五个项目中更带有代表性的。这里举几项作简要的说明:

1. 古见组来源的腭化音今音有读舌面前音和舌面中音的差异,如温州音:拳 dʑy/31,临海音:拳 ɟiø211。

2. 古豪韵和肴韵今音有分混的差异。温州府(除泰顺县)及武义、浦江县今音不同,如平阳音:保 pɛ35≠pɔ35。其他地点同音。

3. 古侯韵今音有读[au][iu][ɤ][əɯ]等的差异。如衢州音:走 tsəɯ35;宁波音:走 tsoey445。

4. 古寒韵(开口一等,见、晓、影组)今音有读[ø][au][ε]等的不同。温州府(除泰顺县)都读[ø]如平阳音:看kø42;杭州府都读[ε̃]或[ε],如杭州音:看kε̃34。

5. 入声有是否带喉塞尾的差异。温州府各市县(除泰顺)、开化、永康入声不带[ʔ]尾,其余各地均带尾[ʔ]。

二、府内的一致性——方言基本板块的划分

接着将五十二个地点按照明清十一府的体制,分成十组(严州府治建德县的材料不足,暂不列为一组),然后根据语音特征表,比较十个府治与其余四十二个方言点在二十五个项目上的异同。相同项目越多,说明接近程度越高,将相同项目的多寡用百分比来表示,称之谓接近率。各种接近率见表二:《各方言点与标准点接近率表》。此表竖行即十个府治的今地名,横行即五十二个方言点。

由表中可以清楚地看出,府属各县与本府的接近率最高,而与其他府治的接近率不同程度地降低。如嘉兴府内嘉善、平湖、海盐、桐乡四县与府治嘉兴县的接近率分别为76%、76%、72%、64%,而这四县与其他各府治的比率都分别低于这四个数字。

异常之处仅有三个:安吉跟湖州府治乌程县(今湖州市)的接近率比跟绍兴府治山阴县(今绍兴市)的接近率低4%,萧山跟绍兴的接近率比跟嘉兴低4%,嵊县跟绍兴的接近率比跟湖州低4%,表中已用※标出。出现这个现象的原因,是从异中求同时,标准从严不从宽,如鼻化和鼻尾在实际听感上差别不大,但是不以为同而以为异。以嵊县和绍兴为例:江韵ɐ̃≠ɐŋ,唐韵ɒ̃≠ɐŋ,阳韵iã≠iaŋ,如果标准从宽,以

表二　各方言点(县)与标准点(旧府治)接近率表

县名 旧府治 今地	嘉兴府					湖州府				杭州府					绍兴府						宁波府				
	嘉兴	嘉善	平湖	海盐	桐乡	湖州	德清	安吉	长兴	杭州	新登	临安	余杭	桐庐	绍兴	余姚	萧山	上虞	诸暨	嵊县	宁波	定海	普陀	奉化	慈溪
嘉兴(嘉)	100	76	76	72	64	64	48	40	60	52	48	44	44	52	56	60	64	56	60	52	68	60	56	56	48
湖州(湖)	64	52	52	48	56	100	60	52	60	52	44	40	48	48	60	64	56	52	60	64	72	56	56	60	72
杭州(杭)	52	44	44	60	48	52	52	44	48	100	64	56	56	60	52	52	52	52	56	52	60	56	48	56	48
绍兴(绍)	60	68	63	64	48	60	52	56	48	52	52	52	48	56	100	68	60	72	64	60	56	64	64	56	60
宁波(宁)	68	60	60	52	48	72	44	40	48	60	48	44	44	52	56	64	56	52	64	60	100	68	64	84	64
金华(金)	32	32	32	36	28	32	36	28	36	44	44	48	48	32	44	40	44	36	32	36	36	52	48	36	44
衢州(衢)	36	32	28	36	32	36	32	32	40	52	52	48	52	36	36	36	44	32	32	32	44	52	48	44	40
丽水(处)	32	32	32	36	36	36	28	32	40	28	40	32	40	32	40	40	48	48	40	32	40	52	44	44	40
温州(温)	12	12	12	12	20	16	24	24	16	12	8	12	16	8	16	16	20	16	12	20	24	20	20	20	20
临海(台)	36	36	36	44	24	32	40	40	32	32	36	44	28	32	56	36	36	40	32	28	44	48	40	36	48
	嘉兴板块					湖州板块				杭州板块					绍兴板块						宁波板块				

表二　各方言点(县)与标准点(旧府治)接近率表(续)

县名 旧府治今地	金华府						衢州府					处州府				温州府						台州府					
	金华	兰溪	东阳	武义	浦阳	永康	衢州	龙游	江山	常山	开化	丽水	遂昌	缙云	青田	泰顺	温州	永嘉	瑞安	平阳	玉环	临海	黄岩	仙居	温岭	三门	天台
嘉兴(嘉)	32	32	28	16	28	8	36	28	28	36	24	24	28	32	16	28	12	8	8	8	40	36	44	44	40	28	40
湖州(湖)	32	28	28	12	24	12	36	32	32	28	20	28	32	32	20	32	16	12	12	12	44	32	36	40	44	32	44
杭州(杭)	44	48	40	32	44	32	52	44	36	56	36	24	36	28	28	28	12	20	20	20	36	32	36	32	36	36	40
绍兴(绍)	44	44	32	24	32	16	36	32	32	44	32	32	40	32	28	36	16	20	20	20	40	48	40	48	40	40	48
宁波(宁)	36	44	32	24	32	16	44	36	32	44	28	32	32	40	28	20	16	20	20	20	48	44	44	44	48	36	48
金华(金)	100	72	64	60	48	56	60	56	60	52	56	56	64	48	40	44	20	24	24	24	36	40	32	44	36	44	44
衢州(衢)	60	68	64	44	48	48	100	68	64	72	56	48	56	44	32	44	20	24	24	24	44	36	36	40	44	40	48
丽水(处)	64	48	48	48	40	44	52	48	40	48	36	100	68	60	40	52	24	28	28	28	48	40	40	44	48	44	48
温州(温)	20	28	36	28	20	28	20	28	24	24	28	24	16	32	64	36	100	92	84	76	28	28	24	40	28	20	32
临海(台)	40	40	36	24	32	32	36	40	48	36	48	40	32	36	28	32	28	32	32	32	60	100	48	68	60	68	48
	金华板块						衢州板块					处州板块				温州板块						台州板块					

为同而不以为异，则接近率要提高12%，其他二处同此。从整个浙江方言来看，绍兴、湖州、杭州、嘉兴、宁波五府方音比较接近，同属一个次方言区(详后文)，4%之差不足为怪。

表二中真正可以视为例外的县只有三个。

一是泰顺县。泰顺是温州府属县。温州府其他三县永嘉、瑞安、平阳与温州市(温州府治永嘉县的今地)的接近率特别高，唯独泰顺的接近率只有36%；相反，泰顺与丽水(处州府治)的接近率竟达52%，这说明泰顺与处州府的一致性更大。

泰顺乃明景泰三年由温州府的瑞安和平阳两县析置，所以泰顺方言至今仍有温州方言的重要特点之一：真、文、侵、魂、登等韵读[aŋ]，元音低化。但是由于设县之初人烟稀少，官方组织向该县移民以处州人最多，所以方言跟处州反而接近一些。光绪《泰顺分疆录》载："附郭设县时安插括人最多，至今言语犹近丽水、松、遂之音。"括人指括州人，处州府于唐前期称括州。丽水即括州治，松(阳)、遂(昌)皆括州属县。泰顺既然与处州府的一致性大些，就将它划入处州板块。

二是玉环县。玉环县原是温州府下属的厅，但是它与温州接近率只有28%，跟临海(台州府治)接近率反倒高达60%。玉环厅清雍正五年置，由台州府温岭县楚门半岛和温州府乐清县的玉环岛组成。玉环岛与楚门半岛之间仅有一狭窄水道相隔(解放后已筑海堤相连)，而与乐清县却隔着一个宽阔的乐清湾。显然，玉环与温岭联系，比与乐清或温州的联系密切，因此方言就近温岭而远温州。事实上现代温岭话和玉环话基本一致，其音系结构只比温岭少两个韵母[ə]和[øʔ]，[ə]韵并温岭的[iə]韵，[øʔ]韵并入[oʔ]韵。就本文所列的二十五个供比较的项目来看，则完全相同。

三是青田县。青田是处州府属县，但其方言与处州府治丽水的接近率只有40%，与温州的接近率却高达64%。青田原是唐代由丽水县所分置，方言理当与丽水一致。大约因为青田县城距温州近，且有瓯江水路之便；离丽水远且有洞宫山脉之阻，下温州显然比上丽水要方便得多，加上永嘉（今温州）不但置县历史比丽水久远，而且唐代以后的发展又比丽水迅速，很快成为浙南地区经济、文化中心，所以对邻近县城有很大的吸引力，青田县城的语音特征近温州而远丽水也就很自然了。但是青田毕竟是丽水所分置，历史因素仍不容忽视，与温州接近的只是青田县东部方言，西部仍然是近丽水，所以我们把青田县城划归温州板块，但在方言分区图上，仍然把青田西部划归处州，将这一部分与青田县城之间用虚线隔开。

上述三县以外，还有些地方语音材料不够，需另作说明。

严州府（旧辖建德、寿昌、桐庐、分水、淳安、遂安六县）方言的特殊性历来为大家所瞩目。建德（府治，在今建德梅城）、淳安、遂安（今省并入淳安）、寿昌（已省入建德）四点的方音缺乏吴语的最主要特征：塞音和塞擦音的三级分法，浊塞音和浊塞擦音都已变成清音。就这一点来说，它跟皖南某些方言相同，有人因此怀疑它的吴语资格。所以本文对这四县的方言暂不具论。桐庐和分水与上述四点不同，仍保留浊音系统，与其他地方的吴语相同。从表三可以看出桐庐与杭州的方言接近率为60%，超过与其他各府的接近率。这是自有其历史原因的。桐庐，孙吴时分秦富春县（今富阳县）地置，富阳乃杭州府属县，桐庐方言自然与杭州府治接近。分水于唐时分桐庐西部置，其方言自应近桐庐，解放后已省并入桐庐，故我们将桐庐县划入杭州府板块。淳安、遂安话与桐庐、分水有别，而与徽州方言相近是有道理的。这二县本歙县（即今安徽歙县）地，三国孙吴时始分置，其方言当然可能近皖南而远浙江。唯建德、寿昌两县据《元和郡县志》载（?）本秦富春县所分，理应近富春（富阳），但现在语音材料不完备，只好暂时存疑。

又，台州府宁海县东晋由故秦鄞（今奉化）县所分，语音应近宁波而远台州。其地虽属台州已有千年，台州人仍称之为外宁海，可见认同感较差。因缺乏详细的语音材料，无法作进一步比较，暂归入宁波板块，只是县南岔路一带据调查语音近台州。

由以上的讨论可以看出：明清时代府的内部方言具有较大的一致性，可以作为划分方言区的基础。经过个别县的调整后，浙江方言可以分为十个基本板块。这十个板块是：嘉兴、湖州、杭州（严州府桐庐、分水并此）、绍兴、宁波、金华、衢州、处州（温州府泰顺并此）、台州（温州府玉环并此）、温州（处州府青田并此）。

三、府与府之间的一致性——基本板块的并合（即次方言区的划分）

由表二可以看出基本板块内方言一致性的程度。现在进一步探讨这些板块的方言之间有否一致性，以及一致性的大小。为此，设计了表三：板块之间方言接近率表。

表三　各板块间接近率表

板块名 / 标准点	嘉	湖	杭	绍	宁	金	衢	处	温	台	
嘉兴(嘉)	72	51	50	58	60	25	30	28	10	39	1
湖州(湖)	56	55	47	59	63	23	30	31	14	39	2
杭州(杭)	47	50	59	53	54	40	45	29	20	35	3
绍兴(绍)	61	54	54	66	60	31	35	34	21	43	4
宁波(宁)	59	49	50	59	70	31	37	37	21	45	5
金华(金)	31	35	42	39	43	60	57	52	26	39	6
衢州(衢)	32	35	46	35	45	57	65	48	23	41	7
丽水(处)	33	35	35	41	44	49	45	60	29	45	8
温州(温)	10	19	11	17	21	27	25	27	79	35	9
临海(台)	35	37	36	38	43	34	42	35	30	59	10
	一	二	三	四	五	六	七	八	九	十	

表三竖列的地名是十个板块中标准点的名称(用今地名表示),横行是该板块的名称(以简称代表)。表中的一百个数字就是表二所列所有接近率分板块(100 组)的算术平均值(除去 100%这个数字不参加运算)。例如杭州板块有杭州、新登、临安、余杭、桐庐五点,板块内的方言接近率 59%,即是其余四点与杭州接近率 64%、56%、56%、60%的平均值,这一数字放在表三的杭—杭州(竖 3 横三)坐标格内,表示杭州板块内方言的一致性程度(所以杭州本点 100%不参加运算)。

接着为了比较杭州板块与嘉兴板块方言的接近程度,先将杭州板块内所有五点与嘉兴市(嘉兴板块的标准点)的接近率 52%、48%、44%、44%的平均值 47%放在杭—嘉兴(竖 3 横一)格内,这即是杭州板块对嘉兴的接近率。同样道理,嘉兴板块对杭州的接近率50%，即是嘉兴板块五点——嘉兴、嘉善、平湖、海盐、桐乡对杭州的接近率52%、44%、44%、60%、48%之平均值，这个数值放在嘉—杭州（竖1横三）格内。这样，50%和47%两个数字综合起来看就是杭州板块与嘉兴板块方言接近的程度。其他各板块的接近率依此类推。

因此，表三中的中间对角线（以黑框标出）内十个数字是各板块内的一致性程度指标。而以这条对角线为轴，左右对称的两个数字，即综合表示任何一对板块的接近率。这两个数字一般当然很接近。因为如果甲板块各点对乙板块标准点接近率都很高的话，乙板块各点对甲板块标准点的接近率也相应不低。反之亦然。

这样，在表中就可以看出一个有趣现象。首先在表的左上角，即宁—宁波（竖5横五）以左以上的二十格范围内（除对角线5格，以虚线框出）的数字相当接近，最低为嘉—杭州47%。最高为宁—湖州63%，其他数字都落在这两个数字之中。而且无论从横行或竖列来看，框内的最小数字都比框外同行或同列的最大数字要大。这一现象表明杭嘉湖宁绍五个板块的方言一致性较高，而它们与其他板块间的差异却较大，因此这五个板块可以合并成一个次方言区。

其次，在金衢处三板块的九格（竖6—竖8，横六—横八，用虚线标出）中除去对角线三格外，其余六个数字也很接近，最高57%，最低45%，差距只有12%，而且也跟上例一样，方框内任一最小数字都比框外同行或同列的最大数字要大，这同样说明金衢处三板块方言也具有较大一致性，也应并合成一个次方言区。

再次，看温州板块。这一板块内部一致性最大，高达

79%，为十个基本板块之冠，无论是温州板块对任何标准点的接近率，或任何板块对温州的接近率都没有超过 35%，最低竟只有 10%（温—嘉兴和嘉—温州），这说明温州板块的特殊性很大，应自成一个次方言区。

最后是台州板块。其内部一致性不算高，只有 59%，而且无论是台州板块对任何标准点的接近率，或任何板块对台州的接近率都既不高也不低，在 40%左右波动，不像上述三组，组内一致性很大，而与组外的接近率却明显降低。这说明台州板块是一个过渡地带，它也只能自成一区。

这样，我们就把浙江方言分成四个次方言区，即：

（一）浙北区：包括旧嘉、湖、杭、绍、宁五府及台州府的宁海县，严州府的桐庐、分水县。相当于今浙江省杭州市（无建德、淳安县）、嘉兴、绍兴、宁波（包括宁波市）及舟山地区。

（二）浙西南区：包括旧金华、衢州、处州三府（无青田）及温州府的泰顺县，相当于今金华、丽水两地区（无青田县）及温州地区之泰顺县。

（三）台州区：相当于旧台州府但无宁海而有玉环，与今台州地区大体相同。

（四）温州区：相当于旧温州府，但无泰顺、玉环而有青田。亦大致相当于今温州地区（包括温州市），但无泰顺而有青田东部。

四个次方言区的境界线如图所示。事实上浙西南区的西界还可能延伸到江西玉山一带。玉山县始置于唐前期，乃分衢州常山、须江等县置，六十年后割入信州，此后一千年未再属衢州。但是据初步了解，今天的玉山话仍然近衢州而远上饶（旧信州），可见历史政区的深远影响。如果考虑到玉山和上饶同属一个自然地理单元，而与衢州却隔山隔水，更可说明:政区界线对方言的影响远在自然地理界线之上。

在四个吴语次方言区之外,浙江还有一些零星的非吴语的方言区。如平阳县西南部和泰顺县的东南部使用闽语。庆元县东南角江根一带使用属闽语的一种蛮话。沿海岛屿也有闽语的地盘。长兴、安吉两县沿浙皖交界线十多里宽的狭长地带使用北方方言,这是太平天国以后湖北、河南、苏北等地大批移民造成的。另外,浙江的畲族是说客家方言的,因为他们是散居的,图上无法表示。至于今建德、淳安两县的方言归属未定前已论及,此处不赘。

既然次方言区已经划定,最后再归纳一下各区的语音特征。

四、各次方言区的语音特征

就语音特征而言,四个区中以温州区和浙西南区最为明显和整齐,其余两区都有些参差不齐。现将各区的语音特征略述如下:

1. 温州区　本区语音特征最为明显整齐。这从温州板块内部方言一致性程度高达79%这一点也可以看出来。其特征如下:

1)阳韵、唐韵、钟韵、江韵韵尾失落。

2)真韵、侵韵(除帮组和来母外)、文韵(非组)、魂韵(帮、端组)、谆韵(来母)、梗摄(开口三、四等,见、晓、影组)、登韵(除帮组外)、蒸韵(见、晓、影组)、殷韵(见、晓、影组)、痕韵(见、晓组)皆读[aŋ],元音低化。

3)尤韵(见、晓、影组)和侯韵读洪音[au]。

4)豪韵和肴韵今音不同韵。

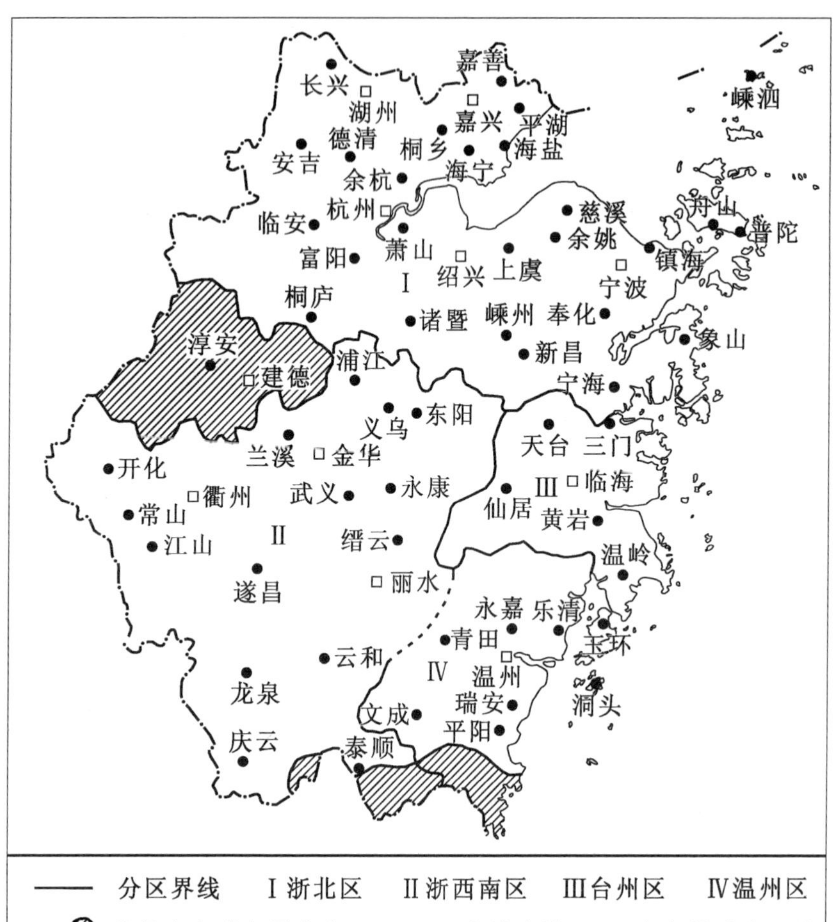

● 浙江省吴方言分区图

5)无鼻化韵。

6)入声韵尾脱落。

2. 浙西南区

1)麻韵二等字读[a]或[ua]。

2）尤韵（见、晓、影组）读细音[iu]。

3）寒韵（见、晓、影组）读[aŋ]。

3. 台州区

1）有舌面中音[c][cʻ][ɟ]。

2）有严格意义上的小称变音。

4. 浙北区

1）麻韵三等字精组和章组不同韵。

2）宵韵（章组）读[ɔ][ɐ]或[au]，无[i]介音。

3）阴平调读高降为主。

4）豪韵读[ɔ]。

以上各区的语音特征或多或少都有互相交叉现象。

结　语

在论证了历史政区内部方言存在一致性以后，我们自然而然会得到这样一个结论：方言地理和历史时期的行政地理存在某种程度的一致性。在历史上政区相对稳定的地区可以试用本文提供的历史地理法划分方言区。

我们也曾设想一种“尽善尽美”的综合判断法，即列出尽可能多的成系统的语音、语法和词汇项目，再就这些项目比较各地点之间的接近率，然后根据这些比率的高低来划方言区。这一设想虽然“完美”，但只能是纸上谈兵而已。例如，就比较语音特征而言，首先得列出切韵的206韵（暂且不论声和等的不同），再逐韵比较各地今音的异同，计算各地在韵母方面的接近率。如果参加比较的地点有100个，每点与其余各点都比较一次，则一共要进行一百万次以上的运算，即

$C_{100}^{2}\times 206=1,017,000$ 次。这种做法至少在现阶段是无法实施的。

于是我们就进一步设想简化这个综合判断法。考虑到我国有悠久的历史，尤其是有 2000 年系统的地方行政制度和严密的地方行政区划，及其对全国各地的政治、经济、文化所产生的深远影响。这种影响显然使得一府（州、郡）或一省（路、州）之内的语言、风俗等趋向一体化，因而使得方言的分界必然与政区的分界有着重合的关系。所以我们设计出了本文所采用的以历史行政地理为前提的简化的综合判断法，作为方言分区的一种尝试。

“特征判断法”完全是西方的东西。西方的语言、社会、历史跟我国有相当大的差距。因此这个方法对我国并不一定能适用，即使勉强使用，也不一定能反映出汉语方言地理的真实全貌。例如，今天浙江的临安县实际上由解放初期的临安、于潜、昌化三县合并而成。如果以现在的政区为基础，将临安县简化成临安县城一点。以县城语音作为画同言线的依据，其结果必然反映临安和杭州的语音相当接近。但如果从历史行政地理来考察，则可以断言，于潜、昌化两地与临安县城的语音肯定有较大差异。因为前两地与临安自秦末以来就分属不同的郡，一直到将近五百年之后的西晋才归属同一个二级政区。根据上文所作计算，杭州板块内部一致性指标只有 59%，如果于潜、昌化材料加进去，这个数字必然还要降低。事实上到这一带作过实地调查的人也都知道昌化方言有其特殊性。

历史行政地理作为方言分区的基础绝不是凭空悬想，而是语言内涵的历史因素所决定的。我们自然不能期望历史行政地理的方法会产生类似门捷列夫化学元素周期表的作用,以至于能预测没有语言调查材料的空白地区的归宿。但是根据政区沿革的历史,大体推测次方言区的模糊边界,应该是可能的。在这里"模糊"这个概念是重要的。特征判断法的目的往往是要定出方言区的精确边界,但是方言地理现象是错综复杂、千变万化的,根本不可能有一条严格的边界,正像在光谱带上无法截然分开两种不同的颜色一样。

当然,历史政区绝不是影响方言分区的唯一因素,在引言中已经提到移民也是一个极重要的因素。在研究移民对方言分区的作用时,可以预料,其中也免不了要有依据历史政区作调整的部分,正像在本文也免不了有依据移民进行局部调整的例子。

原载《复旦学报》,1984 年第 2 期。

方言和文化史研究

周振鹤　游汝杰

语言本来属于文化的范畴，但是从来的语言学家却大都只是孤立地研究语言本身，忽视了语言和文化的关系。一直到 19 世纪，有些西方学者开始注意到这个问题，他们把语言学当作人类学的一个分支。一些人类学家同时又是语言学家，他们通过种族、语言和文化三个纲目来研究人，认为“语言也不脱离文化而存在，就是说不脱离社会流传下来的，决定我们生活面貌的风俗和信仰的总体”（见 Edward Sapir, *Language*, p. 221）。他们的这种看法和具体实践扩大了传统语言学的视野，改变了传统的研究方法。20 世纪初期以来，西方的学术界普遍地把人类学、民族学、社会学跟语言学结合起来研究，语言学在这些研究工作中扮演了重要的角色。

在我国，类似的研究开展得较晚。我国传统的音韵学和训诂学虽然都有悠久的历史，但是前者限于推求古音，后者限于考证词源，而两者的目的都只是为了解经。我国研究语言和文化关系的专著，当首推罗常培先生的《语言与文化》

(北京大学出版,1950 年)。遗憾的是,这本书的出版并没有引起应有的重视,多年来语言学界的目光还是集中在描写语言现状的结构语言学、以构拟古音为目的的历史语言学和应用语言学等方面。而有关文化史学科的研究工作者,又因为语言学过于专门化,也很少利用语言学的研究成果来解决文化史上的某些问题。我们认为,加强语言学和文化史研究的交融、渗透,无疑对这两门学科的发展都有很大的益处。本文仅就方言和古文化的关系,发表一些意见。

历史比较语言学有这样一个假说:同属一个大社团的原始人群本来同操一种语言,后来由于种种原因,这些原始人群四散移居,分成几个不同的社团,这就引起了语言的分化。四散移居的过程一再在次一级的社团中出现,语言也就再一次地分化。分化的程序是:语系——语族——语支——语言——方言——土语。这跟一棵树一再地分成越来越细的树枝一样。所以,这种分化的程序被称为语言的谱系树分化。根据这个假说,历史比较语言学家论证了印欧语系的形成过程:大约在 4000 年以前,印欧人的家园在今东南欧和小亚细亚一带,他们同操原始印欧语。后来原住亚洲平原地带的一些部落西迁而来,迫使印欧人离井背乡,四处出走。西迁的人到达爱奥尼亚海岸的希腊,部分继续北上到意大利;北迁的到达中欧,再分散到不列颠群岛和今法国、西班牙一带,也有的北迁到今乌克兰和德意志一带;南迁的跨高山、越荒漠,到达印度。原始印欧语也就随着史前印欧人的四处离散,逐渐分化为现代印欧语系的各种语言。

历史比较语言学尽管有这样那样的缺陷,它的上述假说,特别是对印欧语系来说,基本上是可以成立的。当然,古代居民的迁徙和语言分化的关系,实际上还要复杂一些。尤其对我国来说，古代居民的迁徙不仅仅引起单一语言分化为多种语言或方言，而且还会引起不同语言或不同方言的融合、语言底层的残留、方言孤岛的形成，语言或方言替换的实现等等更复杂的现象。经过深入的考察和研究，这种种复杂的语言现象，能够在古代居民的迁徙及其文化的分化、发展、融合、替换等方面为我们提供信息。

现代汉语分为七大方言，即北方方言、吴方言、闽方言、赣方言、湘方言、粤方言和客家方言。粗略地说，北方方言是古汉语在华北、东北、西南广大地区内数千年来历史发展的产物。分布在南方的其他六大方言，却是由于历史上北方居民不断南迁而逐步形成的。秦汉以前，江南自“交趾至会稽，七八千里”的广大地区主要还是古越族的居住地，他们所使用的古越语，从刘向《说苑·善说篇》所载越人歌来看，跟北方汉语差异很大，不得相通，所以当时称之为“鸟语”。秦代以后的两千余年，北方汉人曾几次大规模地南移，带去不同时期、不同地区的北方汉语。这些北方汉语分散到南方不同的地域，久而久之，形成了现代南方互相歧异的六大方言。有的大方言区内部差异也还很大，如闽语区的莆仙方言和闽南方言，虽然只有一县之隔，也不能用土语通话，必须使用普通话才能畅谈。南方方言互相歧异的原因，显然是：第一，南下之前的北方汉语内部和古越语内部都有地域差异，这从汉代扬雄《方言》可以看得很清楚；第二，语言是不断发展的，不同时期南下的北方汉话本来就有差异；第三，南方各方言内部独立发展出一些新的成分。

现代汉语七大方言与北方古汉语和南方古越语的关系，以及各方言间的亲疏关系，大致可以用下面的示意图说明。

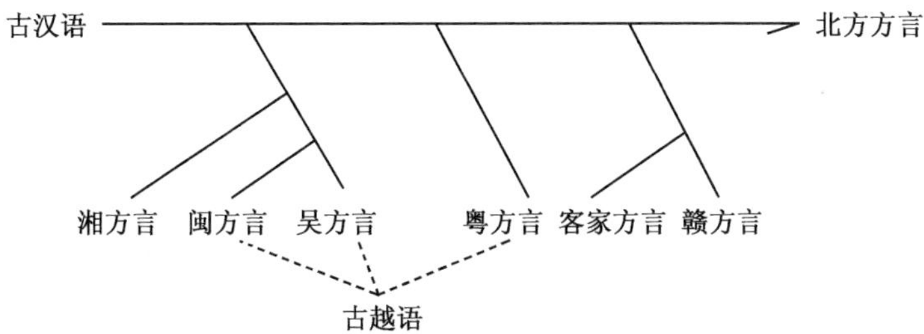

具体说来，南方的六大方言中，吴语和湘语、吴语和闽语比较接近，赣语和客家话比较接近。吴、闽、粤语是古汉语南下跟古越语交融并且战而胜之以后形成的。图中的虚线表示吴、闽、粤语中残留着古越语的底层成分。湘、赣语中有否古越语的底层成分，我们还不敢说定。

关于方言形成和移民的关系的几个主要类型，不妨举些实际的例子来说明。

调查今天福建的福州、泉州和建瓯一带的方音，即所谓十五音系统，并拿来跟古汉语比较，可以发现闽方言保留较多的隋唐以前的古汉语特点，如没有轻唇音 f、v 等。这是因为北方汉人大规模入闽是在晋代永嘉丧乱之后，这些移民正是定居在建溪、富屯溪流域和晋江流域，他们当时所用的语言的重要特征还一直保持到今天。

现代苗语分湘西、黔东和川黔滇三大方言。它们在语音和词汇方面差异很大。操不同方言的苗族人互相不能通话。由此可以推知，苗族人民从共同的家园分散到各地的历史已经相当久远。而且分居以后，这三个地区的苗人之间也很少来往。

方言岛的存在更能形象地说明移民和方言的密切关系。所谓方言岛是指被另一种方言包围的孤立的方言小区域，如四川华阳凉水井客家话区被四川方言所包围，是一个著名的方言岛。方言岛形成的原因是：历史上一支不算太大的移民迁到新的地区以后，顽固地保留他们原来的方言，也可能是原来较大的一个方言区，被相邻的某一种方言渐渐侵蚀，最后变成方言孤岛。南方方言中有一些北方方言的孤岛，如海南岛的军话、福建的南平话和长乐洋屿话、浙南的金乡话，这些方言都是历史上北方军旅及其眷属带来的。今天的南平话的词汇和语音跟四周的闽语不同，而跟北方话相同或相近。如南平话用脸、房子、翅膀、蛋等北方话词汇，而四围的闽语却用面、厝、翼、卵等词汇。原来，南平的北方话是明朝正统年间派来镇压农民起义的两万名禁卫军带来的，他们长驻南平，世代繁衍，自成社区，顽固地保留了北方话。

在多种方言混杂的地区往往有更复杂的人口流动的历史背景。浙江旧平阳县内杂有五种方言：瓯语、蛮话、闽语、金乡话和畲话。据《平阳县志》称，这种情况的产生，跟明代倭寇侵扰和郑成功抗清等事件造成沿海居民播迁有关。

一个地区的方言也有可能完全被另一种方言所替代。这种替代的实现往往是居民成分急剧变化的结果。现代吴语沿长江的西界，在镇江以东（不包括镇江）。镇江到南京一带使用的是下江官话。但是历史上的吴语区不但包括南京，而且包括皖南地区。南京的吴语被下江官话所替代的原因，必须追溯到东晋十六国时期，当时大量北方人民南迁避难，从建康到京口（镇江）挤满了从山东和徐淮地区迁来的移民。建康城内外的北方人甚至超过了原住民。东晋以后在这一带建置的侨郡、侨县多达二十来个，这些北方移民改变了当地的语言、风俗和习惯。北方话最终将吴语赶出了宁镇一带。

语言交替现象在近代也时有发生。皖南的芜湖、宣城、广德、郎溪、宁国一带的吴语，被以湖北话为主的北方话所替换，是在太平天国革命以后实现的。那时候当地人口大减、土地大面积荒芜，大量湖北、河南和皖北人民移垦于此，人数之多甚至超过土著数倍，所以原来的吴方言渐至淹灭。

还有一种情况介于方言岛和全面替代两者之间，即移民语言和当地语言互相渗透，产生一种新的自有特点的方言。在这种情况下，一般说来，移民的人口并不超过土著，而他们的文化也并不显著地高于土著。如杭州话，从词汇系统和缺少文白异读现象来看，接近北方话，但是从声韵调系统来看，却具有明显的吴语特征。一般不把杭州话看成是方言岛，而认为它是跟四围的吴语差别较大的属于吴语的一种小土语。它的成因是宋室南渡，大批官僚、地主、僧侣、商人也跟着迁到临安，同时还有更多的普通老百姓也逃难而来，他们带来的中州话把临安的吴语冲淡了，又经过几百年的发展，才形成今天的杭州话。

在语言学的领域中有所谓"语言底层理论"(Substratum Theory)。底层是指"战胜"的语言中所吸收的"战败"语言的成分。一个地区的语言被另一种新来的语言所替代，前者就可能在后者身上留下痕迹——底层成分。一般说来，"战胜"语言总是文化比较发达的民族的语言。因此研究一种语言中残留的另一种语言的底层成分，对文化史研究，至少有三方面的意义。一是据此可以判断这两种语言的古代民族的文化的高下，二是从底层语言成分的地理分布可以获知古代使用这一种语言的民族的居住范围，三是探索某些底层词汇的词源，可以窥测底层民族的古代文化。

通过现代汉语吴、闽、粤方言和壮侗语族诸语言的比较，我们已经发现，吴、闽、粤方言在语音、词汇、语法三方面都残留有古壮侗语的底层成分。如存在于今吴方言和闽南方言(海口、文昌)的缩气塞音 ʔb、ʔd,这三种方言都具有的量词的某些特殊语法作用等等。现在的壮侗语族居民与古越语有着族源关系,上述三种方言中的底层成分的分布地区,正与古越族"从交趾到会稽"的分布地区相一致,这就为壮侗语族居民是古越族的后代提供了语言学方面的佐证。

最明显的底层成分是历史地名,在曾使用过底层语言的地区,往往残留一批底层语言地名。考查、研究这些地名,对于深入了解底层语言及其居民的分布区,有着重大的作用。例如含"圳、漈、垟、寮"等方言用字的地名集中在浙南、赣南、湘南及闽、粤两省。虽然今天这个地区的方言差异很大,互相不能通话,但是地名的共通性说明在较古的时候,这个地区的语言具有某种一致性,地名的命名习惯也具有一致性。

有无共同的语言是识别民族的一个重要标志。50 年代我国充分利用少数民族语言的调查成果来进行民族识别。但是也有一些例外的情况,如一个民族可以使用一种以上的语言,或者改用其他民族的语言或方言。浙江、福建、江西和广东的潮安、丰顺等地的畲族已改用汉语客家话。客家方言是由北方方言南下而形成的,第一期发生在东晋末,只波及江西,第二期发生在唐末,又远播至浙、闽、粤。所以畲族改用客家话自然是比较晚近的事。大约由于客家人的文化高于畲族,所以接触时间一长,畲族便不得不放弃自己的语言。那么在他们改用客家话之前,使用的是什么样的语言呢?比较一下苗瑶语和现代畲族使用的客家话,发现有少数词,如"蜈蚣、杀、肉、火、饭"等,跟畲民居住地附近的汉语方言不同,而跟苗瑶语相同或相近。畲族分布地区与苗瑶族相距很远,中间又有大量汉人分隔,所以不可能是民族之间词语上的互相借用。互借的可能性排除之后，最自然的解释就是同源。况且广东的博罗、增城、惠东、海丰等县还有大约1000畲族人，他们所说的话跟苗瑶语族的苗语支最为接近，两者之间是存在亲缘关系的。因此畲族的族源是苗瑶族的说法是值得重视的。

方言的研究对于作物栽培史的探索也有一定作用。关于亚洲栽培稻的起源地，是国内外学术界已争论近百年的老问题。我们曾尝试从汉语方言词汇的角度进行探索，结论大致如下："禾"这个词在北方指小米，但是一过长江，却是指稻。把稻子叫做"禾"的地方，包括浙南、湘南、闽、赣、滇等地区的汉人居住地。事非偶然，壮侗语族各语言把稻子叫做[hau]，或跟[hau]相近的音，这跟南方方言的"禾"的字音十分接近。《说文》也载有："秏，稻属。从禾，毛声。伊尹曰，'饭之美者，玄山之禾，南海之秏'。"商汤时南海当泛指南方。这说明当时南方少数民族是把稻子称作"秏"的。傣族有两个古稻种名，叫"毫安公"、"毫薄壳"。"毫"即稻或谷的意思。秏、毫、禾和hau的语音同属一个系统。因此可以认为南方方言中的"稻"词是古越语残留的底层词。上述对南方方言词"禾"的词源的追溯，对我们有三点启发：一是南方的栽培稻先起于古越族，后传与南下的汉族；二是汉人南下之前，南方的稻作已相当发达；三是汉代之前南方的稻作境界有线索可寻。

类似的例子除了稻子以外还有柚子。这种水果的名称南北方迥然相异，南方方言普遍的一个俗称是"抛"。"抛"的方言本字曾有人考订为"橐、脬、棓"等，都是牵强附会，不得要领。"抛"的语音跟壮侗族中"柚子"一词的语音很接近，如福州语、厦门话和侗语（车江话）都叫[phau]，温州音和绍兴音跟[phau]也有对应关系。柚子是常绿乔木，生态环境只限于南方。因此，这种水果必然由南方原住居民首先命名。汉语方言“抛”只是记录了古越语称“柚子”这个词的音而已。所以，本来就没有所谓方言本字可考。广东话称柚子为“绿柚”。“绿”是壮侗语称小而圆形物的词缀 luk 的对音。“绿柚”可以看成是壮侗语和汉语的合璧词。这个例子也说明了方言研究不失为农史探索的途径之一。

语言是社会的产物，不同历史时期的社会都会在语言的发展史上留下印记，使语言形成有规律的历史层次，犹如考古学上文化层的叠压一般。方言的历史层次的涵义包括两方面：一是指不同方言形成的历史年代的先后，二是指同一个方言内部各种语言成分产生的时代的先后。前者可以通过分析语言特点在地域分布上的不平衡性来确定，后者可以通过分析同一个或同一类语言成分的不同表达方式来考察。

各南方方言内部的历史层次，与文化史有关者，在词汇方面最为明显。词汇的历史层次有以下几种表现形式。

在一种方言中，有时一个词有两种或多种读法，包括文白异读。如在厦门方言中“石”字，口语读[tsioʔ]，单用，指石头；在“石砚”（砚台）中读[siaʔ]；文读则是[sik]。又，“席”字，在“席仔”（草席或藤席）中读[tshioʔ]；在“筵席”中读[siaʔ]；文读则是[sik]。这两个字各有三种读音，有人认为，第一种是秦汉音，第二种是南朝音，第三种是唐宋音。这三种音代表厦门话的三个历史层次，这也正是北方文化在秦汉、西晋末和唐末三次入闽的遗迹。由此看来，北方文明中的砚台和筵席有可能是随着第二次南下的文化浪潮，进入福建的。

在一种方言中，有时同一个概念用两个不同的词来表达。如在温州方言中,人的脚叫“脚”,蟹的脚叫“骹”。“骹”的脚义在上古时代就有,《尔雅注》说:“骹,膝下也。”现代闽语和壮语的龙州话还是把脚(包括人的脚)称作“骹”的。温州在秦汉之前是瓯越地,土著跟当时的闽越和骆越人一样都把脚称作“骹”。后来北方汉语南下,带来“脚”字,“骹”的使用范围遂一再缩小,到现代只残留在“蟹骹”(还有“眼镜骹”)中。鱼虾蟹蚌之类是古越人到现代温州一带沿海居民常吃的食物。今天的温州人在吃蟹的时候,大概谁也不会想到,蟹骹是和吃蟹的习惯一起,从他们最早的祖先那儿留传下来的。又如,在温州方言中母亲的面称有两个,一是阿[ma],用的人较多;一是阿[na],用的人较少。《博雅》说:“妳,母也,奴解反。楚人呼母曰妳。”《十韵汇编》也载“夷人呼母曰妳”。在现代壮侗语族的许多语言中,母亲或岳母或婆婆或姨母这些词还是读 n-声母的。闽北方言中“母亲”一词也读 n-声母。以上方言和语言中的这些词的词源看来都是夷人或楚人的妳。“妈”字不见于《说文》,可能是后出的。

南方方言中还有些双音节或多音节词是由两种不同语言的词素叠加而成的。广州话把“荸荠”叫做“马蹄”[mathai],看字面难以索解。但是“马蹄”的广州音却跟壮侗语中的“荸荠”一词的读音很接近。在壮侗语中,跟广州话“马”接近的是“果子”的意思,“蹄”是“地下”的意思,合而言之是“长在地下的果子”。荸荠是南方植物,原产印度,传入我国后,先由古越族栽培并且命名,都是很自然的。所以,广州话中的“马蹄”本是古越语的底层词。但是梅县话和厦门话却把荸荠叫做“马荠”,海南话把它叫做“马蹄薯”。这两个词中的“荠”和“薯”都是汉语成分,是后来的汉人叠加上去的。

方言语法的历史层次也不乏其例。如温州市郊状元桥土话中，对牲畜、家禽的称呼有两套，一套是表性别的词素后置，如猪牯、猪娘、牛牯、牛娘、猫儿牯、猫儿娘、羊牯、羊娘；另一套是表性别的词素前置，如雄鸡、草鸡、雄鸭、草鸭、雄狗、草狗。第一套表示法跟闽、粤语及壮侗语一致，显然是较古老的，第二套跟北方话一致，是后起的。更有意思的是这两套表示法的重叠，如草鸡娘、草狗娘儿。又如北方话“你先去”，在闽语、粤语和壮侗语中可以说成“你去先”。在浙南吴语中则有三种表示法：你走去先，你先走去，你先走去先，反映三个不同的历史层次。第一种最古老，第二种是晚近从北方话输入的，第三种介于两者之间，反映两个层次的重叠。不过，“你先走去先”中第二个“先”，在句中轻化、虚化，有脱落的趋向。

方言甚至跟古典文学研究也有些瓜葛。在戏曲史上，南戏发源于南宋时代的永嘉（今温州），这个事实从南戏的早期戏文作品《张协状元》中的温州方言成分，完全可以证实。而《水浒传》一书的方言系统却至今仍未完全确定。不过，有人认为从语言、词汇、语法三方面来看，确有不少是吴语成分。如语音上以“村”代“蠢”，以“隐”代“影”，反映吴语平舌音和翘舌音不分、前鼻音和后鼻音无别；有些常用的词汇跟吴语相同，如面汤（洗脸热水）、下饭（小菜）、肩胛（肩膀）等。语法方面，吴语中有“打伊勿过”、“捉得伊牢”这类句式，《水浒传》也有“打那虔婆不过”“怎生斗得他过”之类句子。从文化史的角度来看，这本书掺杂吴语成分是不难理解的。《水浒传》并非一人一时之作。最早的原型故事大约出现在南宋。当时临安（杭州）的说书很发达，说书人杂用或全部使用吴语是最自然不过的。

语言是表达人的思想的，因此意识形态、心理状态必然会通过语言表达出来。浅显易见的是方言中，特别是在旧时代，大量存在的忌讳词语。这在地方志中往往有所载录。如乾隆《宝山县志》载："俗祀灶曰谢喜欢，讳灶如躁音也。"这是宝山一方的土语，而"今俗称幡布为抹布，船中则云转布，忌翻、抹也"，则已属于行业语。又如光绪《青浦县志》载："伞曰竖笠、醋曰秀才。讳言而变名者。"民国《太仓州志》载："讳极呼屐曰木套，讳死呼洗曰净。"忌讳词语各方言都有，但是哪些词语必须忌讳各地不尽相同，究其原因，大凡有二，一是各地语音系统不同，某两字在甲地同音，在乙地可能不同音；二是各地人民的心理状态和风俗习惯也有不同。如在北部吴语，按方言语音演变的规律，"死"和"水"是同音的，"水"是个常用词，为了忌讳跟"死"同音，口语将"死"字读如"洗"音，又忌"洗"跟"死"同音，遂用"汏、净"表示"洗"义。"死、水"在南部吴语也是同音的，却并没有人因忌讳把"死"或"水"改读它音。

语言跟文化一样，很少能像自然经济那样自给自足，不同语言和文化的人群之间直接和间接的来往，势必会有互相的影响和交流。从一种语言中不同时代的外来词中，就可以看出外来文化浪潮的遗迹。由于我国幅员辽阔，外来词通常是通过某一种方言输入的。对比外来原词的读音和方言的读音，可以知道有关的外国文化最初是从何处进入我国的。大家熟知的有从上海输入的沙发、水门汀、派司，从广州输入的恤衫、士担(邮票)、打，从厦门输入的洞葛(手杖)、雪文(肥皂)等。这些词汇已成为当地方言的固定词汇。这种外来词至今还陆续在进口。英文原词 fiber 从广东入境后就变成"快巴"，因为广州人读"快"为 fai。如果用北方话读成 kuai ba，就与 fiber 的读音大相径庭了。的确凉也是先从广州登岸的，最初广州人把它称作“的确靓”（靓是漂亮、好的意思），是 dacron 的谐音，其他地方的人模仿广东人的发音，就写成了“的确凉”，难怪有人抱怨的确凉并不凉。由于上海和广州在全国有举足轻重的地位，从这两地输入的外来词进入民族共同语的很多。相反，厦门僻处东南一隅，与内地交流很少，许多外来词仅能成为当地方言而已。

词语之间的互相借用不仅限于语言之间，方言之间也有互相借用的。从甲方言借到乙方言的词，除了表示乙方言区没有的事物之外，往往是在乙方言中没有合适的词汇表达的意义。如“垃圾”和“尴尬”本来是上海一带的方言词，后来进入了北方话乃至普通话。在北方，“垃圾”本来叫“脏土”，“脏土”这个词概括性不够强；“尴尬”在北方话中本来并没有常用的口语词与之相应。

方言和其他事物一样，也不是一成不变的，而是不断发展、演变的。在发展过程中，行政地理的变化对方言也会产生很大的影响。一般说来，同属一个较小的行政区的方言，倾向于以这个政区的中心城市的土语作为权威土语。而当这个政区的中心城市划归其他政区以后，新的权威土语就要根据新的行政区划而产生。以上海为例，今上海地区（嘉定县除外）的权威土语在明代是嘉兴话，到清代则变为姑苏话。正德《松江府志》和《华亭府志》在论及当地权威土语时都说：“府城视上海为轻，视嘉兴为重。”到了康熙《松江府志》却说：“府城视上海为轻，视姑苏为重。”这是因为吴淞江以南的上海地区长期属以嘉兴为中心的行政区，先属秀州，后属嘉兴府。而北宋时嘉兴是秀州治，南宋则为嘉兴府治，到了元代，上海地区置松江府，与嘉兴府平行，但松江府与嘉兴路仍同属江浙行省，明代以后，才分属浙江、南京两个行政区。所以上海地区土话一直以嘉兴为权威土语是理所当然的。由于惯性作用,明代松江、嘉兴虽已分属不同省份,但权威土语从嘉兴变成姑苏,却到清代才完成。但是姑苏的权威地位也不能保持至今,鸦片战争以后,随着上海地位的日益提高,到民国年间上海地区的权威土语自然变成上海市区话了。

方言与文化史的关系,远不是以上简略的讨论所能包括的。有些现象目前还找不到合理的解释。例如湖南临湘方言的亲属称谓十分奇特。这种称谓系统有男性称谓,缺少女性称谓。爸爸是爸,妈妈也是爸,祖父叫爹,祖母也叫爹。分别男女的办法只是加大、细(即小),爸爸是大爸,妈妈是细爸,以此类推。哥哥当然是哥哥,姊姊也叫哥哥;弟弟称老弟,妹妹也叫老弟。叔叔是细爷,阿姨也是细爷。这种女性称谓用男性代替的例子,其他地方也有,但系统性不如临湘。其背后也许存在一个尚待解开的文化史上的谜。

如果我们把眼光从汉语方言扩大到中国语言和文化史的关系,那么研究的天地就要更加广阔了。我国各民族的语言总数在七十种以上,各种语言基本上都有方言差异。利用如此丰富的语言资料来研究我国各民族、各地方的文化史,肯定是大有可为的。诸如语言和少数民族社会史的关系,历史上的专有名词,如人名、地名等所体现的古文化的某些侧面,各种语言造词法所反映的民族心理和意识形态,外来词所显示的交通和文化交流情况,亲属称谓所反映的古代婚姻制度等等课题都是值得深入探讨的。如果文化史的研究能够跟语言学、民族学、社会学、人类学等学科结合起来,其成果必定是蔚然可观的。

原载《中国文化研究集刊》,第一辑,复旦大学出版社,1984 年。

湖南省方言区划及其历史背景

周振鹤　游汝杰

一、引言

方言的分类有如数学上的模糊集，大致的概念是不难得到的。即使是一个普通的长沙人也很容易听出长沙话、湘乡话、常德话和平江话的区别，但是要把这样四个模糊的集合体现为地理上的分区，却不是轻而易举的。

杨时逢与赵元任、丁声树、董同龢、吴宗济等先生 20 世纪 30 年代到湖南调查方言，记录了当时 75 个县的材料。1974 年，杨时逢整理的《湖南方言调查报告》（以下简称《报告》）在台北出版。杨先生根据各地方言特征的“倾向”制作了湖南方言分区图，就是《报告》第零图。虽然这一工作花了两个月时间，但是他自己认为所得结果还是“不很理想”。的确这张分区图显得有些支离破碎，难于令人满意。杨先生所用的分区方法是：“把某一处的方言特点归纳起来，取它最重要的不同特点，声调的类别，音韵特点，开合口及词类等区别,来作为分区的条件。”[1]事实上,同一个区内各点方言的十二项特征不尽相同;反过来不同区的方言点有时却有许多特征相同。这样,用杨先生提出的十二个条件去分区,不但困难重重,分区界限参差,而且分区结果往往和实际情况不相符合。如把城步和长沙划归一区,而将城步和邻县武冈分属两区。实际上,城步跟长沙不但主要语言特征相差甚远,而且很难通话,而城步跟武冈则语音特征大半相似,交谈也不很困难。

日本学者辻伸久采用单一的语言特征来进行分区。[2]他利用《报告》的材料,以古全浊声母在今湖南各地方言中不同的分化特点为依据,将湖南各地方言分为四型,分别大致相当于本文的赣客片、官话片、湘语北片、湘语南片。并且将它们的地理分布直接画在地图上。这个方法虽然简便,但是按这个标准作成的分区图也不能反映湖南方言的实际。例如湘西的永绥(今花垣。《报告》里的县名本文仍其旧称,仅在首出时加注今称)、乾城(今吉首)、保靖、永顺、古丈、泸溪、辰溪、沅陵等县,因古全浊声母今平声读浊音而被划入湘语南片,但是根据一般语感和某些学者的研究[3],这几个县的方言是接近西南官话而远离湘语南片的。

选用这个单一的特征来进行分区之所以不合适,是因为湖南方言很不“纯粹”。在整个吴语区(除边缘地区外),古全浊声母不论平仄一律读浊音,因此以这个特点来确定吴语的大致范围是可行的。但湖南的情况大不相同。如果同样以

〔1〕《报告》1442页。

〔2〕《湖南省方言的分类和地理分布》,《中国语学》226号。

〔3〕万玉祥:《湘西永顺、桑植、大庸、龙山、保靖、古丈六个县的方音与普通话的对应比较》,载《方言与普通话集刊第四本》,文字改革出版社,1958年。又,《报告》1444页。

这个特点来确定湘语的范围,则只有城步、东安、零陵、祁阳、新宁、武冈和临湘诸县(其中零陵还无浊塞擦音)。过伸久将古全浊声母只要今平声读浊音的也包括在内,湘语南片的范围自然要扩展到上述湘西永绥等县。事实上永绥等县的语言特征与西南官话的特征大部分相似,仅以这"半条"特征将其划入湘语南片是不妥当的。

邻近地区的方言历史上对古湘语的长期侵蚀、同化和浸润,造成今天的几大方言在湖南互相交融、渗透或并存的复杂局面。在这样的地区,依据一条或若干条语言特征制成同言线来进行分区,不易取得成功。因此,我们参照数学上的集群方法,设计了一套新的分区方法。简单说来,这个方法就是先比较 75 个县之间方言特征的接近程度(即任意两县方言特征相同项目的多寡),而后按接近程度来初步分区,最后再根据两个参考项来进行局部调整:一是较重要的语音特征,二是历史人文地理因素。

我们用这个方法将湖南方言划分为五个片:一是沅澧二水流域的西南官话片;二是湘资流域下游的湘语北片;三是湘资流域上游的湘语南片;四是湘赣交界地带的赣客语片;五是南部山区的混杂方言片。下文详述分片的方法、步骤,并分析各片形成的历史背景。

二、湖南省方言的区划

《报告》所调查的县是 75 个,所提出的比较各地方言异同的特征是 52 个。为了比较任意两地方言特征相同项目的多寡,就必须进行 $52 \times C_{75}^{2} = 144,300$ 次运算。如果用人脑计算,太费时耗工。我们利用微电脑在短时间内取得2775个数据。

关键在于如何按任意两点相同项目的多少,将这2000多个数据分成组(反映在地理上就是分片)。从应用数学的观点来看,完全可以采用集群方法(即无人管理的分类)来解决这个问题。但是由于方言地理是一种社会现象,况且我们对湖南省的方言地理已经有了模糊的认识,所以我们把数学和语言学结合起来,另行设计解决这个问题的程序。

首先根据对湖南方言地理的模糊印象,确定全省分成若干“集”,然后在每一个“集”中选一个标准点,将其余各点和标准点作比较,按接近率的高低将各点分归各个“集”。从理论上说,用以比较各点间接近率的项目越多,所得结果越精确,但是事实上限于调查深度和目前所能得到的材料,只能选用有限的项目。本文所取的项目就是《报告》提出的反映各地方言异同的52项特征(见附录一)。

湖南方言的四个类型虽然在地理分布上的边界是模糊的,但是其核心部分却是比较明显的。具体地说就是:①常德、澧县附近;②长沙、湘潭等城市;③洞口至城步诸县;④平江、浏阳、醴陵一带。基于这个认识,我们采用从核心部分向外扩散的办法来寻找各方言区的边界。首先选定这四类方言的标准点,将其他各县与这四点方言的接近程度(即语言特征相同的项数)相比较,然后根据各个县跟哪一个标准点接近程度高来判定该县应划入哪一个标准点所在的方言片。

四类方言的标准点是这样选择的:

以常德作为官话的标准点。常德自秦汉以来长期是沅澧流域的行政中心。从唐代中期直到南宋末年,又长期附属于以今湖北江陵为中心的一级行政区，受湖北话影响自然很深，后来这种影响又扩散到沅水中上游地区。从 2000 多个数据中可以发现沅澧流域各县与常德的接近率最高。常德话和江陵话有许多相似或相同点，例如：①声母有[ts tsʻ s]，无[tʂ tʂʻ ʂ]；②不分尖团；③[n l]在洪音或细音前皆不分；④没有浊音声母；⑤撮口呼韵母为[y]；⑥鼻韵尾只有一套，[-n -ŋ]不对立；⑦声调只有阴平、阳平、上声、去声四类，各类在两地的调型相同。阴平和去声在两地的调值完全相同，阴平都是[˥]55，去声都是[˧˥]35。

以长沙作为湘语北片的标准点。湘语北片可以说是官话和湘语南片之间的过渡方言。长沙自秦汉以来两千多年时间一直是湘资流域以至整个湖南地区的政治中心，人民五方杂处，交通四至八达，在这样的社会环境中古湘语逐渐被北方方言所浸润，发展成为跟西南官话很接近的湘语北片。长沙附近较大城市益阳、株洲等也具备明显的湘语北片特征。

以城步为湘语南片的标准点。在湖南省，古全浊声母不分平仄今音都保留浊音的，只有城步、东安等六县。六县中又只有城步的[b d g dʑ ʑ]是很显著的浊音，或者说浊度最强。其他五县的浊音都是清音化的浊音。城步僻处本省西南隅，交通闭塞，明显是古湘语受其他方言侵逼、压挤而保留下来的核心地盘。

以平江作为赣客语（本文有时简称赣语）的标准点。平江紧靠江西，其居民绝大部分从江西迁来，因此赣方言的特征最明显。除古全浊声母逢今塞音、塞擦音不分平仄都读送气清音这一特征外（下文说到古全浊声母是否送气，都就今塞音、塞擦音而言),平江的入声字保留塞音韵尾[-t],古泥来两母在洪音前混读作[l],在细音前泥母读[ȵ],来母作[l],这两条特征也跟赣语相同,而为湖南其他方言所无。

四个标准点选定以后,即从 2775 个表示接近率的数据中,挑出与标准点相比较的 4×74=296 个数据列成表一。从表中可以直观地看出某一个县跟哪一个标准点最接近(表中用黑体字标出)。以表一为基础,再参照重要的语音特征和有关历史背景,我们将全部 75 个县分成五个方言片,如图一所示。在图中同一个县标有两个以上符号的,说明这个县分别跟两个以上标准点接近程度相同或相近。所谓“相近”是指接近率相差的数值不大于 3。

第一片是官话。包括整个沅澧流域,有华容、安乡、澧县、临澧、常德、汉寿、桃源、慈利、石门、大庸、桑植、龙山、永顺、保靖、永绥、古丈、乾城、沅陵、泸溪、辰溪、溆浦、凤凰、麻阳、晃县(今新晃)、芷江、黔阳、会同、靖县、通道等 29 县。这一片范围最大,县数占全省 40%,面积占 1/3。这一片各点跟标准点的接近率很高,最高达 41,最低也有 24,平均为 30,并且片内任意两点的接近率也很高。这说明本片的内部一致性很大。

本片边界地带有个别点,两类方言特征势均力敌。如溆浦跟常德、城步的接近率都是 24,可入官话片,也可入湘语南片。鉴于该县与沅陵、辰溪诸县同属一个地理单元(在雪峰山以西的沅水流域),且自古以来同属一个政区,故划入官话片。通道与长沙接近率为 28,与常德的接近率为 25,相去不远。通道地处本省最西南角,其东边邻县即属湘语南片,该县方言显然是处于湘语未被官话完全同化的中间状态,既然其官话特征几乎与湘语北片相匹敌，在地理上又跟湘语北片远隔崇山峻岭，因此将它划归官话片。又，华容跟常德的接近率为27，而跟平江的接近率为24，正处于官话片和赣客语片的过渡带上。

官话片内部又可分成三小片。华容、安乡、澧县、临澧、石门、慈利、大庸、桑植、龙山、汉寿、常德、桃源十二县为一小片，永顺以南至麻阳等十一县为另一小片，芷江以南六县为第三小片。第一小片是最纯粹的官话，语音特征跟湖北话十分相近。第二小片除凤凰外，全部保留轻度浊音(涵义下详)，而且由北向南浊度逐渐加强。这说明这一带的古湘语尚未被官话彻底同化，还说明官话的影响是自北向南推进的。第三小片官话特征比第二小片又稍显著。这里湘语北片的痕迹很少，除通道湘语北片特征超过官话外，只有黔阳、会同两县略有湘语北片特征。这三小片各点跟常德的接近率的平均值依次为34.3、27.5、28.5。以第一小片最高，第二小片最低，第三小片居中，如不计通道，平均值可达32。

第二片是湘语北片。本片范围最小，以长沙市为中心，只包括南县、沅江、益阳、宁乡、湘阴、湘潭、安化诸县而已。而且其中湘阴、宁乡两县赣客语特征还跟北片湘语相颉颃。事实上湘语北片主要流行于较大城镇。湘语北片各点跟长沙的接近率的平均值，若除去南县(高达36)不计，只不过27而已。

表一

序	1	2	3	4	5	6	7	8	9	10	11	12	13	14	15	16	17	18	19	20	21	22	23	24	25
标准点＼地名	石门	桑植	慈利	大庸	龙山	永顺	保靖	永绥	古丈	沅陵	乾城	凤凰	泸溪	麻阳	辰溪	溆浦	晃县	芷江	黔阳	会同	靖县	通道	城步	绥宁	武冈
长沙	20	27	26	24	26	23	25	22	21	23	24	20	18	22	16	15	25	31	**28**	**28**	20	28	18	13	17
城步	15	19	15	19	19	22	24	19	22	23	25	21	20	22	18	**24**	19	20	24	21	18	22	**52**	**20**	**26**
常德	**37**	**31**	**33**	**32**	**37**	**29**	**30**	**32**	**29**	**31**	**29**	**30**	**24**	**27**	**26**	**24**	**33**	**38**	**31**	**31**	**31**	**25**	18	10	21
平江	16	15	22	17	15	8	9	8	9	7	8	13	8	16	10	14	17	17	22	21	12	22	16	**19**	14

序	26	27	28	29	30	31	32	33	34	35	36	37	38	39	40	41	42	43	44	45	46	47	48	49	50
标准点＼地名	新宁	东安	零陵	道县	永明	澧县	安乡	华容	临澧	南县	桃源	常德	汉寿	沅江	安化	益阳	宁乡	新化	湘乡	邵阳	祁阳	衡阳	常宁	新田	宁远
长沙	20	14	**21**	**21**	18	22	21	22	36	**36**	24	26	25	**26**	**27**	**22**	**25**	17	**17**	21	14	23	11	16	**25**
城步	**28**	**28**	**24**	**20**	**23**	18	18	14	13	22	17	18	18	16	14	13	17	**21**	**19**	**24**	**31**	18	**17**	**20**	**22**
常德	**25**	24	20	**20**	**20**	**29**	**35**	**27**	**40**	22	**35**	**52**	**41**	**24**	21	**19**	21	13	**18**	**26**	20	**31**	**15**	**23**	**24**
平江	17	8	7	13	14	16	20	**24**	22	22	19	17	20	20	22	**22**	**24**	**21**	**16**	15	11	16	**15**	12	15

续表

标准点 \ 序 地名	51 桂阳	52 嘉禾	53 兰山	54 江华	55 临武	56 临湘	57 岳阳	58 湘阴	59 平江	60 长沙	61 浏阳	62 湘潭	63 醴陵
长沙	16	16	15	17	14	20	24	**29**	18	**52**	17	**29**	15
城步	20	18	**17**	**22**	**20**	21	21	18	16	18	11	16	16
常德	**25**	**23**	**20**	**22**	**22**	22	22	20	17	26	16	23	19
平江	16	14	**19**	14	13	**31**	**32**	**29**	**52**	18	**25**	22	**26**

标准点 \ 序 地名	64 衡山	65 攸县	66 茶陵	67 耒阳	68 安仁	69 酃县	70 永兴	71 资兴	72 桂东	73 郴县	74 汝城	75 宜章
长沙	18	15	**20**	**14**	**16**	15	**23**	**22**	16	19	16	17
城步	**21**	**20**	**20**	**17**	15	**19**	18	**23**	15	16	**22**	**22**
常德	19	14	17	**15**	10	**20**	17	**22**	**21**	**24**	18	**24**
平江	**24**	**18**	**22**	**15**	**19**	14	19	**21**	**18**	15	**21**	14

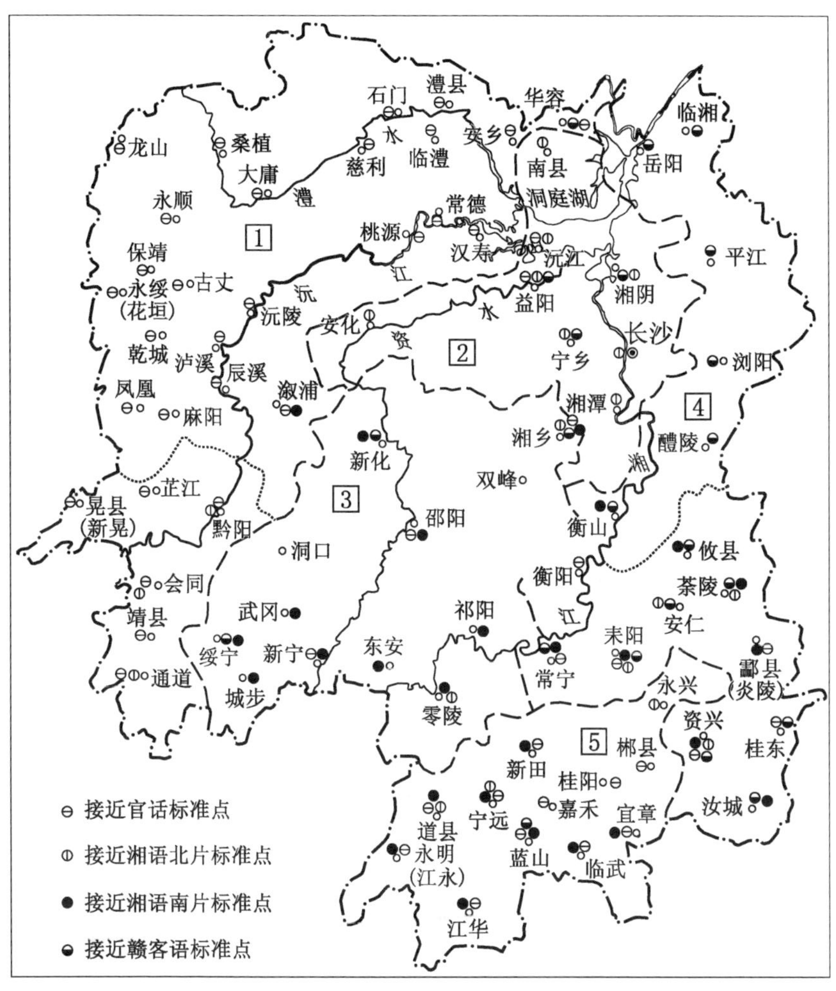

● 湖南省汉语方言的分区

说明：

① 小圆圈表示方言地点。

② 虚的短横线“- - - -”是方言片的分界线。五个片用方框里的数码指示。虚点线“……”是大片里再分小片的分界线。在龙山、桑植、大庸、桃源等县跟永顺、古丈、沅陵等县之间还有一条划分官话小片的分界线，清绘时漏画了。

③ 图例1—4分别表示跟四个标准点接近。一个方言点画有两个以上的图例符号，表示跟两个以上的标准点都接近。见正文53、54页及表一。

第三片是湘语南片。据湘资二水中上游，包括湘乡、邵阳、新化、绥宁、武冈、新宁、城步、东安、零陵、祁阳等十县。其中纯粹的湘语是后六县。新化、绥宁则赣客语特征与湘语南片并重，邵阳则官话特征甚至稍高于湘语南片。湘乡最有意思，该地四种方言的特征相去不远（湘语南片为 19，官话 18，湘语北片 17，赣语 16）。联系湘语北片湘阴、宁乡以及南片新化、绥宁方言的赣语特征，可以看出赣语侵入的路线是自东北而西南，邵阳和湘乡似处于过渡中。湘乡解放后分出双峰、涟源两县，双峰是典型的南片湘语〔1〕。《报告》在湘乡的调查点是县城南面的泉塘，正是湘语南北两片的过渡地带，所以湘语南北两片的特征几乎相当。邵阳是当时湖南面积最大的县，县城是明清时代的宝庆府城，为湘西南重镇，因此受官话一定程度影响。《报告》所调查的正是县城方言。邵阳西邻的武冈县，解放后分出洞口县。洞口方言也是典型的南片湘语〔2〕。邵阳的东（双峰）西（洞口）南（武冈、新宁、东安、祁阳）都是湘语南片。由此可以推知当时邵阳县城以外大概属于湘语南片。因此，尽管邵阳县城的官话特征项数略高于湘语南片，邵阳全县还是划归湘语南片为宜。

第四片是赣客语。据湖南省东部挨着江西省的狭长地带，从北到南包括岳阳、临湘、平江、浏阳、醴陵、衡山、攸县、茶陵、安仁、耒阳、常宁、酃县、桂东、资兴、汝城等十五县。本片又可大致分成两小片。衡山以北六县赣语特征占明显优势，各县跟平江接近率平均为 27.8。攸县以南九县则湘语或官话的特征跟赣语特征相抗衡，有些县甚至赣语特征低于

---

〔1〕 袁家骅等：《汉语方言概要》，文字改革出版社 1983 年第 2 版，102 页。

〔2〕 唐作藩：《湖南洞口县黄桥镇方言》，载《语言学论丛》第四辑，上海教育出版社，1960 年。

其他方言，而且各县跟平江接近率最高不过 22，平均仅为 17.8 而已。赣语片内部一致性较差，原因详后。

赣语片南段边界较难划定，尤其是耒阳、常宁两县。这两县对四类方言标准点都不甚接近，而且不接近的程度相差无几。所以这两县似可入赣语片，亦可入混杂片（即下文第五片）。不过从重要语音特征——古全浊声母今音读送气清音来看，应划归赣语片。又，查阅各县之间接近率的 2775 个数据，我们发现常宁—耒阳—安仁是一条方言连续接近的链条。安仁与耒阳和耒阳与常宁的接近率均为 30，但安仁与常宁接近率仅有 17。这说明安仁方言颇近耒阳，耒阳又颇近常宁，但处于两头的安仁和常宁却不大相近，因此把耒阳和安仁，或耒阳和常宁分割在两片都不妥当。三县应同归一片。另一方面，常宁与耒阳以外的周围各县接近率都不高，与衡阳为 19，与祁阳为 23，与零陵为 20，与新田为 19，与永兴为 22；耒阳和新田接近率为 25，与衡阳仅为 19，都远低于安仁/耒阳/常宁＝30（/表示两点的接近率）。因此赣语片边界应划到常宁县为止。由此可见邻县间的接近率很重要，往往是划定边界的依据（这也是我们要求出所有 75 个县中任意两县之间的接近率的重要原因）。还有，就全浊声母今读送气清音这一条重要的语音特征而言，耒阳和常宁也跟赣语相同。

本片酃县、桂东两县较特殊。虽然古全浊声母跟赣语一样，今音都读送气清音，但是总的看来，赣语的特征反而不如官话强。不过从跟邻县的接近率（酃县/茶陵＝31；酃县/桂东＝28）和主要语音特征及地理位置来考虑，此两县均应属赣语片为宜。

第五片是官话和湘语混杂区。包括湖南的郴县、桂阳、永兴、新田、宁远、宜章、临武、嘉禾、兰山、江华、永明(今江永)、道县等十二县。本区方言类型较特殊,除郴县、桂阳是官话特征占优势外,其余十县都兼有两种或三种类型方言的特征。如道县是湘语南北片与官话特征相当,宁远是官话与湘语北片并重,宜章则湘语南片几与官话匹敌(见表一和图一)。因此很难将它们归入上述四个片的任何一片中,较妥当的处理办法是自成一片。不但如此,在这些县,尤其是桂阳西南诸县,实际上有两种方言并存并用。一种是本地土话,一种是所谓"官话"。如临武县城就有街头话[1]和"官话"并存的现象,后者是本地人跟外地人交际用的。《报告》调查的对象是"官话",未及于土话。此外,本片离江西不远,也有赣语影响,兰山县赣语特征几近于官话特征,江华也有古全浊声母变送气清音的赣语特征。

以上分区大致符合各片方言的个性,也符合湖南本省人的语感。各片的边界都处在各类方言的过渡带上。而且界线都划在方言接近程度较低的邻县之间,符合方言地理演变的实际情况。只有衡阳一地难于划归任何一片。该地与常德接近率高达31,理应划入官话片或湘南混杂片,但均为他县所隔而只能孤悬在外。官话的影响是湖南省方言的重要特点,尤其是在大城市。自北而南和自南而北的官话势力使许多县的方言特征趋向官话,或造成双语现象,在本地原有方言之外兼用官话。甚至连东安这样的使用典型南片湘语的县城,也同时存在官话。衡阳为湖南第二大城,又近于受官话严重侵蚀的湘南区,因此官话影响十分明显。衡阳话给

〔1〕 张大旗:《湖南临武话的一些语法特点》,载《湘潭大学学报·湖南方言专辑》,1983年增刊。

人的语感正是处于长沙话和官话之间。

上述分片是从相对意义而不是从绝对意义出发的。也就是说,判别某一方言点属于哪一片,只是看在该点方言中以哪一类方言特征占优势。例如安仁跟平江相同的特征是19个,跟长沙相同的是16个,跟城步相同的是15个,跟常德相同的是10个,于是安仁划归赣语片。就绝对意义而言,安仁的赣语特征不如宁乡多,后者跟平江的接近率为24。但是,因为宁乡的湘语北片特征略超过赣语特征,且又处于北片湘语的包围之中,所以将它划归湘语北片。

三、湖南省方言地理的若干特点

由于长期以来受到毗邻地区方言的严重影响,湖南省的方言地理是很有特色的,以下从三个方面加以讨论。

3.1　各片方言和邻省方言存在共同特征

湖南省的方言地理跟邻省关系密切,邻接地区在方言地理上往往是连成一片的,各方言片和邻省方言的某些语音特征是一致的。以下就官话片、赣客语片、湘语南片略加说明。

3.1.1　官话片——①洞庭湖北的华容、安乡、澧县、临澧诸县鱼、虞韵知系多读舌尖圆唇元音[ɥ/ʮ](澧县除外),这正是鄂东方言的典型特征;但在不带喉塞尾或塞音尾(临澧除外)方面又与鄂西一致。②常德、汉寿、桃源、石门、慈利、桑植、大庸、龙山八县下述三个特征跟鄂西一致:撮口呼读舌面圆唇元音[y],而不读舌尖圆唇元音[ɥ/ʮ];屋韵读[u],不读[o];除桃源和大庸外均无入声。③晃县、芷江、黔阳、会同、靖县、通道六县没有浊的塞音、塞擦音和擦音;东韵读[oŋ]，而不读[ʌŋ/əŋ]（[ʌŋ/əŋ]韵是某些湘方言的特征）；没有入声。这些特点与贵州官话相似（据50年代调查，贵州55个点中有11个点有入声）。

3.1.2　赣客语片——本片和江西赣语最显著的共同特征是古全浊声母今音不分平仄都读送气清音（安仁平声、资兴仄声读不送气稍异），只有北部岳阳、临湘因受湖北的影响而例外。就湖南全省而言，这一特征只集中在赣语片。

3.1.3　湘语南片——本片典型的语音特征是古全浊声母今读浊音。与本片邻接的广西的全州、灌阳、资源、兴安四地方言（所谓全灌话）也读浊音。又，湖南省东北角的临湘和湖北省东南角与之比邻的蒲圻、通城並、定、群三母今音平声也都读浊音。

3.2　浊音的衰颓及其在地理分布上的萎缩

浊塞音和浊塞擦音在现代湖南分布不广，只见于湘语南片八县，官话片中部十县、赣语片临湘县及解放后新置的洞口、双峰二县（此二县亦在湘语南片范围之内），如图二所示。这十九个县（洞口、双峰不计）的全浊声母从字音分布和浊度两方面观察可以分为四级。

第一级是古全浊声母今音不管平仄都读浊音，而且浊度很强。属于这一级的仅临湘、武冈、城步三地。

第二级虽然古全浊声母今音不管平仄都读浊音，但是浊度很弱，类似于吴语北部的清音浊流，可称为半浊音。麻阳、溆浦、新宁、东安、零陵、祁阳及洞口[1]属于这一级。

---

〔1〕　见上引唐作藩文。

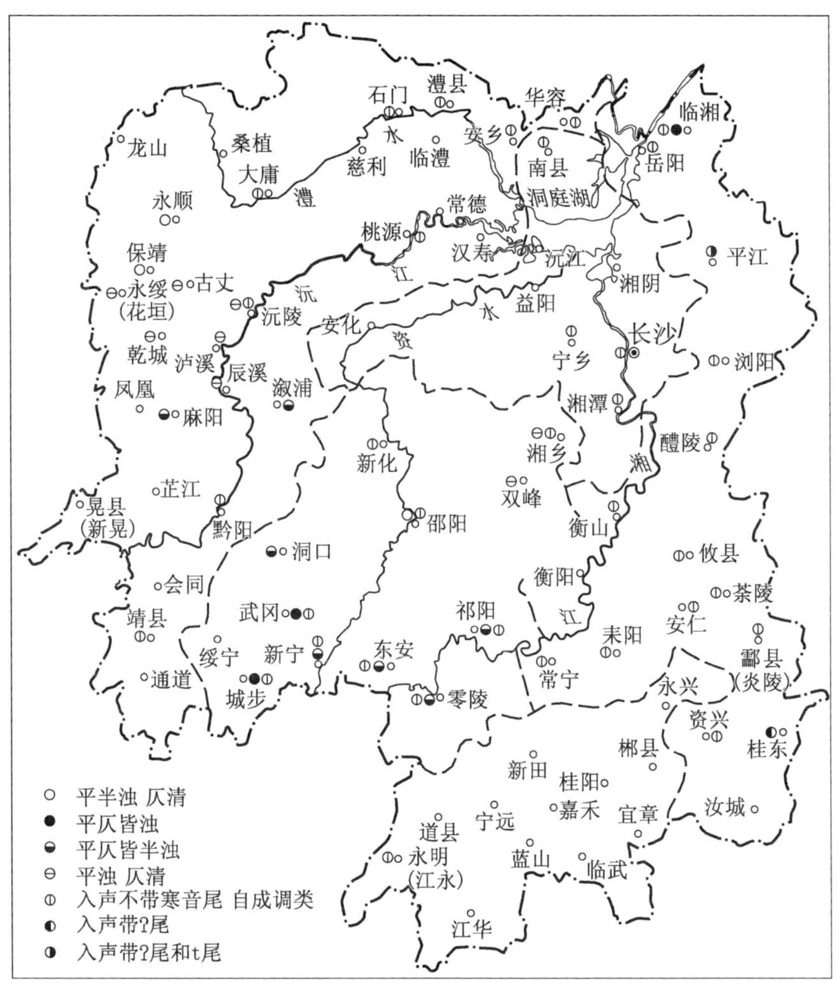

● 古全浊声母和古入声的今音

说明：

① 图例1—4表示古全浊声母今读浊音的四种情况。没有标其中任何一个符号的方言点，表示古全浊声母该方言点已不读浊音。

② 图例5—7表示古入声今保留入声的三种情况。没有标其中任何一个符号的方言点，表示古入声该方言点已并入其他调类。

③ 小圆圈表示方言地点。

④ 虚短横线“－－－－”是方言片的分界线。

第三级是古全浊声母今音平声读浊音，仄声读清音。分布在永绥、古丈、沅陵、泸溪、乾城、辰溪及湘乡等地。双峰[1]今舒声读半浊音，促声读清音，姑且列为第三级。

第四级平声读半浊音，仄声读清音。邵阳、永顺、保靖三地属这一级。

以上四级浊音系统依次由完整到几乎消失，在地域上则表现出浊音受侵蚀的过程。我们设想，湖南全省原来保持完整的浊音系统，官话和赣语从北、从南、从东三个方向向湘中推进，使固有的浊音逐步清化以至消亡，浊音地盘不断萎缩，浊音终于被挤到西南一隅和东北一点。官话片十县浊音的浊度由南而北减弱，表明了官话由北而南的浸润过程。湘语南片诸县由东北往西南浊度逐渐加强（只有邵阳例外，因大县易受侵蚀），说明赣语由东北而西南、另一支官话由南部而西南的侵入方向。

湘语南片只有新化和绥宁两县无浊音，这说明受赣语侵蚀比他县更为严重。对照表一和图一，可以看出正是这两县跟平江的接近率最高，足以跟城步的接近率相颉颃（新化为21对21，绥宁为19对20）。

3.3　入声的衰微

湖南省方言中保留入声的县份共有37个（见图二），分三种情况。一是有[-t]尾，最典型，只见于平江；二是有[-ʔ]尾，只见于桂东，这两者都是赣语型的；三是只保留入声作为独立的调类，入声塞音尾已完全消失。其余38县入声已完全消失，既不带塞音尾，也不自成调类，这是受官话影响的结果。但是值得注意的是，在入声已经消失的诸县中，倒有九

〔1〕向熹：《湖南双峰方言》，载《语言学论丛》第四辑。

县(此外还有解放后新置的双峰、洞口两县)还有全浊音,这种现象反映出湖南各地方言被邻省方言浸润的不平衡性。

四、湖南省方言地理的历史背景

从第一、第二部分的讨论,并结合图一、图二来看,我们可以推论湖南方言受邻省侵蚀同化以及不同侵蚀力量交汇、混杂的情况。

赣语的侵入是沿湘赣边界全线向西推进,但北段侵入强度大于南段。然后分两路深入湖南内地。北路由湘阴—宁乡—新化直至湘西南的绥宁,这四县的赣语特征跟湘语的特征相当,南路由安仁向耒阳、常宁推进,但随即为湘语所阻挡,未能深入腹地。

官话的影响来自两个方面。一是从湖北来,自北而南沿沅澧二水流域向上游推进,并且影响湘资下游,这一影响从北到南有所减弱。澧水流域和沅水下游彻底官话化,沅水中游残留古全浊音今读浊音的特征,湘资下游的古全浊音今读清音(假浊音)。二是从广西来,这一路影响分成两支。一支北上靖县一带,结合来自湖北的影响,使靖县方言官话化,使会同、通道、黔阳方言带有湘语北片特征。另一支自西向东进入湘南,与湘语、赣语接触、交融,形成几类方言混杂的局面。这一路影响经郴县北上一直到邵阳、衡阳一带。

受外来方言侵蚀、同化最少的地区是湘西南的城步、武冈、新宁、东安、零陵、祁阳等县,所以这一带是最典型的湘语。

在人文历史地理方面有许多事实可以支持上述推论。下文着重讨论赣语片和官话片。

4.1　江西移民和赣语片的形成

移民是影响方言发展非常重要的因素，这是显而易见的。历史上的湖南地区曾接纳过大量外来的移民，其中以江西移民为大宗。这些移民所使用的方言，对湖南固有方言产生程度不等的冲击。两者之间发生取代、融合、混杂等变化，变化的情况跟移民的数量、年代和迁徙的路线有密切的关系。移民的历史可以和方言的地理分布互相印证。

还没有人全面采集外地向湖南移民的史料。谭其骧先生在 30 年代曾撰《湖南人由来考》一文[1]，利用地方志中的氏族志来研究现代湖南人的来源。氏族志以谱牒为据，记载各氏族的原住地及其迁入的原因和年代，是相当可靠的移民材料。谭先生所利用的方志是：道光《宝庆府志》、光绪《邵阳乡土志》、光绪《武冈州乡土志》、光绪《湘阴县图志》、光绪《靖州乡土志》。五种方志所及地域为宝庆一府（邵阳、武冈为宝庆所属州县）、靖州一州、湘阴一县，相当于《报告》中的邵阳、新化、武冈、新宁、城步、湘阴、靖县等七县。此外光绪《永定县志》和民国《汝城县志》也列有氏族志。清代永定县即今大庸县。这样，我们就有九县的移民材料。九县之数虽不及《报告》所列七十五县的八分之一，但是在面积上占全省的六分之一以上，而且这九县分布于省境的东北、中部、东南、西北和西南，五个方位俱全。就研究移民情况而言，有相当的代表性。分析、归纳这些氏族志的材料，可以看出外地向湖南移民的五个主要特点。

4.1.1　外来移民以江西人最多（参见附录二）

九县外来移民已知原籍者共 701 族，其中江西移民有

---

〔1〕《方志月刊》1933 年第 9 期。

396族，占56.5%；省内移民（包括若干族汝城本县移民）共89族，占12.7%，考其原籍，省内移民大半又是江西人。其他省的移民不过216族，不足三分之一。

在各府、州、县中，江西移民数也远比他省移民多，在湘阴江西移民占72%，在宝庆府占61%，在永定（大庸）和汝城各占40%，在靖州占35%。大庸和靖县离江西最远，而其移民竟有三分之一来自该省。大庸虽然紧邻湖北，但湖北移民仅有3族，占外来移民总数2%（其中尚有一族是江西迁湖北，再迁大庸）。靖县紧靠广西，亦仅有两族广西移民，占移民总数5%。汝城地处湘、粤、赣交界，广东移民较多（主要来自邻县仁化、乐昌等），但也不过37族，占总数27.2%，远低于江西。而且这些广东移民溯源追本大都仍是江西原籍（民国《仁化县志·民族篇》载氏族四十族，其中有十族是江西移民）。所以汝城的江西移民实不止表面上的40%之数。由此可见，湖南省的江西移民最多，因此江西方言对湖南自然有很深远的影响。

4.1.2　江西移民自东向西逐渐减少

从上节分县统计中，又可看出江西移民自东北向西南、西北、东南三个方向递减，和各地离江西北、中部的远近成正比。根据递减趋势，江西边境的湘北各县必然拥有比湘阴、宝庆更多的移民。地方志中的零星记载也与这个趋势符合。康熙《浏阳县志·拾遗志》载："浏鲜土著，比闾之内，十户有九皆江右之客民也。"民国《醴陵乡土志》载："县境之内，率多聚族而居，在数百年前皆客民也。……醴陵近江西，故族姓亦以来自江西者为多。"这些江西人进入湖南多数是民间自发的移居，移民的方式是蔓延式的，所以从近处向远处递减是很自然的。

与江西移民的递减方向相一致，江西方言的影响也是由东北向西南、西北、东南逐渐减弱。因此湖南的赣语片自然紧邻江西，而且北部的赣语特征比南部更为明显。

4.1.3　江西移民的来源地（出发地）十分集中（参见附录三）

江西移民中以来自泰和、吉安、吉水、安福、南昌、丰城六县为最多。上文说到九县向湖南移民总数为 396 族，来自这六县的有 274 族，占总数三分之二以上。

六县之中前四县属明清时代的吉安府，唐宋时期的吉州，位于江西中西部，后二县属明清时代南昌府，在江西北部。前四县有移民 185 族，又占六县向湖南移民总数的三分之二以上。可见吉州是移民最重要的来源地。这与历史文献记载也是相符合的。《宋史・地理志》荆湖南、北路后序说："而南路有袁、吉壤接者，其民往往迁徙自占，深耕概种，率自富饶。"宋代荆湖南路即今湖南湘资流域，与江西南路之袁、吉州接壤，故移民多来自这两州。

江西南部向湖南移民相对较少，尽管汝城离赣南的上犹、崇义、赣县要比吉安为近，这三县对汝城移民总共不过 5 族，而光吉安一县对汝城就输出移民 26 族，足见江西移民出发地之集中。江西向外移民主要是出于经济上的原因而不是政治上的原因，而江西中部和北部的开发程度较高，尤其是上述吉安等六县居赣江中下游，开发程度最高，田无旷土，民有闲人，自然要向当时开发程度较低的湖南进发。而赣南崇山峻岭，本身开发程度尚低，自然不能向湖南移民。

4.1.4　湘北移民来自赣北，湘南移民多来自赣中。

湖南北部的湘阴，其移民来自赣北南昌、丰城者有 69 族，来自赣中吉水者仅 37 族，赣北比赣中几乎多了一倍。与此相似，永定的南昌、丰城移民有 8 族，而吉安、吉水移民仅 2 族，相差四倍。反过来，汝城的江西移民，来自丰城者仅 2 族（南昌无），而来自吉安、泰和、吉水者竟有 33 族，赣北移民简直可以忽略不计。宝庆府的南昌、丰城、进贤三县移民总共不过 9 族，而吉安、泰和、吉水、安福四县移民竟有 104 族之多，南北之比相去甚远。不过这种差别主要体现于宝庆府的邵阳、新化二县：邵阳仅有 4 族来自南昌、丰城，而有 40 族来自吉安、泰和，相差十倍。新化来自南昌、进贤者不过 2 族，而来自泰和、安福者竟有 35 族，差距更大。赣北、赣中方言之间肯定存在差异，移入湖南之后，这种差异只会加强，而不会削弱，因此这种移民南北分野的现象是赣语片方言南北差异的重要历史原因之一。

4.1.5　江西移民自唐末五代始，宋元递增，至明代而大盛。

九县外省移民共 599 族，五代 26 族，北宋 39 族，南宋 61 族，元代 78 族，稳步增加，明代猛增至 341 族，清代以后则下降至 48 族，转入以省内移民为主。随着时代的前进，移民愈向僻远地区推进。五代时移民入湘阴最多（18 族）。北宋以新化为冠（17 族），并及于邵阳、汝城。南宋进一步入靖州，明代则武冈、新宁、城步、永定等僻处亦出现移民浪潮。（永定虽然晚至清雍正三年才置县，但该地外省移民十九于明代已迁入。）

综合以上五项移民特征，可以相应看出江西方言侵蚀湖南方言的广度和深度：从五代至明末长达七个多世纪时间内，江西持续不断地向湖南实行大量移民，即使是僻远县份也有江西人的足迹，与江西结邻的县份则有尽为江西人占据的。这种情况自然使湖南方言发生深刻的变化，不但在湘赣边界形成明显的赣语片，而且赣语特征显著的县份自东北深入西南，自湘阴而宁乡，而新化，而绥宁，直达湖南之僻壤。

在普遍影响之中，各地又有程度深浅的不同。一般而言，是距江西越远，影响越弱。邻近江西北部和中部的县份是赣语片的核心，尤其是平、浏、醴诸县方言赣语特征更为明显。这些县份的居民绝大多数是江西移民的后代。赣语片南部因移民数量稍逊，赣语特征与湘语特征遂成并立之势，汝城就是如此。赣语片以外湘阴、新化的江西移民分别达到外来移民总数的72%和75%，故赣语影响才能与湘语匹敌。更向远处，永定和靖县江西移民在40%以下，赣语特征已成强弩之末，影响甚微了。

通过对江西移民和赣语片形成的关系的分析，我们还可以得出这样一个一般性的结论：如果移民要对新居地的固有方言产生深刻影响，必须具备两个条件，一是数量大；二是迁徙时间集中。固有方言的继承性一般都相当顽强，不在短时间内以压倒优势的移民语言去侵蚀它、同化它，就很难改变它固有的结构。上述湘阴、新化两县就是明显的例子。两县的江西移民分别为总移民的72%和75%，而赣方言特征仅能与湘语相颉颃，远不能取而代之。这样看来，我们虽然没有益阳、宁乡、绥宁诸县移民的史料，也可以推论其江西移民占全部移民相当高的比例。而平、浏、醴诸县居民则必然大都是从江西迁入的。不但如此，新化移民迁入的时代主要集中在北宋，尤其是宋神宗熙宁、元丰间。新化本“梅山蛮”所居，宋神宗时“平蛮”置县，招徕汉民垦殖，江西移民遂大量涌入。湘阴的移民则集中在五代和明代，尤其是五代，仅后唐同光年间就移入18族。如果移民是在长时间内断断续续地移入的，那么移民方言就会慢慢地被固有方言所同化，不易留下影响。靖州的江西移民仅占总移民的35%，而移入时间又相当分散，南宋5族，元代3族，明代6族，稀稀拉拉，形不成一股势力，江西方言也就没有留下什么影响了。

4.2 官话片的形成和移民及历史行政地理的关系

湖南官话片的范围恰好是整个沅澧二水流域。秦始皇统一全国以后，将沅澧流域置为黔中郡(汉代更名为武陵郡)，湘资流域置为长沙郡，奠定了两个流域分属不同政区的基础。三国以后江南地区开发加强，人口逐渐增加，沅澧流域的开发也从下游逐渐向上游推进，武陵郡首先分出澧水流域置天门郡(隋称澧阳郡)。隋代以后沅水中上游又分置沅陵郡。汉代的武陵郡至此时已一分为三。进入唐代，武陵郡和澧阳郡分别改称朗州和澧州。沅陵则分为辰、奖、叙、锦、溪五州。宋代把这五州调整为辰、沅、靖三州。于是整个沅澧流域为澧、鼎(唐之朗州)、辰、沅、靖五州。今日湖南官话区的范围正和这五州惊人地重合。这种方言分区跟自然地理分区及历史政区的重合现象，是自有其深厚的历史原因的。

首先，远在汉代，沅澧流域与湘资流域的方言似已略有区别。扬雄《方言》就有“南楚江湘之间”(相当于湘资流域)和“沅澧之间”的不同提法。看来沅澧流域与湘资流域之间的分水岭，不仅是自然地理和行政地理界线，而且也带方言区分界的意义。

其次，东晋以后，几度北方移民浪潮所带来的方言奠定了今日官话的最初基础。西晋末年永嘉丧乱以后，大批北方人民迁往南方，这是我国历史上第一次移民大浪潮。东晋及南朝政府在大江南北侨置许多州郡，以安置北方流民。刘宋政权在今湖北湖南交界处侨置了南义阳和南河东二郡。南义阳郡以今安乡县西南为中心[1]，居民自义阳郡(今河南信阳一带)迁来。南河东郡置于今湖北公安、松滋和湖南华容、安乡、澧县一带[2]，以河东(今山西西南部)人为主，又杂有今河南及安徽、江苏北部人。(该郡刘宋初辖八县，有四县为河东旧县：临汾、安邑、闻喜、永安[彘县]，另四县为弘农、广戚、松滋、谯县。前四县在今山西西南，后四县分别在今河南、江苏、安徽。)可见常德一带，自南朝起就有北方方言的侵入。当时的北方方言当然与今天不同，但却是今日官话的前身，正如宁镇地区的下江官话的基础是当时侨置诸郡的北方流民的方言所奠定的。南朝的侨置郡县未曾达到洞庭湖以南，湘资流域没有受到北方方言的干扰，因此跟沅澧流域方言的差异进一步加深了。

第二次移民的大浪潮发生在唐代中期。天宝、至德年间的安史之乱，再一次迫使北方人民大规模南迁。《旧唐书·地理志》载："自至德后，中原多故，襄邓百姓，两京衣冠，尽投江湘，故荆南井邑，十倍其初，乃置荆南节度使。"这次移民比第一次走得更远，前锋到了湘资流域(唐宋以前的南北交通大道大致跟今天的焦枝铁路线一致，即洛阳—襄阳—江陵—武陵[今常德]。北方移民须先到常德再到长沙)；规模也更大，以至荆州(江陵府)至武陵(常德)一带户口增加了十倍。如此大量的移民势必带来北方方言的巨大冲击，以至北方方言取代了澧水流域和沅水下游的固有方言。常德地区的官话基础也许在此时已经奠定。

最后，历史政区的演变一方面使常德地区的方言与湖北

---

〔1〕 见《大清一统志》。

〔2〕 见《大清一统志》。

方言趋向一致，另一方面又使北方方言的影响溯沅水而上，以至整个沅水流域被北方话所同化。唐代中期天宝初年以后，澧、朗二州（今常德地区）从江南西道划属山南东道，与湖北西部同处于一个一级政区之内。至德以后，因荆南人口大增，而置荆南节度使，更把澧、朗二州与归、夔、峡、忠、万诸州（湖北西南和四川东南）划入以江陵府为中心的政区内（中唐以后节度使的辖区相当于一级政区）。此后一直到宋末长达五百多年时间内，常德地区一直属于以湖北西部为主体的政区，因此这一带方言和鄂西方言有很大的一致性，其原因由来已久。到宋代，行政区划由唐代的道—（节度使辖区）—州—县改成路—州—县的体制。这种体制在我国历代政区沿革史上是比较合理的。宋代的路不但能注意到与自然地理区域的一致，而且还能兼顾人文地理的特点。荆湖北路的设置纠正了唐代把沅水流域分属山南道和黔中道的缺陷，把整个沅澧流域和湖北南部纳入以江陵为中心的同一政区之中，大大有利于沅水中上游地区的开发。这一地区是少数民族五溪蛮（汉代称武陵蛮）的居地，五代混乱之时脱离了中央政权的控制。宋初即有意加强该地区的开发，采取了许多措施，至宋神宗熙宁年间，遂派章惇察访湖北，经制蛮事，向沅水上游进兵，“平定”南北江蛮。于是沅水中上游地区遂置有辰、沅、靖三州。这样一来，北方话的影响就从沅水下游向中上游推进。经过两宋三百年的经营，北方话终于由北向南逐步扩大至整个沅澧流域。恰好这一地区又离江西最远，江西人移入较少，江西话没有什么大影响，官话遂在此片取得统治地位。

但是，历史政区影响毕竟没有大规模移民深刻，所以沅水中游诸县的固有方言未曾被官话完全同化，还保留轻度浊音，沅水上游有些县湘语（北片）特征还很明显。

今天沅澧流域官话片内部的三个小片的分界大致与宋代的州界相一致。由下游到上游，第一小片是澧、鼎二州（今常德地区及龙山县）；第二小片是辰州；第三小片是沅、靖二州。

不过，这里还有一个特殊现象，就是居于沅水上游的第三小片官话化程度反而比第二小片高。靖县（宋靖州治）、芷江（宋沅州治）和晃县（今新晃）三县基本上是官话特征，会同、通道、黔阳三县则带湘语北片特征。这也是有其历史原因的。靖州地近广西，历来是湖南通广西之要道，在秦代称镡城。秦始皇派五路大军平定南越，其中有一军即“塞镡城之岭”。宋代靖州“为重湖（湖北湖南）二广（广东广西）保障”，虽隶湖北，但“仰给广西”，由“广西给其金谷之费”[1]，所以靖县不但受湖北方言影响，宋元以后亦受广西影响。因此它的官话化反而更高，而且方言特征与广西有相似之处。

沅州在宋代驻军就多于辰州和靖州，晚明以后又处于湖广通往云南、贵州的丁字路口，交通方便，官话容易发展，明代以后又受贵州官话的影响。比较之下辰州就比沅、靖二州闭塞得多，所以其方言保留湘语（南片）成分就稍多些。

要之，南朝和唐代中期大量北方人民带来的方言由于人口方面的绝对优势，在今常德地区扎下了根。在随后的五百年间，由于历史政区对方言的一致性作用，常德方言与鄂西方言愈趋接近，以至同步向前发展。两宋时期的三百年间又因沅水中上游纳入湖北地区，官话片扩大到了整个沅水流域。这就是湖南官话区形成的简要过程。

在这个过程中，移民的重要性是不言而喻的。历史政区

---

〔1〕《宋史·西南溪峒诸蛮下》。

对于方言区形成的一般作用,我们在《方言地理和历史行政地理的密切关系》[1]一文里曾有过较详细的讨论,这里再补充一个例子。今天广西东北的全州、资源、灌阳、兴安四县属于湘语片,其中就有历史政区方面的原因。这四县地在秦代及汉初属长沙郡范围,西汉中期以后属零陵郡,东晋南朝属湘州。隋代以后,全州、资源、灌阳三县地和兴安县地始分属零陵郡和始安郡(以桂林为中心)。唐代零陵郡改称永州,中期以后永州属湖南观察使辖区。及至北宋,才从永州分出全州(辖清湘今全州、灌阳二县,时资源县未置)。永、全二州均属荆湖南路。元代全州改称全州路,属湖南道宣慰司。一直到明代全州才脱离以长沙为中心的湖南地区。这样绵延一千多年隶属于湖南,自然使全州等四县方言与邻接的湘西南方言趋向一致,而且这个地区受其他方言的影响较少,所以至今还跟湘西南的城步、武冈等六县一起保持湘语(南片)的最显著的特征。

五、结语

从对湖南省方言的分片及其历史背景的分析,可以设想湖南省方言地理在历史上的演变过程。在战国秦汉时代,整个湖南地区也许通行一种内部存在差异的古湘语。西晋末年永嘉丧乱以后,大量北方流民南下。其中一部分到达常德地区与湖北交界处,带来了山西、河南一带的方言。至唐代中期安史之乱以后,襄邓百姓,两京衣冠,尽投江湘,从江陵

---

〔1〕《复旦学报》1984 年第 2 期。

到常德一带挤满了北方移民，以至常德地区的固有方言被北方方言所取代。宋代以后，沅澧流域深入开发，并划入以江陵为中心的荆湖北路，北方方言遂逐渐扩散至沅水中上游。南宋以后几乎没有湖北移民进入湖南，官话片至此格局已定。至明代北方移民对广西、贵州的开发，进一步加强了官话在这一带的地位。

唐代中期进入“江湘”的移民使长沙一带方言受到很大影响，奠定今日湘语北片的最初基础。与此同时，江西地区也接受北方大量移民，使江西得到大规模的开发。五代以后江西北部中部开发程度已经很高，遂转而向湖南输出移民。两宋时期江西移民已形成浪潮，赣语影响已深入湖南腹地，至明代移民浪潮大盛，赣语片于是最后形成。在官话和赣语的夹攻下，长沙附近诸县受北方方言的深刻影响，已形成湘语北片，同时兼具一些赣语特征。今天长沙市的方言已相当接近官话。湘西南城步、武冈一带由于受官话和赣语两者影响较少，古全浊音还读浊音，形成湘语南片。

方言地理学兴起以来，划分地域方言一直以反映方言特征的同言线为基础。语言的语音、词汇、语法等有无数的项目。各项的同言线往往是离散交叉的，不全是密集或重合成束。最近两三年我们在讨论吴方言和湖南方言内部的分区时发现同言线法很不理想，实行起来有困难，所以采用两种新的方法给浙江方言和湖南方言分区。[1] 这样做的出发点有二：一是今天汉语方言地理的复杂问题是跟昔日汉民族复杂曲折的发展过程分不开的。方言分区当然首先要从语言现象的分布出发，但是如果不跟历史人文地理结合起来研究

〔1〕 见《方言地理和历史行政地理的密切关系》。

就难于取得令人满意的结果。二是语言学是跟自然科学有很密切关系的学科，方言地理学刚兴起的时候就是仿照气象学的等温线(isotherm)制定“同言线”(isogloss)这个术语的。现在方言地理学也可以引进自然科学，尤其是数学的新成果来促使自身的发展。

究竟具备什么特征的方言叫湘语(湘方言)，还是一个需要讨论的问题。袁家骅等所著《汉语方言概要》说：“我们一向认为湘语同吴语有一个共同特性：一套完整的浊塞音、塞擦音和擦音。”按照这个说法，湘语南片是典型的湘语，北片就有问题了。我们认为湘语北片是古湘语受西南官话严重侵蚀的产物，其方言特征介于今日的湘语南片和西南官话之间，但是离官话近而离湘语南片远。例如湘语北片古全浊声母今不读浊音；第三人称单数用“他”；结构助词用“的”等。长沙人有句俗话说：“长沙里手湘潭票，湘乡嗯啊做牛叫。”从侧面反映湘语南北片之间的通话很困难，与此相反，湘语北片和官话交谈却比较容易。

附录一　湖南省汉语方言内部差异比较项目[1]

声母：① f-：hu 分混　② ts，tsʻ，s：tʂ，tʂʻ，ʂ 分混　③“节：结”尖团分混　④“书，虚”两字分混　⑤全浊塞音平声今读发音方法　⑥全浊仄声今读发音方法　⑦“详”字读音方法　⑧“泥，来”分混　⑨“而尔贰”三字今读音

开合：⑩“对罪短乱算”五字开合　⑪“宣旬序绝”四字开合　⑫“庄，床”开合

韵母及韵尾：⑬“咸山深臻曾梗”舒声尾　⑭“蛇”字元音

〔1〕 据《湖南方言调查报告》。

⑮模端泥,鱼虞照二元音　⑯“诸猪柱树”四字元音　⑰“蔡介代”韵母　⑱“倍贝梅:对内类”元音　⑲“豪肴宵侯”主要元音　⑳“边连险眼”元音及韵尾　㉑“唐江阳”主要元音　㉒“涉,设”主要元音　㉓“恨恒,等,禀陵,今京应”元音　㉔“唐江阳”韵尾　㉕“东冬钟”主要元音及韵尾　㉖“木,目”二字韵母　㉗“局,菊”二字元音　㉘“育,欲”二字元音

声调:㉙声调调类　㉚阴平调值　㉛阳平调值　㉜上声调值　㉝去声调值　㉞阳去调值　㉟入声调值

特字:㊱“伺”字声母　㊲“绳”字开合　㊳“倾”字开合

词类:㊴你　㊵他　㊶的　㊷爸爸　㊸妈妈　㊹爷爷　㊺这个　㊻去(白话音)　㊼了　㊽现在　㊾什么　㊿同,跟,和　51没有　52今天

附录二　外来移民原籍分省表

	1	2	3	4	5	6	7	8	9	10	11	12
	邵阳	新化	武冈	新宁	城步	宝庆府	靖州	湘阴	永定	汝城	小计	百分比
江西	71	48	31	9	9	168	14	142	18	54	396	56.5
江苏	12	1	8		1	22	6	11	4	14	57	8.1
河南	7	2	4			13	2	7	2	1	25	3.6
福建	1	1	2	1		5	2	7		2	16	2.3
安徽	2		3			5	5	3	8		21	3.0
河北	5		2			7	1			1	9	1.3
山东		1			1	2	2	2	2		8	1.1
广西			2	1		3	2			1	6	0.85
浙江	1				1	2	2		1	1	6	0.85
四川	1					1	1	1	2		5	0.7

续表

	1	2	3	4	5	6	7	8	9	10	11	12
	邵阳	新化	武冈	新宁	城步	宝庆府	靖州	湘阴	永定	汝城	小计	百分比
山西	1					1			1		2	0.3
陕西								1		1	2	0.3
湖北	2	2	1		1	6		12	3	1	22	3.1
广东										37	37	5.3
湖南	15	9	9	3	4	40	3	12	4	30	89	12.7
合计	118	64	62	14	17	275	40	198	45	143	701	100

注：序 6＝1＋2＋3＋4＋5；11＝6＋7＋8＋9＋10

附录三　江西移民原籍分县表

		邵阳	新化	武冈	新宁	城步	宝庆府	靖州	湘阴	永定	汝城	小计
府州县未明		8	7	20	2	3	40	5	7	6	7	65
南昌	南昌	1	1	1		1	4	1	25	4		34
	新建							1	1			2
	丰城	3				1	4	1	44	4	2	55
	进贤		1				1		1			2
	奉新								2			2
	修水								3			3
临江	清江	1	1				2		3			5
	新淦			1			1		1			2
	新喻		1				1					1
瑞州	高安		1			2	3		2			5
	宜丰				1		1		1			2
	上高	1					1					1

续表

		邵阳	新化	武冈	新宁	城步	宝庆府	靖州	湘阴	永定	汝城	小计
袁州	宜春								1		1	2
	分宜	1					1					1
	萍乡	1					1					1
吉安	庐陵	17	7	1	2	2	29	1	17	1	21	69
	泰和	23	22	2	1		48	3	3		5	59
	吉水	4		2	2		8		20	1	7	36
	永丰								2			2
	安福	9	6	3	1		19		2			21
南康										1	1	2
赣州	赣县										2	2
	信丰										1	1
	龙南										2	2
南安	大庾								1			1
	上犹										2	2
	崇义										1	1
九江	德化								1			1
	德安							1	1			2
饶州				1			1		1			2
	余干								1			1
	德兴								1			1
抚州								1				1
	临川										2	2
	金谿	2	1				3		1			4
广信										1		1
合计		71	48	31	9	9	168	14	142	18	54	396

原载《方言》,1985年第4期,257—272页。

方言与中国文化[1]

游汝杰　周振鹤

语言是我们的祖先世代积累起来的极宝贵的财富。语言与文化可以说是共生的。语言是文化的产生和发展的关键，文化的发展也使语言更加丰富和细密。

语言本来是属于文化的范畴，不过在文化现象中它是比较特殊的，所以可以把它独立出来，讨论它跟文化的关系。语言是文化发展的工具，同时也随着文化的发展而发展。由于有了语言，人类才创造出如此灿烂辉煌的文化。对文化的研究能够扩大语言学的视野；对语言的探索则能加深对文化史的研究。因此，20世纪初期以来，西方的学术界如布亚士、克虏伯和萨丕尔等人，都把人类学、民族学和语言学结合起来研究。

在我国，类似的研究开展得较晚，成果也还很少。中国传统的语言学研究大致相当于"小学"，包括音韵、训诂、文字三大部门。"小学"乃是经学的附庸。音韵学推求古音，训诂

---

〔1〕 本文是笔者的专著《方言与中国文化》部分内容提要。

学考证词源,文字学解释字形,研究的范围限于书面语言,目的只是为了解经。进入20世纪,西方语言科学东渐,我国语言学始摆脱乾嘉学派的藩篱,扩大研究范围,研究方法也有了新的突破。但是几十年来语言学家的目光还只是集中在描写语言现状的结构主义语言学,以构拟古音为主要目的的历史语言学和以研究语言规划为目的的应用语言学上。除了罗常培先生曾对语言与文化的关系有过初步研究,于1950年出版《语言与文化》一书外,很少有人作过这方面的专题研究。

中国境内的语言,据一般的估计有六七十种之多,几乎每一种语言的内部都有方言的差异。如果将如此丰富的语言材料和历史悠久、多姿多彩的中国文化结合起来研究,是不是可以称之文化语言学?它跟德国的人种语言学、美国的人类语言学及拉波夫近年来所倡导的社会语言学有所区别,应该是具有中国特色的一个边缘学科,应该把中国的语言学和文化史研究结合起来,探索语言与文化史的内在联系。自从赵元任的《现代吴语的研究》(1928年)出版半个多世纪来,我国所刊行的方言调查报告已足以让我们开始对中国文化和语言的关系作深入的研究。

方言分地域方言和社会方言两大类。地域方言是语言的地理变体,社会方言则是语言的社会变体,使用同一种语言的人因阶层、职业、年龄、性别等不同,口音、措辞、言谈也有区别。例如在清末民初的常州方言中有街谈和绅谈的区别,两者的连读变调形式有所不同。街谈是城里大多数人说话的形式,绅谈或多或少局限于文人或官吏家庭。本文暂不涉及社会方言方面的问题,先就地域方言与文化的关系择要略加论述。

一、方言与移民史

按历史语言学的假说,方言是语言逐渐分化的结果。语言分化是从移民开始的。同住一地的人们,本来同说一种语言,后来其中一部分人移居到别地,久而久之使两地形成两种不同的方言。如果向更多的地区迁移,那么就有可能产生更多的方言。方言分化固然大多是由移民开端的,但是后来的继续分化和演变过程却又跟行政地理、交通地理、自然地理等因素有关。

历代移民是中国方言地理分布的主要成因。汉语的六大南方方言:吴、闽、粤、湘、赣、客,都是由历代北方汉人向南方迁移发其端的。分化的先后次序大致是这样的:先秦时代中原一带的华夏语言开始渗透到今湘语区和吴语区,随着北方移民的陆续增加和北方文化的强烈影响,到六朝前后形成吴、湘语;粤语的分化是从秦始皇在岭南"谪戍五十万"开始的;闽语的产生应始于三国东吴汉人成批经浦城入闽之时;而西晋永嘉丧乱后多次的北方居民大南移则造成赣、客方言。客家方言像一个巨大的楔子,插入南方的腹部,把湘语和吴语永远地分隔了开来;又把闽语限制在东南沿海,从而奠定了中国南方方言地理的基本格局。北方方言的次方言西南官话就整体来说是迟至元明时代才形成的。现代湘语分成所谓新湘语和老湘语两种,新湘语是在长期以来受西南官话的严重影响下形成的。新湘语跟老湘语不能通话,跟西南官话通话却没有多大的困难。

在北方方言南下之前,南方还是少数民族语言的天下。

汉语在同化当地语言的同时，也吸收了一些当地语言的成分。一直到今天我们至少还可以在吴、闽、粤语中找到古越语的底层遗存。

细究起来，还可以发现汉语方言在地理分布上的类型和种种特点，无不跟古代移民的方式有着深切的关系。这些关系大致如下：

第一，占据式移民和方言内部的大面积一致性。

北方方言分布地域之辽阔、使用人口之众多、内部结构之统一，在世界上是罕见的。从哈尔滨到昆明，从南京到酒泉，甚至远至乌鲁木齐和拉萨，各地汉族居民通话并没有什么大困难。造成北方方言内部大面积一致性的重要原因得从移民史实中去考察。试以东北方言为例。

东北方言和普通话很接近，方言内部比较一致。但辽东方言和辽西方言仍有一些不同。辽东方言的一些特点跟隔海相望的胶东相同，辽西方言的一些特点跟毗邻的河北北部相同。胶东和辽东的共同特点是：无 ng 声母、无 zh、ch、sh 声母（大连和复县除外）；无 r 声母；d、t、z、c、s 五母和 uei、uan、un 相拼时，不带介音，即不读合口；阴平调是降升调型。北京和辽西的共同特点是：有 r 声母；有 zh、ch、sh 声母；d、t、z、c、s 五母有时可以跟合口韵相拼；阴平调是高平调型。

怎么会形成辽东、辽西方言的差别，辽东方言怎么会与胶东的特点相同，辽西方言怎么会与河北的特点相同的呢？这跟移民的历史背景分不开。从 20 世纪初年开始大批汉人移入东北。他们以河北和山东人占绝大多数。河北北部与辽西邻接，河北人从陆路出关后先进入辽西，再扩展到北部和其他地区。辽西是他们自古以来向东北腹地移民的大本营。闯关东的山东人主要来自旧青州府、登州府和莱州府。

他们渡海登陆后先到辽东半岛和辽河一带，再扩散到本省东部。在20世纪的前五十年，山东人和河北人占据了整个东北地区，所以今天的东北方言和河北方言总的看来有着大面积的一致性。

第二，墨渍式移民和蛙跳型方言。

外来的移民有时并不占领成片的广大地区，而只是选择其中的一些地点定居下来，然后慢慢地对周围地区有所浸润，好像一张大白纸上滴上若干墨汁，渐渐渗开来一样。但是它们并没有连成一片，中间仍然被别的方言或语言分隔开，好像青蛙跳着前进，不是处处落地一样。这种现象在广西、贵州、云南是很普遍的。这三省自古以来就是少数民族的聚居地。粤人进入桂西应较早。大批汉人进入云贵和桂北还是明代的事。明王朝在平定云贵之后，为了巩固统治，保卫边疆，除了在一些城市留驻守军之外，还在各地大量建立卫所，设置兵屯（今日云贵许多地名还含有“官、堡、营、屯”字样）。这些官兵皆有家室，军籍也可世代相传。大批汉人就此安家落户，使用和传布他们带来的北方官话。

蛙跳型的方言最初是由墨渍式移民所造成的，它之所以能够长久维持还有别的因素在起作用。譬如移民的文化较高，并有保持原有文化的愿望。据说贵州的旗堡人在服饰和习俗方面至今还保留明代的遗风。如果各地移民之间交通往来较多，而跟包围他们的土著交际反而较少，那么互相分散的各地移民语言还可以保持一致性，云贵的西南官话就是这样。

第三，蔓延式移民和渐变型方言。

如果移民只是从某一开发较早、经济发达、人口稠密的中心地区向四周较荒僻的地区蔓延渗透，那么他们只是把中心地区的方言缓慢地扩散开去，离中心越远的地方方言也就越歧异。这是因为：一、移民越走越远，跟中心地区的来往就越来越少，方言也越来越隔阂，这在交通不便的古代是很自然的；二、移民带来的方言难免要和土著方言接触，并且吸收它的一些成分，这也增加方言的变异；三、方言区的两头又受邻区方言的影响，歧异也因此增加。

今天的吴语区在历史上是从北向南逐步推进的。春秋战国时代汉人的主要活动区域只是今吴语区北部，东汉末三国以后逐步向南部扩展，唐以后扩展到浙西南及边境地区。移民向南部蔓延，吴语也就跟着向南部扩散。南进的吴语移民越走越远，方言也就越来越歧异，再加上与土著语言的融合，到了后来，进到浙南的移民后代的方言跟出发地的方言完全不能通话了。吴语在地理上的南北渐变例子很多。如全浊声母越往南就越重浊，钱塘江以北实际上是清流浊音，到宁波浊度就增加了，到了浙南则变成完全的浊音。

第四，杂居式移民和掺杂型方言。

移民到新地后与土著杂居，方言中往往会掺杂进土著语言的成分。这种现象在杂居式移民中是屡见不鲜的。不过掺杂的程度不等，最常见的是吸收一些借词，也有改变语音或语法结构的。这里所说的“掺杂”主要是指后者。掺杂程度严重的典型例子是五屯话。五屯人聚居于青海省黄南藏族自治州，周围多系藏族村落，人口总数 2000 左右。五屯人至迟是在明代万历年间从四川迁入的。五屯话本来应该是一种汉语方言。但是由于四五百年来受到藏语的严重掺杂，人们甚至可以怀疑它能不能再算汉语方言了。譬如在词汇上，既有汉语词，又有藏语词，有时候表达同一个概念，汉语词和藏语词可以并用；还有些词是汉藏合璧词，即由汉语和藏语的成分互相结合而成。例如“门帘”[mən’təjer’we]其中第一个音节是汉语“门”;“犯人”[lɔ’ke-wa],其中[lɔ’ke]是汉语词根即“劳改”,[wa]是藏语表示“人”的词缀。不费一番辨认的功夫,就很难找出其中的汉语成分。

第五,闭锁式移民和孤岛型方言。

移民到达新地后聚居在一个较小的地域内,自成社团,跟外界的接触交流不多,当地人也不介入移民的社团。那么他们的方言就有可能长期保留原有的基本面貌,而与包围它的土著方言有明显的区别,这种移民方言所流行的小块地域在包围它的大片土著方言区中好像大海中的孤岛。方言岛上的移民从来源看可分成两大类型,一是军队的驻防或屯垦,二是平民逃荒、逃难或移垦迁徙而来。

南方的好些官话方言岛都是属于第一种类型的,如福建的南平话、洋屿话,浙江的金乡话,海南岛的军话等。属于第二种类型的有著名的四川华阳凉水井客家话、浙江畲族所说的客家话、江苏宜兴的闽语等。

例如处于闽东方言区(以福州为中心)包围之中的洋屿话,当地人把它叫作“京都话”。这种话不仅在语音上跟北方话接近,在词汇上基本使用北方的词汇,甚至还保留北方话中较土的口头词汇,如“今儿个、明儿个、娃娃、耗子、唠话(谈天儿)、多咱、蚂螂(蜻蜓)”等。洋屿话的形成从康熙年间开始,当时清廷为了镇守边防,派山海关的汉军旗人移驻福建,雍正七年改编为水师,驻扎洋屿。洋屿是一个城堡,守军又是清军嫡系的旗营,他们养尊处优,跟土著的交往不多,所以口音和词汇也易于保存。

现代方言岛的方言跟出发地的方言只是接近而已,并不完全相同。这有两个主要原因:一是新地和旧地方言长期隔绝，各有所发展，到了今天面目当然不同；二是我们说方言岛的方言是闭锁型的移民造成的，也是相对而言。移民不可能不跟土著接触，因此也难免要吸收当地的方言成分。例如南平话就从建瓯话吸收了一些词汇：

普通话	河边	土	厕所	母狗	蚯蚓
南平话	溪边	泥	茅司	狗母	曲蛲
建瓯话	溪边	泥	东司	狗嫲	黄蛲

第六，板块转移式移民和相似型方言。

移民从祖辈的大本营大规模地转移到与旧地并不邻接的地区，去开辟一个新天地。他们带来的方言至今与旧地方言相类似，仍属同一个系统。这种板块转移式的移民的历史一般说来是比较晚近的。

最好的例子是今天的闽南话。它除了使用于闽南以及与之邻接的粤东潮汕地区外，还使用于广东南部沿海、海南岛、浙南、台湾和海外的东南亚等地。各板块的方言，除海南外，语音系统的距离较近。以台湾闽语为例，闽人大规模入台是南明永历十五年郑成功收复台湾以后的事。起初以泉州人为多，后来闽南话大本营的其他地区的人也陆续渡海移殖。至今他们所说的话仍然和大陆上的厦门话差不多。从大陆入台的移民以闽南人为多，其次是从粤东入海的客家人，今天的台湾，除桃园、新竹和苗栗外，其他地区以闽南话占优势。客家人入台是板块转移式的，至今他们的方言与梅县一带客家话还十分相似。客家话只是在新竹和苗栗两县占优势，在桃园则与闽南话平分秋色。

浙南一些海岛上还有闽南话的零星板块，最大的一块是洞头岛，岛民共 11 万，说闽南话的约占 2/3，其次是玉环岛。浙江沿海的闽南话往北不超过温岭的石塘。这些小板块的转移跟渔业活动分不开，据说浙江沿海洋面的捕鱼作业区，舟山来的渔民不超过石塘以南，闽南来的渔民不超过石塘以北。久而久之闽南的移民及其眷属就在这些海岛上落脚，并且世代繁衍。

方言学和移民史的关系还远远不止上述这些内容。现代方言的某些个别特征（包括地名用字）还可以跟移民史实相印证；方言学研究对于鉴别居民族别和原籍也大有用处，方言的历史层次可以反映移民的历史层次，等等。

二、方言与地方文化

方言可以说是地方文化的最突出的特征。一个地方的戏剧、曲艺、歌谣、谜语等文艺形式都是以方言作为工具才得以表达的。当然地方文化还包括人情、风俗、习惯、服饰等方面，这些方面的特征有时候也会反映在方言里。方言研究实在是研究地方文化的一把钥匙。

戏曲史上有些问题光是搬弄文献记载，并不能解决，从方言入手，则往往可以迎刃而解。成化本《白兔记》编者的籍贯问题就是一个很好的例子。

《白兔记》是元明以来所谓“四大传奇”之一。1967 年在嘉定出土的明代成化年间刊刻的《新编刘知远还乡白兔记》是现存最早的传奇刻本，它不讲究辞藻，章法未经梳理，错别字很多，刊刻也颇粗疏，显然是当地民间艺人演唱的底本。这一刻本包含不少方言成分，在前场对白中有一段话说：“亏了永嘉书会才人在此灯窗之下，磨得墨浓，斩（蘸）得笔饱，编此一本上等孝义故事。”光看这一段文字，对这本传奇的编者是“永嘉(今温州)书会才人”这一点似乎是可以肯定的,近年来的有关研究文章也没有就此提出异议。但是仔细分析它的方言成分,我们发现编者不可能是浙南的永嘉艺人,而应该是苏州一带的艺人。主要理由有二,一是作品中的方言词汇几乎全部是北部吴语,例如把“爸爸、妈妈、妹妹”称作“爷、娘、妹子”;二是通过比较别字和正字的音韵,可以看出编者的语音系统是属于北部吴语的。例如把“长、祝、藉”误写作“常、嘱、极”。编者明明不是永嘉人,为什么却自称“永嘉书会才人”呢?这有两种可能性,一是南方戏文发源于永嘉,永嘉书会当时已久负盛名,因而伪托依附,以抬高身价;二是可能有外地艺人参加当时的永嘉书会。

地方戏与方言关系极为密切。广东的琼剧本来是潮汕地区的高腔剧种的一个支派,流传至海南岛和雷州半岛后,改用海南方言演唱,被称为“土戏”,后来又与流入岛内的粤剧融合,遂成为琼剧。北方的梆子腔在晋陕交界地带形成的时候称为山陕梆子,后来流入关中衍变为秦腔,进入晋东南成为上党梆子,此外还有河北梆子、河南梆子、山东梆子等,无不都是与当地方言、民歌和原有的小戏结合而成的新产品。汉语方言种类的繁杂是地方戏曲丰富和多样化的主要原因之一。

地方戏曲是用方言演唱的,虽然它也吸收书面语成分和某些别地的方言成分,但是它毕竟是以某一地的方言为基础的,一般说来,它的听众也只限于该方言地区(京剧、越剧等大剧种例外)。所以戏曲地理常能为方言的区划和方言间的可懂度提供佐证和参考。

广东的四大剧种跟广东省境内的方言区划基本重合。粤剧自清末以后才用粤语演唱,流行于广东和广西的粤语区，包括香港。20 世纪二三十年代粤剧还曾在南洋的新加坡、吉隆坡、西贡等地流行过，因为那些地方有粤语观众。潮剧用属于闽语的潮州方言演唱，流行于潮州方言区；琼剧用属于闽语的海南方言演唱，流行于海南岛和雷州半岛的海南方言区；广东的汉剧则是客家方言区的主要剧种。历史上地方戏剧的地理分布也可以为历史上的方言地理提供线索。例如清道光年间温州乱弹戏馆的分布地点超出了今温州方言区，北界达到乐清的清江渡以北地区。这说明温州方言区在一百年前应比现在大一些。

各地的民歌是用纯粹的当地方言传唱的。但是自《诗经》以来，中国的文坛几为文人学士所独擅。文学语言也一概用雅言。虽然也有些歌谣散见于历代的文献中，在六朝乐府、唐诗、宋词、元曲中也可以找到一些方言口语词汇。但是终究不能在传统的中国文学史上占相当的地位。清末以前用纯粹的方言编纂成集的民歌很少。最著名的首推明末冯梦龙所辑《山歌》。这一部吴歌选集共分十卷，前九卷是用比较纯粹的苏州一带的方言记录的，最后一卷《桐城时兴歌》是用兰青官话记录的。由于前九卷的方言系统比较纯粹，又有冯梦龙的注释，颇能反映当时苏州一带方言的面貌。《山歌》是押韵的，通过系联、排比、分析韵脚用字，可以归纳当时苏州方言的韵类，进而构拟音值。它记录的方言词汇有 350 个左右，其中有一部分是现代苏州不用的历史词汇，如“渠”（他）、团鱼（甲鱼）等，部分地体现了苏州历史词汇面貌。前九卷共收 237 首吴歌，包括 1000 个以上句子。分析这些句子可以了解当时苏州方言的语法结构。《山歌》对于构拟古吴语具有极高的价值。

因为民间歌谣的记录和研究跟方言学关系极为密切，所以中国现代方言学研究是五四运动以后，由歌谣的采集和研究揭开序幕的。当时沈兼士在《今后研究方言之新趋势》一文中说："歌谣是一种方言的文学，歌谣里所用词语，多少是带地域性的，倘使研究歌谣而忽略了方言，歌谣中的意思、情趣、音调，至少有一部分的损失，所以研究方言可以说是研究歌谣的第一步基础功夫。"其实缺少方言学知识不仅有碍于歌谣内容的了解，而且在采集和记录方面也会遇到困难。

方言对于某些带有地方性的栽培植物的历史研究也能提供宝贵的信息，这是饶有趣味的。

例如荸荠在我国主要分布于江苏、浙江、广东等省的低洼地区。广东方言称荸荠为"马蹄"，我国出口的荸荠商品名称也作"马蹄"。"荸荠"跟"马的蹄子"又有何缘？若仅从汉字字面去解释，叫人百思不得其解。

荸荠原产印度，后来传入中国。广州话"马蹄"读作[ma^{4} thɐi^{2}]。今台语（古越族语言的后裔）中水果这一类词的大名是[mak]，即以[mak]前置于各类水果名称。如武鸣壮语：桃子[mak^{7}tau^{2}]、野莓果[mak^{7}tum^{6}]、葡萄[mak^{7}kit^{7}]、杨梅果[mak^{7}se^{5}]。又，龙州壮语：荸荠[mak^{7}heu^{3}]。原来广州的[ma^{4} thɐi^{2}]中的前一个音节源于古台语的[mak]，是"果子"的意思。而[thɐi^{2}]这个音节又是古台语词"地"的语音遗存。"地"在几种今台语中的读音是这样的：武鸣壮语[rei^{6}]、西双版纳傣语[rei^{6}]、三都水语[dai^{3}]、莫语[dai^{5}]。这些语音跟广州的[thɐi^{2}]相对当。因此"马蹄"是"地下的果子"的意思。这个词不仅两个词素的读音来源于壮语，而且前后置也跟壮语一样，即修饰语成分后置。"荸荠"在另一些闽、粤、客方言中被称作"马荠"（厦门）、马荠（梅县）、麻荠（永安）、马蹄薯（海南），这些词的第一个音节和广州的同一系统、同一来源。前三个词中的第二个音节"荠"和第四个词中的"薯"则是汉语成分。这四个词都是汉台语合璧词。在同一个词上反映出不同语言成分的层次重叠，先有台语词，后叠以汉语成分。

三、方言地理和人文地理

方言地理的种种问题，跟人文地理的关系也很大，特别是其中的行政地理、交通地理和经济地理。

我国有两千多年系统的地方行政制度和严密的地方行政区划，其历史之悠久、区划之严密、管理之有效，都是世所罕见的。这是我国人文地理的一个重要特点，我们在研究中国方言地理的时候必须对此予以高度重视。秦代以来行政区划的沿革对各地政治、经济、文化产生深远影响，使得一府(州、郡)之内的语言、风俗趋向一体化。特别是唐宋以后府(州)所辖地域不大不小，对于一体化来说是最适中的。府是一群县的有机组合体，府治不但是一府的政治中心，而且一般也是该府的经济、文化、交通的中心。府属各县与府治的密切接触必然有助于消除各县方言的特殊之处，使各县的方言自觉不自觉地向府治靠拢。所以在历史政区界线相对稳定的地区，旧府辖境内的方言往往具有强烈的一致性。

中国历代都实行重农抑商政策。承平时代一般百姓都厮守田庐，耕读传家、安土重迁的观念十分深厚，除非有战祸、天灾，一般都视离井背乡为畏途。他们的活动范围也少有超过本府之外的。所以社会安定时期人口远距离流动并不多见。我们在研究中国的方言地理时不可不注意中国文化的这一特点。

现代的方言地理，若从旧府的辖区来看，其内部有很强的一致性。这样的例子各省都有。如上海的旧松江府、江苏的旧徐州府、浙江的旧温州府等。再如婺源县今属江西省，但是方言跟其江西邻县并不属同一系统，而跟皖南的徽州同属一系统。因为婺源在北宋以后，数百年间一直隶属于今皖南的歙州（南宋以后到清代称徽州）。长期的隶属关系促使婺源的方言与徽州相一致。

西方的方言地理学是以同言线为划分方言区的唯一基础的。“同言线”这个术语是仿照“等温线”制定的。由同一条同言线圈定的地域具有某一个相同的方言特征。几条同言线重合或密集在一起就成为一条“同言线束”。传统上就是以同言线或同言线束作为划分方言区的界线。问题是有些地区的同言线十分离散，不但不能密集成束，而且相距很远。有些西方学者因此走向取消主义，认为划分方言边界是徒劳的。

我们认为，鉴于上述中国历史上的文化背景，在那些政区相对长期稳定的地区，完全可以放弃同言线法，而采用我们所谓的“历史地理分析法”。这个方法是以旧府作为划分方言区的基本单位，选择较多的项目，比较各府之间的接近程度，再根据接近程度将各府经过调整和拼合之后，组成一个个次方言区。我们曾成功地用上述方法给浙江省的方言进行分区。

上述对于方言地理和历史行政地理的密切关系的认识，还有助于构拟古代方言的区划。例如宋代的方言区划，文献上并没有直接记载，那时各地的方言既无法调查，也无法系统地构拟。但是我们可以拿现代汉语方言的区划跟宋代的行政区划作比较，找出那些重合的部分，然后将这些重合部分拟测为当时方言区的部分边界。再利用唐宋时代移民材料和宋人著作有关方言的零星记载，大致拟测宋代汉语方言区划图。我们的一个比较重要的发现是：现代汉语方言第一层次和第二层次分区的界线，有好些部分可以（也只能）追溯到宋代的行政区划为止。

移民和政区这两个因素对方言地理的影响有时是一致的。这是因为中国古代的政府往往因移民而设政区，或按政区而安置移民。今湖南的沅澧流域是属西南官话区的（按笔者的划分法），这是有它的历史背景的。据《旧唐书·地理志》载："自至德后，中原多故，襄邓百姓，两京衣冠，尽投江湘，故荆南井邑，十倍其初，乃置荆南节度使。"北方汉人大批移入今湖南的这一地区。到宋代，荆湖北路的设置又把整个沅澧流域和湖北南部纳入以江陵为中心的同一政区内，极大地有利于推动沅江中上游的开发。于是北方方言也就随着移民和政区的设置，从沅澧下游逐渐向中上游推进，而遍及整个流域。

经济地理和交通地理对方言地理也起重要的作用。有时候行政地理与这三者有令人惊奇的重合现象，最典型的例子见于福建省。福建多独流入海的河流。古代福建是以这些河流及两岸的河谷平地作为交通孔道的，同时一条条河流的流域也往往成为一个个经济区。每一个流域又大致相当于一两个二级政区。这些政区又大致与现代福建汉语方言的次方言区相重合。它们的大致关系可以列表说明如下：

今方言区		二级历史政区	流域
闽语	闽东区	福州	交溪、闽江中下游
	莆仙区	兴化	木兰溪
	闽南区	泉州、漳州	晋江、九龙江
	闽北区	建宁	建溪
	闽中区	南剑州西半	沙溪
客话	闽北区	邵武军(略大)	富屯溪
	闽西区	汀州	长汀溪

方言与中国文化的关系除了上述三大部分外,还可以包括:方言和古代民族地理;方言地名和古代文化类型;方言借词和古代文化交流;"域外"方言和中国文化的传播等等方面的关系,限于篇幅不能详论。

"五四"以后中国语言学受美国描写语言学影响很深,在描写语言学的某些方面取得了超过西方的成就,但是在把语言学和其他学科结合起来研究方面,却大大落后。现在正是放眼世界,从描写语言学的园囿中走出来,开辟新天地的时候,我们特别希望能在文化和语言关系的研究方面给中国语言学增添新的血液和生命。

原载《复旦学报》,1985 年第 3 期,232—237 页。

人口变迁和语言演化的关系

周振鹤　游汝杰

本文从九个方面对人口变迁和语言演化的关系进行了考察，指出：历史上的人口变迁是语言演化的主要原因之一。移民引起方言的消亡、更替、融合、并用等变化。语言演化的种种不同形态，跟移民数量的多寡、迁徙过程的久暂、迁徙距离的远近，以及移民和土著的文化背景等有关。

语言的发展和演化可以从宏观和微观两个方面来考察。宏观的演化大致包括语言的分化、融合和更替；微观的演化是指一种语言或方言中某些语音读音的变化、词汇的增减、语法结构的变化等等。

语言演化的原因是多方面的，人口变迁是其中的重要原因之一。就宏观演化的原因来说，人口变迁尤为重要。人口的大规模迁徙往往引起语言的分化。本来同操一种语言的人群，聚居在一起，同属一个大社团，后来由于种种原因四散移居，分化成若干不同的社团。社团的分化往往引起语言的分化。语言分化的结果是产生方言或次方言。如果移民的语言和当地土著的语言互相渗透和融合，那么就可能产生混杂语。移民语言和土著语言互相接触之后可能产生的另一个后果是：其中一种语言取代另一种语言，这一后果造成语言的消亡。还有一种情况是比较特殊的，那就是移民语言和土著语言并存竞争，造成双语现象。

然而，这仅仅是人口变迁和语言演化的大略关系，而实际上由于移民数量的多寡、迁徙过程的长短、迁徙距离的远近、新居地和原居地联络的疏密、移民和土著文化的高下等等因素，这二者的关系还要复杂得多。中国是多民族的国家，历史上的民族迁徙和人口流动相当频繁，语言和方言的种类非常多，因此人口变迁和语言演化的关系就更加复杂。本文以中国境内的移民和语言材料为基础，将二者的关系归纳成九个方面加以讨论，着眼于语言的宏观变化。

（一）移民带来的方言取代土著方言

如果外来的移民在人数上大大超过土著，并且又占有较优越的政治、经济、文化地位，同时迁徙的时间又相对集中，那么移民所带来的方言就有可能取代土著的方言。

最典型的例子是西晋永嘉丧乱后，北方移民的方言取代了江南宁镇地区原有的吴方言。西晋之前，宁镇地区属纯粹的吴语区。留传至今的南朝乐府民歌中有一类题名为“吴声歌曲”，也就是当时用吴方言传唱的民间歌谣。不过文人采录时多用当时的书面语，所以流传至今的吴声歌曲除了个别方言词（如人称代词“侬”）以外，几无方言特点。

《晋书·乐志》说：“自永嘉渡江之后，下及梁、陈，咸都建业，吴声歌曲起于此也。”吴声歌曲既然是产生于建业（今南京），那么当地的方言必然是吴语。至于吴声歌曲产生的年代，据《晋书·乐志》说：“吴歌杂曲，并出江南。东晋已来稍有增广。”可见东晋以前已经产生，东晋以后有了进一步的发展和流传。民间的吴歌应该是很早就有的。《世说新语·排调篇》载：“晋武帝问孙皓：‘闻南人好作尔汝歌，颇能为不？’皓正饮酒，因举觞劝帝而言曰：‘昔与汝为邻，今与汝为臣，上汝一杯酒，令汝寿万春。’帝悔之。”晋武帝时已流传到北方上层社会，可见起源还要早得多。所以在永嘉丧乱之前宁镇地区使用吴方言是没有疑问的。

但是在永嘉丧乱之后，大批移民，主要来自苏北和山东，南渡进入建康地区。东晋先后在该地区设置的侨郡、侨州多达二十多个。移民的人口估计在百万之上，超过了土著。并且移民之中有不少是大族，如跟晋元帝司马睿一道从琅琊（今山东临沂一带）来的千余家，其中大族就占上百家。这些大族在政治、经济、文化水平方面自然超过土著。《颜氏家训·音辞篇》说：“易服而与之谈，南方士庶，数言可辨；隔垣而听其语，北方朝野，终日难分。”这是说南方的士族说北方话，庶人说吴语，所以“数言可辨”，而北方的官民都使用北方话，所以“终日难分”。可见在南朝做官的是说北方话的北方人。

由于北来移民在人口、政治、经济等方面的优势，北方话就取代了吴语。但是这个取代过程并不是一蹴而就的。一则因为操吴语的土著毕竟还占一定的比重，所以南下的官吏交接庶人不得不用吴语。那时候“接士族用北方话，接庶人用吴语”，可能还是通例；二则南下的士族为了调和跟当地士族的矛盾，不得不采取妥协政策，在语言方面，不能完全排斥,也跟着学一点吴语。《世说新语》中有一段话:"桓玄问羊孚:'何以共重吴声?'羊曰:'当以其妖而浮。'"对这句话中的"吴声"可以有两种不同的理解,一是指"吴方音",二是指"吴声歌曲"。从后文"妖而浮"来看,指"吴声歌曲"可能性大。不管何所指,可以肯定的是,当时上层阶级对吴语和吴文化是重视的。

所谓士族是包括读书人的,南渡的书生对江东方言和北方话的严重差异一定非常敏感,所以郭璞(山西闻喜人)大约在侨寓江东时所作的《尔雅》和《方言注》称举最多的方言地点即是"江东"(两书共 170 处)。他们为了跟当地书生接触想来也要学些吴语。而那些南下的官吏出于接待庶人的需要,至少也得学会听懂吴语。看来北方话在宁镇地区开始的时候只是占上风,经过几个世代的更迭才完全取代了吴语。

(二)移民放弃旧地方言改用新地方言

如果新来的移民在政治、经济、文化方面的地位远逊于土著,人口相对较少或分散而处于土著的包围之中,那么移民就可能不得不放弃旧地的方言,逐渐改用新地的方言。

中国的五十几个民族中完全不再使用本民族语言而改用汉语的,只有回族和满族,有的著作把畲族也列在其中。畲族集中分布于闽东北宁德地区十一个县;浙南温州、丽水、金华三地区的十多个县;另有少部分分布于赣东、皖南、粤东,各几千人。据初步了解,除了粤东的惠东、海丰、增城、博罗诸县的一千多畲族使用苗语的一种方言之外,其余三四十万畲族完全使用汉语客家方言。不过他们所说的客家方言跟粤东的梅县、闽西的长汀、闽北的邵武所使用的客家方言并不完全相同。但是各畲族所说的客家方言彼此间都比较接近。例如闽东十一个县的畲族相互通话没有困难。〔1〕

除了广东博罗等四县的畲话应是苗瑶语族苗语的一种方言以外,大部分地区的畲族所说的话应归属于汉语客家方言的一个次方言。浙南的畲族不仅语言已改用客家话,甚至还有改用汉姓的,如刘、林、李、胡、丘、罗等。一般说来同一个民族使用同一种语言,为什么畲族说两种语言呢?并且大部分不用本族语而用汉语的一种方言呢?一种可能的解释是:大部分地区的畲族历史上也是说苗语的。在今天畲族说的客家方言中有一些明显不是客家方言的词汇,它们的语音形式却跟苗瑶语接近,如“蜈蚣、肉、杀、母”等。又据《潮州府志》载,当地畲民把“火”叫做“桃花溜溜”,把“饭”叫做“拐火农”,今博罗一带称“火”为[thɔ],称“饭”为[kwe]。这说明现在已改说客家话的潮州畲民,当时是说今博罗一带的畲语的。此外还有些民族学上的材料也可以作为他们历史上可能使用苗瑶语的证据。如浙江《景宁县志》在讲到畲民时称:“其风俗仿佛若两广苗民。”所谓风俗大约包括对歌恋爱、祭祀祖宗盘瓠等。在增城、博罗的畲族至今还被当地的汉人称为山瑶。

那么畲族什么时候,为什么改说客家话呢?关于这个问题并没有详尽的文献可供直接参考。今天各地的畲族都说他们的故土在广东凤凰山。从现代广东部分畲族还说苗语来看,这个传说是可信的。他们迁入福建当在南宋之前。写

〔1〕 关于闽东畲话详见罗美珍《畲族所说的客家话》,载《中央民族学院学报》1980年第1期。关于粤东畲族话详见毛宗武、蒙朝古《博罗畲语概述》,载《民族语文》1982年第1期。

于南宋的《后村先生大全集》卷九十三说："凡溪洞种类不一，曰蛮、曰瑶、曰黎、曰蜒，在漳者曰畲。""漳"指福建漳州。浙江的畲族是从福建辗转而来的。迁入的最早年代有文献可以查考的是在明朝开国初年。清代《宣平钟氏家谱新序》载："大明洪武乙卯，日章公由福建迁处州景宁。"明代自闽入浙的畲民大约先是集中在处州，后再向浙东南、江西、皖南迁徙，他们明显是从福建迁来，而不是直接由广东迁来的。丽水（即处州）的畲民称当地汉人为"明家人"，汉人则称畲民为"畲客"、"畲客婆"或"客家"。这也说明畲民成批入处州最早当在明代。后来陆续而至的亦复不少，最集中的时期大约是在明末清初。清代中叶之后浙南地区想必已充分开发不能再容移民，所以畲民入浙也渐渐中止了。

古代浙江境内并没有客家人。现代的闽西却有客家人的地盘。畲族改说客家话当在移入福建之后，转来浙江之前。跟别的少数民族比较而言，畲族并没有形成一个或若干个大的聚居区，他们的自然村最多不过几十户，最少的只有两三户，并且是星散在汉族村落之中。在他们人口最集中的县份也不过占全县人口的5%左右。

客家人是在唐末至宋初移入闽西的，这些从先进的中原地区南移的客家人在经济和文化及人口数量方面都占压倒优势，所以畲族改说客家话。在明初移入浙南之前，他们的语言已经完成了转变的全过程。在客家移入闽西、粤东以后，畲客的纠纷和语言接触是很频繁的，这从一些族谱中每每可以看出。

在完成语言转变前可能有使用双语的过程，粤东的一千多畲民至今仍处在这个过程中。这些畲民只是在畲族村寨或在外地与本族人相遇时才用苗语，在与汉人交往时也会说汉语。

（三）移民的旧地方言和新地方言相融合

在移民和土著在人数、文化、经济等因素综合力量大致均衡的情况下，如移民和土著杂居在一起，交往又很频繁，那么他们的语言有可能互相融合，而不是一个被另一个所取代。

今吴语区北部有一个所谓“半官话”小区域，它的四周被纯粹的吴语所包围，这就是杭州话。它的分布地域很有限，大致略大于杭州城区的范围。在吴方言中杭州话是很有特色的。

在语音结构上，它可以说是道地的吴语：保留全浊声母，塞音和塞擦音有三级分法；声调有七类，保留入声，并且带喉塞尾ʔ；鼻韵尾只有一套，“因、音、英”三字同音；古咸、山两摄韵尾失落，如三、南、船三字读音均是开尾韵。这些都是官话完全没有的特点。

但是它却缺少文白异读系统。许多字在吴语中普遍有文白两读，但是在杭州话中只有一读，这一点与吴语不同而与北方话一致。例如以下四对词中加着重点的字，在苏州有文白两读，在杭州只有一读：人家/人民；问路/问题；生日/生产；日班/日本。

从词汇方面来看，杭州话里有许多词跟官话一致，而跟周围的吴语完全不同。最典型的是杭州话里的人称代词、结构助词和否定副词的系统跟官话完全一致。然而也有些词汇跟官话完全不同，而是属于吴语系统的，如落雨、困觉、番薯、事体、今朝等。

杭州话既有北方话特征又有吴语特征，在各地吴语中杭州话听起来是最像普通话的，怪不得有人把它称作“半官话”。杭州话的“半官话”性质显然跟历史上宋室南迁时的大批北方移民有关。关于这些北方移民在人数上与原有土著的比例，《建炎以来系年要录》说：“切见临安府（即北宋杭州）自累经兵火之后，户口所存，裁十二三，而西北人以驻跸之地，辐辏骈集，数倍土著。”由于临安成为南宋首都（正式名称虽然是行在所），所以北方居民集中此地，以至人口比原住居民多上几倍，这当然要使杭州原有语言发生变化。北来移民主要只是集中在杭州城里，并不是分布在临安府的所有七个属县之中。这可以从以下两方面得到证明，一是至少从北宋政和年间到南宋嘉定年间前后一百年中，杭州（南宋时改称临安府）一直是领有七个属县，县数并不增加。试比较晋永嘉丧乱后宁镇地区为安置移民新增二十多县，可以看出南宋临安府的府城以外地区并没有什么移民，即使有，也是微不足道的。二是现代的杭州方言也只限于市区范围，一出市区即是纯粹的吴语，这可以跟宁镇地区方言大面积更叠相比较。如果府城以外地区也有许多移民，那么现代方言地理格局势必会类似于宁镇地区。所以临安府城内移民的比重如《要录》所言，是“数倍土著”。移民的成分除了皇室以外，还有数以万计的大官僚、大商人、大地主，以及大批的僧侣和一般百姓。所以移民和土著的语言是在多阶层中发生接触和交融，这样的背景是有助于语言的融合的。

杭州方言形成的历史背景大致如此。从语言学角度来看，有一点颇堪注意，即一般认为语言中最稳定的部分——基本词汇和语法结构的变化。代词系统是属于所谓“基本词汇”的，而杭州话恰恰是整个代词系统换成官话型了。还有些口头很常用的基本词都不再用固有的白读音或干脆换用官话词汇。而最稳定未变的是语音结构。其中的原因可能是这样的：当时土著的语言心理是想学会政治地位较高的官话，而那些北来的大官僚和大商人所说的官话中出现频率最高的即是一些基本词汇。土著对这些词最敏感，也最容易学会。另一方面操官话的阶层为了跟吴语阶层交际，也不得不迁就吴语。久而久之就形成了带有混合语性质的杭州话。

（四）移民远距离转移后仍保持其固有方言

移民远离原居地来到新地后，仍然聚居在一起，如果他们原有的文化传统和新地土著的文化特点格格不入，语言也大相径庭，那么移民就有可能保持原有的语言或方言。不过年深日久，加上联络渐减，新地和旧地的方言也会发生分化。如果新地和旧地方言至今仍然面貌相似，那么至少要具备下述条件之一：一是移民的历史不太长；二是移民和旧地的联系连续未断。或者两者兼而有之。

国外有的学者认为新疆的锡伯语是满语的一种方言，但是国内一般的看法是属于满—通古斯语族满语支的一种语言。它在许多方面跟满语很接近。在满人入关之前，满语只使用于东北地区。为什么跟东北相隔千山万水的新疆会有一种跟满语相近的语言存在呢？

原来锡伯人的故土本是东北的嫩江流域，今天在辽宁、吉林、黑龙江的一些地方也还有他们的同胞。锡伯语和满语相近是自有其历史渊源的。锡伯族的祖先是室韦，满族的祖先是靺鞨。《唐会要》说："室韦言语和靺鞨相通。"据《北史·

室韦传》记载，酋长称为“莫弗”或“莫何弗”。在后来的满语中“老翁”、“长老”称为 mafa，音与“莫弗”相近。[1]

清乾隆二十九年(1764)平定准噶尔及大小和卓木之乱以后，在伊犁建立了将军衙门，为了充实兵力，将锡伯族官兵，包括家属及跟随而来的闲散人员共 5000 多人迁到新疆。这些人在那儿屯田、繁衍，经过二百多年形成现代新疆锡伯族。他们居住的地方比较集中，邻近地区是其他少数民族聚居地，经济和文化与之彼此不相上下，所以他们的语言也就保留下来了。相反东北故土的锡伯族人却不再用本族语而改说汉语了。

移民引起方言的大转移在汉族内部也不难找到例子。如闽南方言远播海南岛，客家话迁至台湾岛。甚至在美国还有几十万华裔说广州话，因为他们的祖宗多是广州一带的农民。19 世纪 50 年代，大批中国劳工东渡美国加州开采金矿时，广州话也就转移到太平洋彼岸。

(五)移民带来的方言在新居地演化成一种新方言

移民带来的方言在新地扎根后，如果与原居地的方言隔离，演变较慢，较为保守，留在原居地的方言反而发展较快，那么，久而久之，新、旧两地的方言会演变成两种差异较大的方言。

现代长江以南有 100 个以上的县住有客家人。“客家”

---

〔1〕 关于锡伯族跟室韦的关系，详见赵展《锡伯族源考》，载《社会科学辑刊》，1980 年第 3 期。

这个名词是17世纪才出现的，以前的地方志没有提到这个名词。在后来的文献中不仅出现“客家”，并且常常是“土客”并提。“客家”显然不是土著，他们是历代从北方南下的移民。据今人罗香林的考证，客家南徙共分五期。其中只有前两期是直接从北方迁到南方的，即第一期于东晋至隋唐从山西和河南迁至长江南北岸，第二期于唐末至宋从河南、皖北渡江入赣，更徙闽南、粤北。后三期都是前二期已经在南方落户的客家再次向南方别地转移。最近有人提出异议，认为客家人退居到闽粤赣交界地区，发展自己的社会、文化特点的时代要晚至宋元之交，甚至更晚些时候。我们认为从客家方言所保留的特点看，客家人大规模南下应该在唐中期至宋初，接近于罗香林所说的第二期。唐中期安史之乱引起许多北方人南下，这一点为罗香林和其他史家所忽略。

现代客家方言分布范围很广，也很分散，但是却相当一致。客家方言的集中地区是粤东、赣南和闽西，梅县方言一向被当作客家方言的代表。

客家的先民大多来自中州。我们拿今天的梅县方言和宋代汴洛方言相对照，有以下几点重要的相同之点：1. 见组和精组不混；2. 疑母读后鼻音；3. 浊塞音已经清化；4. 鼻韵尾有三套；5. 有入声，并且有收-p尾的；6. 浊上声已归去声。除了第3点以外，这些相同之处都是现代的开封音所没有的。比较重要的不同只有三点，一是客家话没有撮口呼，而宋代汴洛四呼俱全。客家的撮口呼可能是南迁以后拼入齐齿呼的。这种演变的趋势在别的方言里也可以观察到，如浙江湖州方言没有撮口呼，这显然是后来发展的结果。二是客家话入声有-p、-t、-k三种收音，宋代汴洛只收-p或一种所谓“促音”。这可能是构拟方面的问题。一般说来促音尾不可能是后来增生的。三是歌韵读[o]，汴洛读[a]，从[a]变为[o]，这也合乎一般的规律。

如果将客家方言跟更早一些的中州音比较，那么至少在浊塞音和浊上归去这两点上不能相合。如果将它与元代周德清所著《中原音韵》比较，那么至少在后鼻音声母、收-p尾和入声这三点上不能相合。[1]

所以从语言学的角度来看，客家人的大规模南迁应在《切韵》产生之后，《中原音韵》产生之前。

（六）移民造成民族错居并引起方言的更替

我国西南苗、瑶、壮、侗等族历史上多迁徙之举，迁定以后，又多与他族错居，语言也因此有相互更替的现象，亦即放弃本民族语言，而改用他民族语言。但是这种情况并非放弃整个民族语言，像上述的畲族一样，而只是某个族系放弃其使用的方言，而采用他族语言。

广西金秀的茶山瑶不说瑶语，而使用一种跟壮侗语族接近的语言。茶山瑶的人口据1982年的统计有8586人，占瑶族总人口10%弱。“茶山瑶”是汉人对他们的称呼，他们自称“拉珈”，“拉”是“人”的意思，“珈”是“山”的意思，他们说的话叫“拉珈话”。茶山瑶居住的广西金秀县是瑶族最大的聚居区，共有瑶族3万多人，其中除了茶山瑶之外，还有盘瑶、山子瑶、坳瑶和花兰瑶。后四个族系都是说苗瑶语的，唯独拉珈话跟壮侗语言相近。所以茶山瑶跟盘瑶的语言差别很

---

〔1〕 宋代汴洛语音参见周祖谟《问学集》下册，中华书局，第581—655页。

大,竟至不能通话。拉珈话的声母系统中有缩气塞音,如天[ʔbon]、胆量[ʔblai]。这正是壮侗语言的特点。

有人认为拉珈话跟壮侗语族的侗水语更接近。但金秀一带并没有侗族或水族。据茶山瑶本民族的传说,他们主要是从广东迁来的,很可能他们还在广东老家跟当地侗水族杂居的时候,就放弃本族语了。金秀瑶族五个族系中最小的是花兰瑶,只有1000多人,他们的语言则接近苗语支。传说他们是从贵州迁来的。他们放弃瑶语也可能是早在贵州的时候。

瑶族中第二大族系是“布努”,共有15余万人,分布在广西的都安、巴马等16个县和云南的富宁,他们说的话不是瑶语,而更接近苗语。他们究竟什么时候改说苗语的,还不清楚。据1957年的统计,使用苗语支语言的瑶族占瑶族总人口的34.84%。

因移民而引起语言更替的例子还有不少,如湖南通道、贵州黎平、广西三江有几千苗人说侗语,同瑶族、苗族、黎族、壮族等民族都有部分人改说汉语。我们还没有在西南地区找到语言融合的典型例子,看来在民族杂居地区语言的更替比语言的融合更为普遍。

(七)移民引起毗邻地区方言发生不同程度的质变

甲、乙两个相邻的方言区,如果甲区的经济、文化较发达,而人口又几近饱和,乙区则相反,那么甲区就有可能向乙区移民。往往起初是占据边界地带,后来才慢慢地深入到腹地。甲区的方言特点也因此渗入乙区,而使乙区方言发生程度不等的质变。

汉代扬雄《方言》屡次将“南楚江湘”相提并论。“南楚江湘”的地域大致相当于今湖南全省。古代湖南应该是使用同一种方言——湘语的。但是到了现代，湖南境内的方言却有好几种。这是历代受邻省方言侵蚀的结果。其中又以江西方言影响最大。

今天湘东的平江、浏阳、醴陵、衡山、攸县、茶陵、耒阳、常宁、酃县、桂东、汝城等县的方言具有明显的赣语特征，最显著的是古全浊声母都是读送气清音[th]，如果用长沙话读，则是不送气的[t]。尤其是平江话，赣语的特征更明显，如入声字保留塞音韵尾-t，古泥来两母在洪音前泥母读作[l]，在细音前泥母读[no]，来母读[l]。这两条特征与赣语相同，而为湖南其他地点的方言所无。

往西到湖南中部腹地，赣语的特征相对减弱。再往西，在湘西地区赣语影响虽有但已很微弱。

湖南的赣语地盘和赣语影响是历代大量接受江西移民的结果。江西移民所使用的方言，对湖南固有方言产生程度不等的冲击。两者之间发生取代、融合、混杂等变化，变化的情况跟移民的数量、年代和迁徙的路线有着密切的关系。

我国古代历史文献向来缺少完整、系统的移民材料，利用地方志中的民族志可以从侧面了解移民的情形。氏族志以谱牒为据，记载各氏族的原住地及其迁入的原因和年代，事实上是相当可靠的移民材料。湖南省含有氏族志的地方志有：清道光《宝庆府志》，光绪《邵阳乡土志》、《武冈乡土志》、《湘阴县图志》、《永定县志》、《靖州乡土志》及民国《汝城县志》。这七种地方志所及地域占全省面积的六分之一以上，在地理分布上及于省境的东北、中部、东南、西北和西南，五个方位俱全。就研究移民情况而言，颇可代表全省的大势。

分析、归纳上述方志中氏族志的材料，可以看出外地向湖南移民的主要特点有五个：1. 江西移民占大多数；2. 江西移民自东向西逐渐减少；3. 江西移民的来源地（出发地）十分集中；4. 湘北的移民多来自赣北，湘南的移民多来自赣中；5. 江西移民自唐末五代始，及两宋元代颇具规模，至明代而大盛。

从五代至明末长达七个多世纪中，江西地区持续不断地向湖南实行大量移民，即使是僻远县份也有江西人的足迹，而与江西结邻的县份则有尽为江西人占据的。这种情况自然使湖南方言发生深刻的变化，不但在湘赣边界形成明显的赣语区，而且赣语特征显著的县份自东北深入西南，自湘阴而宁乡，而新化，而绥宁，直达湖南之僻壤。在江西方言的普遍影响中各地又有深浅的不同。一般而言是距江西越远，影响越弱。邻近江西北部和中部的县份是赣语区的核心，尤其是平、浏、醴诸县方言赣语特征更为明显，这些县份的居民绝大多数是江西移民的后代。赣语区南部因移民数量稍逊，赣语特征与老湘语或新湘语特征遂成并立之势，汝城就是如此。赣语区以外湘阴、新化的江西移民分别达到外来移民总数的 72％和 75％，故赣语影响才能与新（老）湘语相匹敌。更向远处，永定和靖县江西移民在 40％以下，赣语特征已成强弩之末，影响甚微了。

通过对江西移民和湖南的赣语区形成的关系的分析，还可以得出这样一个一般性的结论：如果移民要对新居地的固有方言产生深刻影响，必须具备两个条件，一是数量大，二是迁徙时间集中。固有方言的继承性一般都相当顽强，不在短时间内以压倒优势的移民语言去侵蚀它，同化它，就很难改变它固有的结构。上述湘阴、新化二县就是明显的例子。两县的江西移民分别为移民总数的72％和75％，而赣语特征仅能与新(老)湘语相颉颃，远不能取而代之。这样看来，益阳、宁乡、绥宁诸县虽然没有移民材料，也可以推知其江西移民至少占移民总数的四分之三左右。而平、浏、醴诸县居民则必然十九是从江西迁入的。不但如此，新化移民迁入的时代主要集中在北宋，尤其是宋神宗熙宁、元丰间。新化本“梅山蛮”所居，宋神宗时“平蛮”置县，招徕汉民垦殖，江西移民遂大量涌入。湘阴的移民则集中在五代和明代，尤其是五代，仅后唐同光年间就移入18族。如果移民只是在长时间内断断续续地移入的，那么移民方言就会慢慢地被固有方言所同化，而不能留下值得一提的影响。靖州的江西移民本仅占移民总数的35％，而移入的时间又相当分散，南宋5族，元代3族，明代6族，稀稀拉拉的，形不成一股势力，江西方言也就没有留下什么影响了。

(八)移民的方言冲淡了土著方言的特征

移民带来的方言有时并不完全取代新地方言，而只是不同程度地冲刷、消磨新地方言的特征。这表现在两方面，一是旧地方言特征在地理分布上的萎缩，二是这些特征本身在程度上的减弱。

皖南的铜陵和太平一带的方言原来完全是吴语系统的，就是到今天还保留全浊声母。但是由于近几十年来受移民带来的官话的影响，它的词汇都变成官话系统的了。浙南平阳蛮话的情况也如此，它保留全浊声母这一点跟属于吴语的温州方言一样，但是它有许多闽语词汇。还有些语法特点也带闽语特征。如小称词尾用“囝”不用“儿”。男孩是“丈夫囝”，女孩是“作母囝”。《集韵》说：“囝，闽人呼儿曰囝。”平阳蛮话中的闽语成分显然是入浙的福建移民带来的。

吴语和官话的分界线有一段是穿过苏南的溧水县的。溧水县城在抗战时因为日军狂轰滥炸，人口剧减，其后有相当数量的操江淮官话的居民移入，因此现在的县城方言完全是江淮官话系统。县城东南的几个乡也由于官话居民的不断移入，冲淡了原有的吴语特征。塞音虽然保持三级分法，但是全浊音的浊度跟苏沪一带吴语比较，却有不同程度的减弱。有的字本来应该读浊音的，甚至已经变读清擦音了。如“败”字不读[bai]，而读[fe]；“步”字不读[bu]，而读[fu]。

苏北和其他官话区的人不断地向苏南和上海地区移民，特别是苏北移民一直深入到钱塘江北岸，他们带来的官话对某些苏南吴语产生影响。例如吴语和官话临界地带的浊音趋向清化，除了上述溧水外，还有丹阳，文读时已经没有浊音，只是白读时还保留浊音。高淳话中浊塞擦音已经消失。常州地区的某些词汇脱离了吴语系统，归入了官话系统，如“他、穿(衣)、锅子、家里”，这些词在一般吴语里是“渠、着(衣)、镬子、屋里”。

（九）移民的双语现象

到达新地的移民如果在人数上只占少数，在经济、文化上的地位又相对较低，那么他们不得不学会新地的方言；但是由于他们往往是大分散小聚居，以便于保留旧地的风俗习惯和在新地的生存发展，所以他们在自己的家庭和移民的社区里仍然是使用旧地方言的。这样就产生移民的双语现象。

今天苏南吴语的许多县，特别是太湖以西的，有许多祖籍是河南、湖北等地的居民。他们被称为“客民”或“客边人”。他们的人口总数没有统计过。大致是丘陵地带人烟稀少，较穷，客民就多些，平地富裕地区客民少些，甚至没有。这些客民大多是大分散小聚居的。他们是太平天国战争后迁入的，虽然已经繁衍了好几代，但是一直到他们的父辈时代还保留河南或湖北的年节和婚丧的风俗。在与当地人交际时，他们说的是道地的当地话，但是他们自己互相谈话时，却说“客边话”。也有人把他们所说的话叫做“棚子话”的，这是因为他们初来时只能搭建一些临时的棚子栖生。“客边话”大约是受当地吴语的影响，长期以来又跟原居地方言没有什么联系，所以跟北方话已有所不同。例如溧水县共和乡的“客边话”其语音系统，从总体上看是属于官话系统的，但是有些入声字却读成带喉塞尾，读法跟吴语相仿。

在民族杂居地方，居民操双语是相当普遍的，最典型的是瑶族。瑶族多是与其他民族杂居的，他们没有本族单独的市场，墟场多是与其他民族共同组成的，为了日常生活和交际的需要，他们一到成年都能说一种或更多别族的语言或方言。青海省贵德县有一种双语现象很特殊,当地的藏族人和汉人交谈时,在同一句话中既有汉语成分,又有藏语成分,有点一边说话一边自己当翻译的味道。青海人把这种现象叫做"风搅雪"。

如果没有特殊的原因,双语制不能长期维持,最终要发展成单语制。双语制最后的也是最坚强的堡垒是家庭。但是如果因婚配关系引进了新地的方言或语言,那么双语制在这个家庭里很快就会崩溃。另一种情况是下一代不再愿意说父母的家乡话,虽然他们听得懂。到了第二代双语制也就结束了。许多移居汉族城市的少数民族家庭都有这种情况。必须有下述的特殊原因,双语制才能长期维持。一是移民聚居自成社团,二是移民有较强的"族系"意识,有意识地保持原有的文化传统。例如苏南的河南移民的双语制已经维持百年而未衰,其原因就是他们为了在新地能够生存下去,必须聚居在一起,还必须保持内聚力,以抵抗土著居民的地方主义和排外倾向。海外华侨,尤其是在东南亚,为了保持中国的文化传统,则是有意识地维持双语制。据 1972 年的统计,新加坡的华裔有 91.1%的人使用闽南话,其中有 45.8%的人兼用马来语,41.2%的人兼用英语。

人口变迁和语言演化的关系似乎是显而易见的,西方的语言学家在 19 世纪后半期以印欧语言为基础建立了语言分化的"谱系树说"。这个理论认为原始印欧人的迁徙引起原始印欧语分化为各别的语族,各语族居民再次迁徙引起语言的再分化,现代各种印欧语言就是原始印欧语一再分化而最后形成的。这种分化的过程好像树干分叉为树枝,树枝再分叉为更细的枝条,所以被称为语言的谱系树分化。这一理论是受达尔文的生物进化论的启发而产生的,其实语言的演化并不像生物进化那样脉络清楚。从本文上述论述来看，人口变迁和语言演化的关系比“谱系树说”的假设要复杂得多。本文只是从人口变迁的角度讨论语言的演化，实际上语言的演化还跟行政地理、政治地理、经济地理、山川形势等多种因素有关，这就需要另作专题讨论了。

原载《学术月刊（上海社会科学院）》，1986 年第 4 期。转载《中国语言人类学百年文选》，知识产权出版社，2008 年，53—68 页。

方志所见上海地区16—19世纪方言地理

周振鹤　游汝杰

一

本文根据地方志所录方言材料考证上海地区16－19世纪(明正德至清光绪年间)的语言地理,并且绘制方言土语分布图。研究历史上的语言地理不仅是历史地理学的重要内容,而且在语言学方面,对调查现代方言,了解现代方言的历史来源等,都具有重大意义。

今上海直辖市包括一市十县,即上海市、上海县、嘉定县、宝山县、川沙县、南汇县、奉贤县、松江县、金山县、青浦县、崇明县。历史上的行政区划与现代不同。本文所谓上海方言是指曾使用于现代上海市所辖地区的方言,笔者所查考的也即是跟这一地区有关的地方志。

上海一市十县的建置和沿革情况大致如下:

松江县,唐天宝十载(751)分海盐、嘉兴、昆山县地置华亭县，元至元十四年（1277）升为华亭府，次年改松江府，仍置华亭县以隶之；清顺治十三年（1656）分西境置娄县；1913 年华亭、娄县合并为松江县。

嘉定县，南宋嘉定十年（1217）从昆山县分置。

上海县，元至元二十八年（1291）划华亭东北五乡设县。

崇明县，南宋嘉定间在长江口沙洲置盐场，元至元十四年（1277）升盐场为崇明州，明洪武二年（1369）改州为县。

青浦县，明嘉靖二十一年（1543）析上海的新江、北亭及海隅三乡及华亭的修竹、华亭二乡置。

南汇县，清雍正二年（1724）分上海县长人乡置。

奉贤县，清雍正二年（1724）析华亭县的云间、白沙二乡置。

金山县，清雍正二年（1724）从娄县分置。

宝山县，清雍正三年（1725）析嘉定东境置。

川沙县，清嘉庆十年（1805）划上海县高昌乡滨海地设川沙厅，1912 年改县。

上海市，1928 年分上海县北部及宝山县南部设市。

我们根据历史上的行政区划搜寻，目验上海地区的府志、市志、州志、县志、厅志、镇志、乡志、村志共 119 种，包括手稿本、传抄本、木刻本、缩微胶卷、影印本、石印本和铅印本。年代最早的是宋绍熙四年（1193）修纂的《云间志》（华亭晋时称为云间），最晚的是 1947 年出版的《金山县鉴》第三期。其中辟有专门篇幅介绍方言或记录方言词汇的有 53 种（不包括有方言词汇散见于各卷[特别是“风俗”和“物产”]的方志）。这 53 种中有明志 6 种、清志 36 种（乾隆以前 15 种、嘉庆以后 21 种），日本学者波多野太郎编《中国方志所录方言汇编》（共九册，横滨市立大学纪要，1963—1972）仅载上海地区方志 18 种，且未见有明志。

本文所据上述51种方志的目录、修纂或刊行年代、版本及其中方言材料的出处，详见本文附录。（各志按所记地点在现代所属市县分派。记△者并为波多野太郎所收。）

二

上海地区在明清两代方言内部并不一致，存在着明显的地域差异。如《紫隄村小志》（康熙十七年）曰："三邑连壤，土风合一，而语音自有微分，属嘉、属上、属青，总不相混。"可见当时的嘉定、上海、青浦三地土语有明显的差别，并不相混。利用方志材料可以确定各种土语的分布地区、各大土语区的语音特点。

1. 各土语的地理分布

许多方志直接记述了土语和土语之间的异同。记述的方式大致有两种：一是指出某类某地、某地近某地或某地与某地无异；二是用轻、重、劲、急、迟、简、烦等词来对比两地的语音差异。分析这两种材料可以获知明代的松江，清代的青浦县、金山县、奉贤县和嘉定县方言内部的地理分布。

明正德年间松江府（大致相当于现代除崇明、宝山、嘉定以外的整个上海地区）方言分两个大区，即华亭县（大致相当于现代的松江县、奉贤县、金山县及青浦县的一部分）和上海县（相应于现在的上海市、上海县、南汇县、青浦县的一部分和川沙县）。正德《松江府志》和正德《华亭县志》在论及方言时均载："府城视上海为轻，视嘉兴为重。"可见当时的上海县方言已经形成不同于邻县方言的特点，因为它是新产生的，所以为府城的居民所轻视。在西部和南部的边缘地带有几块小地方的土语跟邻县更为接近。即“风泾以南类平湖，泖湖以西类吴江，吴淞以北类嘉定，赵村以北类昆山”（见正德《松江府志》、《华亭县志》）。

今青浦县在明清时代的方言北部一致性较大，在南部，“唐行（今青浦县城）以南与华亭相似”（见嘉靖《上海县志》、同治《上海县志》）。“泗泾以南类华、娄”（见光绪《青浦县志》）。处于边缘地带的几块小地方的土语则跟邻县接近。光绪《青浦县志》载：“七宝以东类上海，泗泾以南类华、娄，双塔以西类元和，泖湖以西类吴江，小蒸西南类嘉善，赵屯西北类昆山，吴淞以北类嘉定。”康熙《松江府志》的记载大致相同。

清代金山县的方言，东部跟奉贤县的西部一致，西部则“风泾以南类嘉善，泶泾以南类平湖”（见康熙、嘉庆《松江府志》、乾隆《金山县志》）。

清代奉贤县的方言内部明显地分成东西两区。东区以县城奉城为中心，西区当以重镇南桥（民国后县治移此）为中心。东区近上海县方言，西区近华亭县方言。见乾隆《奉贤县志》：“其语言东西互异，东半邑与上海、南汇相似，西半邑与华亭、娄县相似。”光绪《奉贤县志》也有同样记载。据近年的实地调查，目前奉贤县的方言仍然分东西两大区。东西的差异至少已历两百多年仍未见融合。

对于明清时代嘉定县方言内部的地域差异，我们没有直接的材料可以引证，不过，考虑到方言地理分布演变的缓慢性，民国《嘉定县志》的有关材料可以参考：“东南与西北清浊迥殊，陈店、江桥类上海，纪王、诸翟视上海为轻，视青浦为重，黄渡、西胜塘与青浦相似，安亭类昆山而略重，陆渡桥似太仓，而罕用鼻音，南翔较各乡为特殊，一字之音有时舌尖和唇齿有并用者，如呼吃为缺之类。”

清代川沙厅和南汇县的方言跟上海县类似。“上、南”常常并提，而川沙“与上南无异”(见光绪《川沙厅志》)。宝山县的方言是跟嘉定县一致的。宝山县在吴淞江以北，很多方志都提到“吴淞以北类嘉定”(正德《松江府志》、嘉庆《松江府志》等)。崇明本是沙州，唐代万岁通天年间才初辟为田，“民皆淮浙来附者”(见正德《崇明县志》)，所以“发音宏亮近江北，而语言同江南者什九”(见民国《崇明县志》)。可以推定它的方言是近隔江相望的嘉定和宝山的。

综上所述，可以考定：

上海地区在16世纪至19世纪方言内部分为南北两大区。南、北大致以吴淞江为界。吴淞江北岸黄渡、江桥一线的狭长地带属南区，黄浦江下游东岸高桥一带属北区。

北区内部又分四个小区，即N1区、N2区、N3区、N4区。N1区最大，包括现代崇明县、宝山县全境、嘉定县的大部地区、川沙县的高桥地区和上海市区的北部，称为嘉定土语区。N2区在嘉定县西北角，即陆渡桥以西，称为类太仓土语区。N3区在嘉定县西南角，即安亭以西，和青浦县的西北角，即赵屯以西，称为类昆山土语区。N4区在今青浦县双塔(亦称商榻)和西岑以西，称为类吴江土语区。

南区内部又分五个小区，即S1区、S2区、S3区、S4区、S5区。S1区包括上海市区的南部，上海县大部地区、奉贤县东部、川沙县和南汇县全境，称为上海土语区。S2区包括青浦县北部、上海县西北部和松江县极北部(泗泾以北)，称为青浦土语区。S3区包括松江县大部地区、青浦县南部、金山县东部和奉贤县西部，称为松江土语区。S4区包括青浦县极南部和金山县极西部，称为类嘉善土语区。S5区在金山县中部，东以张堰为界(参考民国《张堰志》:“张堰东接华壤，西界平邑，方言土俗或似郡或似浙。”），称为类平湖土语区。

上述九个土语区的地理分布详见下图。

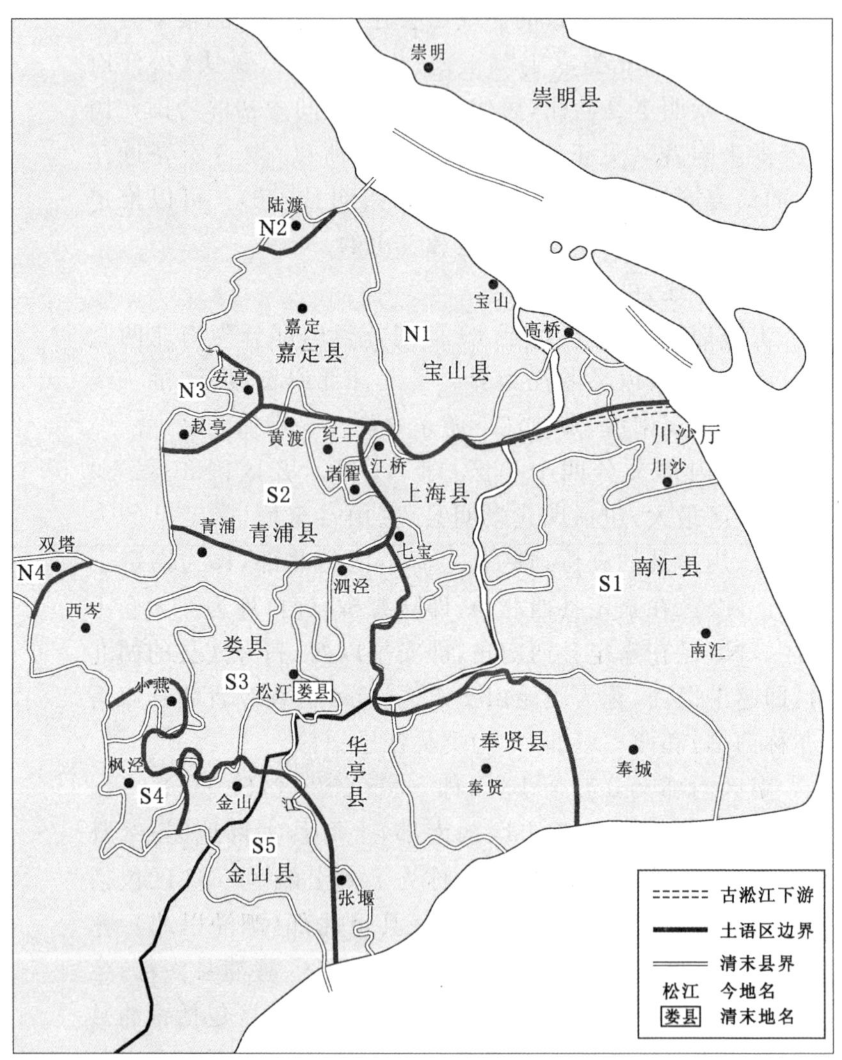

● 上海地区16—19世纪九个土语区的地理分布

2. 南、北两大土语区的语音特点

可以利用下述三种材料来考证各土语区的语音特点。第一，某地方志对当地音韵特点的直接载录，大都只是简略地提及当地韵部归并的特点，其措辞大致如下：某从某、某入某、某某同吻、某某不分、某声呼近某声等。如道光《川沙抚民厅志》："东冬罔辨、江阳不分、真侵同吻亦不独海滨然也。"第二，见于列举当地方言字音的"读若"材料，如光绪《青浦县志》："鬼如举，归如居，跪如巨，死如洗，儿如倪，亏如驱。相近而音误者。"第三，用轻、重，急、迟，简、烦等词直接对比两地的音韵特点，如咸丰《黄渡镇志》："镇介吴淞，语音亦小异，大率吴淞以北语简而音急，吴淞以南语烦而音迟。"

方志中所见的音韵材料都是零星的，不成系统的。所以不可能从中了解当地历史音韵的全貌。不过，通过审慎的归纳和分析，当地音韵的某些特点还是显而易见的。

我们从方志中归纳出可供比较的项目有：庚从阳、支微入鱼、江阳不分、真侵同吻、灰入麻、陌入黠、陌入药。这些特点在各志中载录与否的详细情况请见下表。√表示有反映，空白表示没有反映。用的是平水韵。

"陌入药"一项表中只见于光绪《罗店镇志》和乾隆《宝山县志》。民国《太仓州志》和《崇明县志》也有"陌入药"的材料，可以参考。从下表可以看出："支微入鱼"、"庚从阳"、"灰入麻"是南、北两大区都有载录的。其他特点的反映南北互异。

在声调上，南区的特点是"以上声为去声，去声为上声。呼想如相，呼相如想之类"（正德《松江府志》、《华亭县志》）；"去声呼近平声。如桂音近圭，做音近租，用音近庸之类"（乾隆《娄县志》、光绪《青浦县志》）。北区没有这类记录。

各志所见韵类并合特点比较表

方志名 / 修志年 / 韵类归并	松江府志	华亭县志	嘉定县志	上海县志	上海县志	宝山县志	上海县志	娄县志	上海县志	松江府志	川沙抚民厅志	上海县志	罗店镇志	川沙厅志	清浦县志	嘉定县志	崇明县志	宝山县志	月浦志
	正德5	正德16	康熙12	康熙22	乾隆15	乾隆15	乾隆49	乾隆53	嘉庆19	嘉庆22	道光16	同治7	光绪4	光绪5	光绪5	光绪7	光绪7	光绪8	光绪14
庚从阳				√	√	√	√	√	√		√	√	√	√	√			√	
支微入鱼	√	√	√						√		√	√	√	√		√	√		√
灰入麻	√	√		√	√		√				√	√		√	√				
江阳不分									√	√	√			√					
真侵同吻									√		√			√					
真庚同吻										√									
陌入黠			√										√				√	√	
陌入药						√													

三

方志所录方言材料往往是十分芜杂的，并不全都可信可用。其原因大致有三：一是修纂者不一定精于语言学；二是为当时的语言学水平所限；三是后志往往因袭前志，以讹承讹。所以我们在利用这些材料的时候必须小心谨慎，去芜存精，考正订讹。兹举例说明之。

可信可用的材料。譬如乾隆、光绪《奉贤县志》都说奉贤土语分东西两半，经过跟现代方言调查结果的比较，这是完全可信的。再如“庚从阳”这一特点，各志所举的例字很丰富。光绪《罗店镇志》载：“争，呼如侧羊反，叶阳韵。烹，呼如普羊反，叶阳韵。羹，俗呼如古凉反，叶阳韵。更，俗呼如公良反，叶阳韵。坑，呼如苦央反。”再拿现代上海市区话来比较，庚韵和阳韵都读鼻化的 a。所以“庚从阳”是可信的。

有些材料是伪讹而不可信。如大多数方言都提到“泰入箇”这一特点。其实这是以讹承讹。所谓“泰入箇”的例字，各志都只是提出“大如惰”一个。“大”在切韵音系本来就有箇韵和泰韵两读。这里的“大”是箇韵的“大”，“大读如惰”是文白异读的问题。现代各地吴语普遍如此。又，查现代上海话泰韵字，如兑、最、会、外、绘等都不读箇韵的 u。所以尽管很多方志都载录“泰入箇”，这还是不可信的。

有些材料修纂者认为是讹误的，实际上其中却有规律可循。如嘉庆《上海县志》：“鬼如举，归如居，跪如巨，纬如喻，亏如去平声，逵如衢，椅读于据切，小儿毁之毁如许，声相近而讹也。”其实这并不是声相近而误，而是有规律的历史音变。在切韵音系，鬼、归、纬都属微类，诡、毁、亏、逵都属支类，举、巨、居、许、衢、喻都属鱼或虞类。从中可以归纳出“支微入鱼”这一条规律。只是“椅”本来就属支类，不在此规律之内。又，在现代上海话中，鬼、归（白读）、龟、跪、贵等都读 y，鱼韵的喉牙音也读 y。所以，“支微入鱼”是可靠的。

有些材料需要加以修正。如“灰入麻”是很多南区的方志都提到的。从这些方志所举的唯一例字“槐音如华”来看，应归纳为“佳入麻”。“槐”在切韵音系有皆韵和灰韵两读。从现代上海话来看，灰韵喉音读 ue，如汇、灰、回、煨，却没有读 a'的；佳韵读 a，如怀、淮、歪；麻韵有读 a 的，如耶、爷、蛙、鸦，却没有读 ue 的。

四

历史地理因素对方言土语的分区有十分显著的影响。

在古代，山脉、河流、沼泽、湖泊等自然地理实体往往是方言土语的天然分界线。

上海地区处在长江出海口的冲积平原上，其东部地区成陆不过一千多年。整个地区是河网地带，没有高山峻岭，形成语言隔阂的自然地理因素主要是河流和湖泊。所以 16 至 19 世纪上海两大土语区的分界线跟古代的吴淞江走向基本吻合，并不是偶然的。

今日的吴淞江不过是黄浦江的一条支流。但在元代以前，它却是上海地区最大的河流。吴淞江古名松江，是一条单独入海的大河。其下游在唐代宽达二十里，到北宋仍有九里宽。它是上海地区水系的主干。据郑亶《水利书》记载，北宋熙宁时期松江两岸河港纵横交错。松江北岸从北陈浦东至海口有大浦二十条，皆自北向南入松江；南岸自小来浦东至海口有大浦十八条，皆自南向北入松江。这样的干流天然成为南北两个地区的分界，故清代以前，松江两岸历来分属不同的政区。同时，松江的这种地位，在语言地理上，对方言的南北分区有决定性的影响。这种影响从宋元时代一直延续到明清乃至现代。最典型的例子，是今川沙县高桥公社一带。川沙县土语大都属南区，唯独高桥土语仍然属北区（图中的 N1），而不属南区（S1），这是因为明代之前高桥位于吴淞江以北。

在今上海地区，黄浦江是最主要的河道，它把上海分成东西两半。但是黄浦江水系的形成乃在明代永乐年间之后。宋代以前，黄浦江的前身东江不过是一条西北东南走向、单独入海的较小河道，所以它对 16 至 19 世纪上海土语分区不发生重要的影响。只有元泰定年间之前就已存在的今黄浦江中游，成了南部土语区内两个小区（S1 区和 S2 区）的一段天然分界线。

与历史自然地理因素相比，历史人文地理因素对南北两大土语区的形成有更重要影响。

今上海地区在清代以前以吴淞江（或松江）为界分属两个不同政区（如下表所示），这与两大土语区的分界是一致的。

朝代＼地区	江北	江南
北宋	苏州	秀州
南宋	平江府	嘉兴府
元	平江路	松江府
明	苏州府	松江府
清	太仓州	松江府

南宋时华亭县属于嘉兴府。可以想见，当时府城嘉兴的土语对于华亭土语是有权威性的（superimposed）。虽然从元代开始华亭就从嘉兴府中独立了出来，成为松江府。但是一直到明正德年间的《松江府志》和《华亭县志》还是记载着方言"以嘉兴为重"。可见人文地理因素影响的深远。一直到清代，江南的方言才改为"以苏州为重"（见嘉庆《松江府志》、同治《上海县志》）。这种变化当然是因为从明代开始，松江府和嘉兴府已经分属两个不同的大行政区，前者与苏州府同属南京（清属江苏省），而后者则属浙江布政使司（清之浙江省）的缘故。至于松江以北的土语本来一直就是属于苏州系统的。

对照前述第二节的土语分区和第一节的政区沿革，我们可以看出两者之间的密切关系。如青浦县土语主要分成南北两小区，北小区即S2区，与上海县相类，南小区则与松江县同属S3区。这种分布情况恰与该县沿革相吻合。青浦县是明嘉靖间分上海县和华亭县（即今之松江县）地而置，其北部本为上海县的新江、北亭、海隅之分，而南部则是华亭县的华亭、修竹二乡地。又如南汇、川沙两县地临东海，成陆较晚,迟至 1724 年和 1805 年才从上海分县置厅,所以其土语与上海县相似,同属 S1 区,该区实际上也就大体代表着 1724 年以前的上海县范围。

还有一个跟地理因素有关的有趣事实是:青浦县泖湖、淀山湖以西的双塔地区,虽地处吴淞以南,在 S3 区的西角,然而其土语却是属于北区的(N4 区)。原来这块小地方是跟江苏省的吴江县相邻的,而跟青浦县反而有淀山湖和泖湖的阻隔,所以土语类吴江,吴江土语和北区的嘉定土语则均属于苏州系统,南区的土语从来源来说跟嘉兴同一系统。因此,从地理上看,N4 区虽地处 S2 区之南,就语言特点看,却是应该属于北区的。顺便说说,N4 区内的西岑,位于淀山湖之东,似乎应该属 S3 区才对。但从历史上看,淀山湖、泖湖的水体比现在为大,西岑在过去跟青浦县依然为湖区所隔离。

综上所述,可以明显看出,上海地区 16—19 世纪的方言地理,是受自然地理和人文地理因素的深刻影响的。

一九八一年冬完稿

附录　本文所据上海地区地方志目录

上海市区　法华镇志　嘉庆十八年(1813)修　手抄本　卷二“风俗”附方言

△　法华乡志　嘉庆十八年(1813)修,民国十一年(1922)续编铅印　卷二有“方言”一节

上海县　上海县志　嘉靖三年(1524)刻本,民国二十一年(1932)影印本　卷四“风俗”含方言

紫隄村志　康熙十七年(1678)修　传抄本　卷前"风俗"含方言
上海县志　康熙二十二年(1684)刻本　卷一"风俗"含方言
上海县志　乾隆十五年(1750)刻本　卷一"风俗"含方言
上海县志　乾隆四十九年(1784)刻本　卷一"风俗"含方言
△　上海县志　嘉庆十九年(1814)刻本　卷一有"方言"一节
△　上海县志　同治七年(1868)刻本　卷一附方言
同治上海县志札记　光堵二十八年(1902)铅印本　卷一有"方言"一节
上海乡土志　光绪三十三年(1907)铅印本　第36课"方言"
△　上海县续志　民国七年(1918)刻本　卷一附方言
上海乡土地理志　民国十六年(1927)铅印本　第14课"方言"

嘉定县　嘉定县志　万历三十三年(1605)刻本　卷二有"风俗"一节附方言
外冈志　崇祯四年(1631)序刊　卷一有"俗蠹"一节含方言
续外冈志　乾隆五十七年(1792)重修　卷一有"俗蠹"一节含方言
嘉定县志　康熙十二年(1673)刻本　卷四

“风俗、物产”中有“方言”一节

黄渡镇志　咸丰三年（1853）刻本　民国十二年铅印　卷二“疆域”附风俗，含方言

△　嘉定县志　光绪七年（1881）刻本　卷八有“方言”一节

△　太仓州志　民国八年（1919）铅印本　卷三“风土”含方言

△　嘉定县续志　民国十九年（1930）铅印本　卷五有“方言”一节

真如志稿本　民国二十四年（1935）修　手抄本　卷八“礼俗志”中有“方言”一节

宝山县　宝山县志　乾隆十一年（1746）刻本　卷一“地理志”中有“方言”一节

△　宝山县志　乾隆十五年（1750）刻本　卷一“地理志”中有“方言”一节

月浦志　嘉庆元年（1796）修，光绪十四年（1888）重修，1962年据手稿铅印　第九卷“风俗志”中有“方言”一节

淞南志　嘉庆十年（1805）刻本　卷二有“风俗”一节含方言

宝山县志　光绪八年（1882）刻本　卷十四“风俗”附方言

罗店镇志　光绪五年（1879）序刊，光绪十五年（1889）铅印　卷一“疆域志”有“方言”一节

宝山县再续志　民国二十年（1931）铅印本　卷五“礼俗志”有“风俗”一节附方言

川沙县　川沙抚民厅志　道光十六年（1836）刻本

卷十一“杂志”有“方言”一节
△　川沙厅志　光绪五年(1879)刻本　卷一“疆域”附方言
△　川沙县志　民国二十六年(1937)铅印本　卷十四“方俗志”有《黄琮川沙方言汇释》、《黄炎培川沙方言述》

奉贤县　奉贤县志　乾隆二十二年(1758)刻本　卷二有“风俗”一节含方言
△　重修奉贤县志　光绪五年(1878)刻本　卷十九有“风俗”一节含方言

松江县　松江府志　正德七年(1512)刻本(影印)　卷四“风俗”含方言
华亭县志　正德十六年(1521)刻本　卷三有“风俗”一节含方言
松江府志　康熙二年(1663)刻本　卷五“风俗”含方言
娄县志　乾隆五十三年(1788)刻本　卷三“疆域”中有“风俗”一节含方言
松江府志　嘉庆二十二年(1817)刻本　卷五“疆域”中有“方言”一节
娄县志　光绪五年(1879)刻本　卷三“疆域”有“方言”一节

金山县　金山县志　乾隆十八年(1753)刻本　卷十七有“风俗”一节含方言
△　金山县志　民国十八年(1929)重刊本　卷十七“风俗”含方言

青浦县△　青浦县志　光绪五年(1879)刻本　卷二附

方言

章练小志　光绪七年(1890)修,民国七年(1918)续修　铅印本　卷三"风俗、方言"

蒸里志略　宣统二年(1910)铅印本　卷二有"风俗"一节含方言

青浦县续志　民国六年(1917)修　民国二十三年(1934)增修刻本　卷二"疆域下"附方言

崇明县　新修崇明县志　万历三十二年(1604)刻本　卷一有"风俗"一节含方言

重修崇明县志　康熙二十年(1681)刻本　卷六有"方言"一节

崇明县志　雍正五年(1727)刻本　卷九有"风俗"一节附方言

△　崇明县志　乾隆二十五年(1760)刻本　卷十二"风俗志"附方言

△　崇明县志　光绪七年(1881)刻本　卷四有"方言"一节

崇明县志　民国十三年(1924)稿本　卷四"地理志"有"方言"一节

△　崇明县志　民国十八年(1929)铅印本　卷四"地理志"有"方言"一节

原载《历史地理研究(复旦大学)》,创刊号,1986年5月,279—292页。

南方地名分布的区域特征与古代语言的关系

游汝杰　周振鹤

一

我们搜集、目验了数以万计的中国古今地名,并加以归纳和分析,发现许多地名用词,特别是南方的地名用词,是具有区域特征的。本文试图探讨这些南方地名用词的源流及其分布地区,并说明它们跟古代语言或方言的关系。

地名是人类开始社会活动之后就产生的。地名有一定的稳定性。某一地区的居民成分在历史上可能有变动,包括不同民族、不同语言的居民迁离或迁入,但是地名往往并不跟着发生变化。所以,许多地名的历史往往可以追溯到遥远的古代。地名最初是由当地人用当地语言命名的,因此,同类地名的分布往往能为古代语言的分布提供信息。

语言学家早就注意到通过地名研究来获知古代语言的分布区域。欧洲的地名研究证明了巴斯克语(Basque)曾使用于整个西班牙北半部[1];奥地利、德国南部和波希米亚曾是凯尔特语(Celtic)的基地[2]。

《汉书·地理志》臣瓒注曰:"自交趾至会稽七八千里,百粤杂处,各有种姓。"秦汉以前,江浙闽粤一带为古越族所居地。史学界普遍认为现代台语居民跟南方古越人有族源关系。汉代刘向《说苑·善说篇》所载《越人歌》和袁康《越绝书》所载古越语,在语法结构和基本词汇方面都跟现代壮语有许多共同点。[3] 现代台语和古越语是一脉相承的。

现代台语居民聚居于我国两广、贵州、云南以及泰国等地。据地名学的一般原理,他们的祖先有可能在江南故土留下一批古越语地名。本文部分内容试图证实这种可能性。论证的方法是:寻求有南方特征的历史地名及其常用字,并加以归类;从历史文献中查考这些地名常用字跟古越语的关系;拿见于现代资料的台语地名(其实是历史上用汉字记录的台语地名),跟这些历史地名比较,寻找相同之处;用语言学方法证明这些地名常用字很可能是台语底层(Substratum)词。这一类地名的地理分布境界线能为古越语和古越人的分布地区提供重要的参考。

还有些地名词,考求其词源,难以确定它们究竟是底层词、同源词或汉语南方方言词。我们先把有关材料排比出来,以供今后进一步研究。本文暂将它们算作南方方言词。南方方言历史地名词的地理分布能为古代南方方言的分布区域及其内部的一致性提供参考。

---

〔1〕 John P. Hughes, *The Science of Language*, Random House, New York, 1962, P. 89.

〔2〕 William J. Entwistle, *Aspects of Language*, Faber and Faber, London, 1951, P. 345.

〔3〕 韦庆稳:《越人歌和壮语的关系试探》,载《民族语文论集》,中国社会科学出版社,1981年;《壮族简史》,广西人民出版社,1980年,第6页。

载录地名的史籍所代表的时代往往比地名产生的时代晚得多，所以本文所谓某时代的某类地名，实际上所代表的时代要早得多。还有些小地名往往不见于任何历史文献，但是由于地名具有历史属性，它们还是有可能在相当久远的古代就产生了。所以本文在确定同类历史地名的分布地区时，也参考、利用这一类小地名材料。

二

本文限于篇幅，不列举全部具有区域特征的南方历史地名词，只举其中常见的加以较详细的讨论。地名语音的标音采用国际音标。

1　以发语词冠首的地名

秦汉以前，古吴越以及邻近的楚、齐、鲁和古岭南（包括今两广、云南及越南部分地区）有一类以发语词冠首的地名。先举例如下：

於

西周：於越（即越国，今浙江钱塘江以南）

春秋：於余丘（山东临沭南）

西汉：於陵（山东淄博北）、於潜（浙江於潜）

句

西周：句吴（即吴国，今江苏无锡、苏州一带）

春秋：句无（浙江慈溪西南）、句余（浙江诸暨南）、句绎（山东滕县北）、句渎（山东菏泽县北）、句澨（湖北均县西）、句

乘(浙江诸暨南)、句阳(山东菏泽北)

战国:句章(浙江宁波东北)、甬句东(浙江舟山)

西汉:句容(江苏句容)、句町(云南广南)、苟扇(越南河内)

姑

春秋:姑苏(江苏苏州西)、姑蔑(山东泗水东)、姑妹(亦称姑蔑,浙江巨县东)、姑密(河南孟县西)、姑尤(山东招远南)、姑熊夷(江苏苏州南)

西汉:姑幕(山东安丘南)、姑复(云南永胜)

夫

春秋:夫椒(太湖洞庭西山)、夫钟(山东汶上北)、夫于(山东淄博西)

无

秦代:无盐(山东汶上北)

西汉:无锡(江苏无锡)、无湖(安徽芜湖)、无功(越南清化北)、无编(越南清化南)

余

战国:余干(江西余干)

秦代:余杭(浙江杭州)

西汉:余发(越南清化北)、余暨(浙江萧山)、余姚(浙江余姚)

乌

西汉:乌程(浙江吴兴南)、乌伤(浙江义乌)

很明显,上述古吴越一带和古岭南一带的地名(包括山名和河名)的冠首字是类似的。这种类似现象并非出于偶然,根本的原因是:它们出于同一种语言——古越语。理由有五:

第一，这些地名的冠首字也见于古代吴越王的名字，如句卑、句践、句亶；余善、余桥疑吾、余祭、余昧；夫差、夫槩；无余、无壬、无曎、无彊、无颛。

第二，这些地名和人名的确切含义，今天已很难考见了，不过，它们的冠首字，却可以确知只是古越语的发语词而已。东汉人服虔注《世本·居篇》曰："吴蛮夷，言多发声，数语共成一言。"《史记·吴太伯世家》："太伯之奔荆蛮，自号句吴。"颜师古注《汉书·地理志》曰："句，音钩。夷俗语之发声也，亦犹越为于越也。"战国越有地名"晢"。《汉书》作"於潛"，可见"於"无实义。所以句、於都是发语词。其他冠首词的发音词性质也可以一一考见。[1] 这些冠首字的上古音都是相合或相近的。韵母方面，姑、於、乌、无、余、夫属鱼部，句、苟属侯部，鱼、侯是邻韵，可以相押的地方很多；声母方面，姑、句、苟属见母，於、乌属影母，见影两母可通转（喉牙通转）。

第三，其中有的冠首字仍见于现代台语地区的大量地名。如姑（因当初记音人不同或方音差异，也写作古、个、过、歌、勾等）字冠首地名，在现代两广和越南北部多得不可胜数。以"个"字冠首地名为例，有广西的个漾、个榜、个陋、个宕；云南的个旧、个马；越南的个奔、个多、个内、个下、个蔗、个那、个螺、个柴、个瑟、个舜等。

第四，现代一些壮语和苗语方言仍保留着地名或人名带有词头（相当于发语词）的特点。如壮语龙州方言词头 $ʔo^1$ 用于地名和人名；湘西苗语用词头 $qɔ^1$ 表示地名、姓氏和族称。

第五，这些地名在结构上的特点是齐头式，即第一个音

---

〔1〕 拙著《古越语地名初探》，载《复旦学报》（社科版），1980 年第 4 期。

节相同，如句章、句容。现代台语也是如此。汉语地名则是齐尾式的，即末尾音节相同，如张村、李村。这是由汉语和台语构词法不同决定的。

这一类古越语地名分布于江浙一带及其以西南直到越南北部，与臣瓒所说“自交趾至会稽”的百越分布范围基本一致。交趾即今越南北部，会稽指今钱塘江以南地区。今江南苏州、无锡一带，古代是句吴族的活动地区，吴和越有着共同的风俗习惯。《越绝书》说：“吴越二邦，同气共俗。”《吕氏春秋·贵直论·知化》载：“夫吴之与越也，接土邻境，壤交通属，习俗同，言语通。”言语既相通，地名必然相类。所以苏南和浙北的地名有共同性。此外，山东也是这一类古越语地名的集中区。这里的越语地名很可能是北上的越人带来的。越国自勾践灭吴以后称霸一时，徙都琅玡（今山东胶南县南）达二百二十四年之久。在他们的势力范围内，取越语地名应当是很自然的（见图一）。

2　含“濑”字地名

“濑”是古越语词。《汉书·武帝纪》：“甲为下濑将军，下苍梧。”臣瓒曰：“濑，湍也。吴越谓之濑，中国谓之碛。伍子胥书有下濑船。”师古曰：“濑音赖。”《越绝书》：“见一女子击絮于濑水之中。”据《清一统志》说，濑水即溧水，江上有渚曰濑者，即子胥乞食投金处。故又名投金濑。濑水在今溧阳县西北。又，《水经·漓水注》：“漓水出苍梧荔浦县西北鲁山之东。迳其县西，与濡水合，又东南流入荔浦，注于濑溪。”荔浦今属广西。可见濑字首用于越人地区地名。

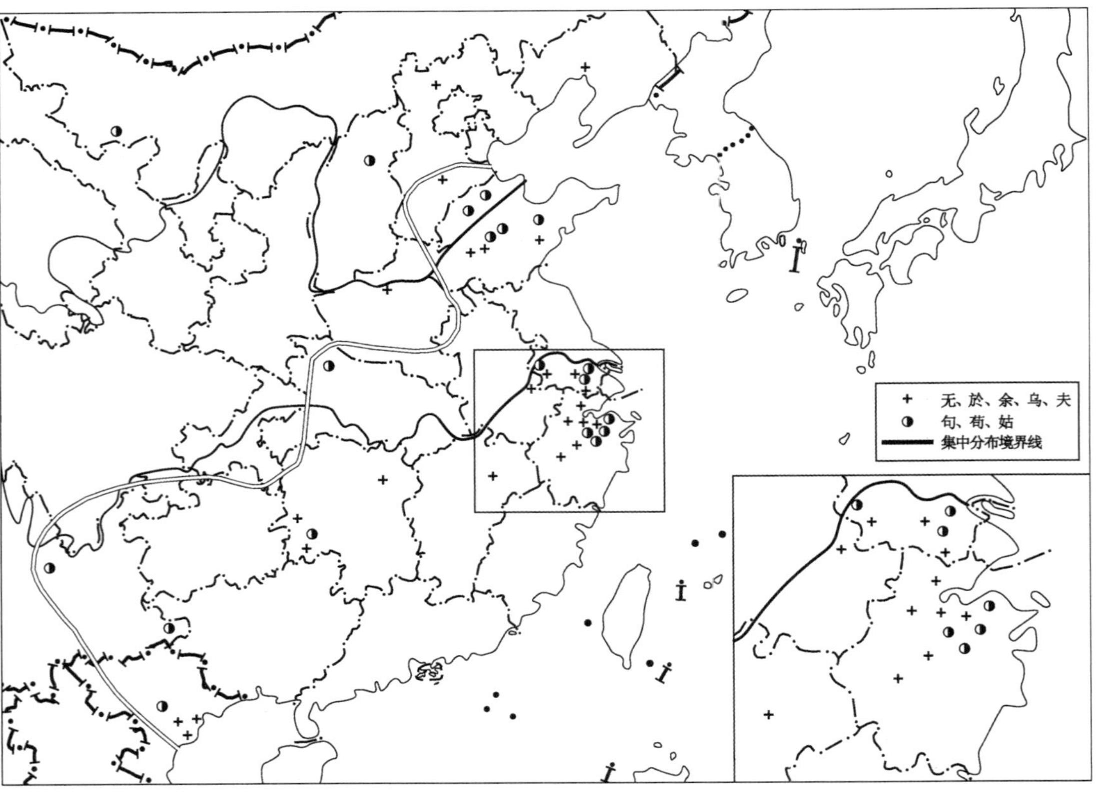

图一　汉代以前发语词冠首地名分布图

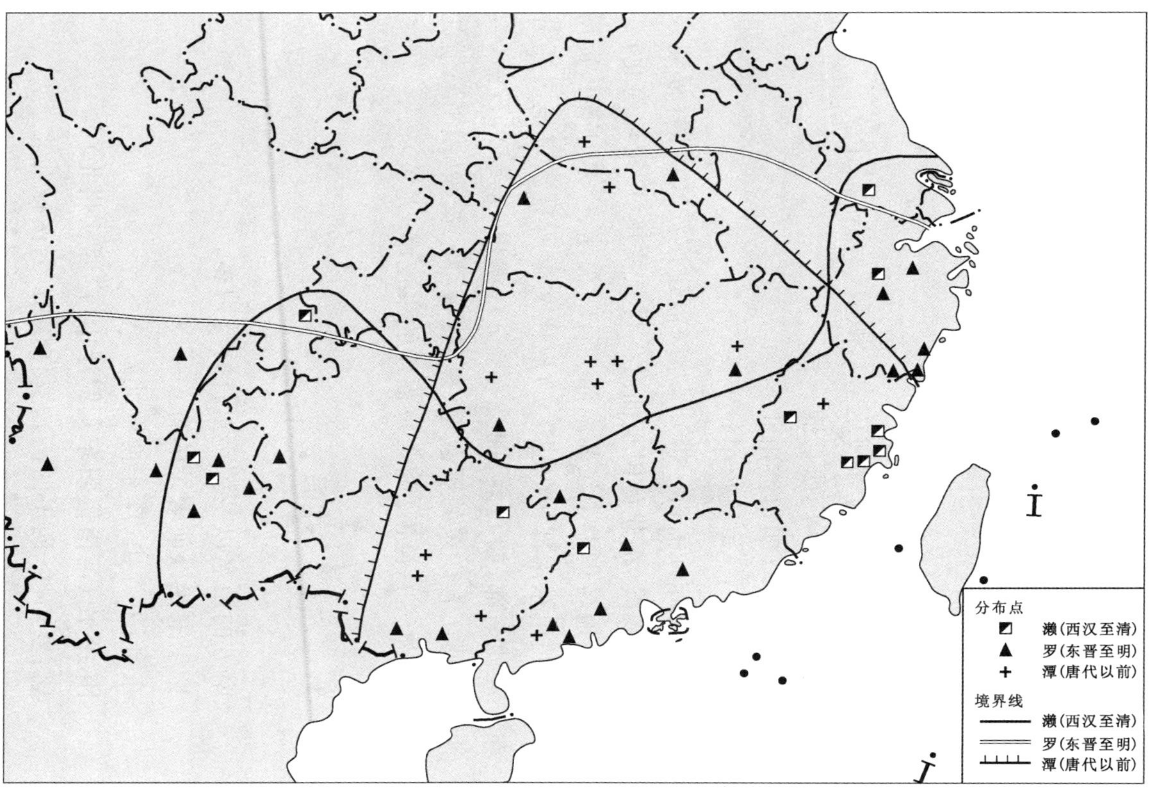

●图二 瀨、罗、潭字地名分布图

现代壮语地区，特别是南部，仍然通用含 ɣa:i⁵ 音节（意为“浅水滩”）的地名。ɣa:i⁵ 的写法有赖、濑、涞、莱等。如天峨的那赖、忻城的纳赖、百色的渌赖、崇左的渌濑、邕宁的濑沙、武鸣的那涞、上林的那莱。

见于古代著录的濑字地名不多，至清代为止濑字地名有：

春秋：濑水（江苏宜兴西）

西汉：同濑（云南寻甸东南）、铜濑（云南马龙南）

南北朝：濑溪（广西荔浦一带）

唐：濑波溪（四川泸州北）

宋：濑口关（福建将乐）

清：山仔濑（福州一带）、掌濑（福建连江）、洪濑（福建泉州一带）、濑溪（福建莆田至仙游一带）、扶赖（广东郁南北）

这些地名集中于江苏南部、浙江、福建、广东、广西、贵州西部和四川东南部。（见图二）现代文献所见濑字地名还分布于江西南部，如石濑、曲濑（吉安），濑出（永新），石濑（吉水）；此外还有广东的雁濑塘、蕉濑（梅县）、长濑（镇平）；浙江的石濑（永嘉）、昆濑（丽水）；福建的牛皮濑（尤溪）。

3　含“罗”字地名

南方的山名以“罗”字冠首的特别多。

见于宋代以前著录的有：

东晋：罗浮山（广东博罗北）

隋：罗山（河南信阳东）、罗浮山（广西钦州北）

唐：罗山城（四川西昌）、罗仵侯山（云南禄劝北）

宋：苧罗山（浙江诸暨南）

见于明代著录的罗字山名有：云南的罗岷山、罗锦山、罗生山、罗藏山、罗木山、禄布山；浙江的大罗山、罗岩山、罗源山；江西的罗山、罗霄山；湖北的罗英山；湖南的罗么山、罗溪山、罗详山；广东的大罗山、罗琴山、罗湖山、罗阳山、罗浮山；广西的罗高山、罗仁山、罗渌山；江苏的罗浮山；贵州的罗蒙山。

这些山名集中地区的北界是浙江北部，河南极南部、湖北、贵州和四川的极南部。（见图二）

汉语地名词的含义，追根溯源都是可以究明的。但是南方山名中的“罗”字，却很难在汉语本身找到语源。《说文》：“罗，以丝罟鸟也。从网从维。”《尔雅・释器》：“鸟罟，谓之罗。”这两个本义跟山脉、山峰并没有必然的联系。汉语的村名以姓氏冠首的很多，但是山名以姓氏冠首的很少。山名以姓氏冠首绝非汉语地名词惯例。假定“罗”是姓罗之“罗”，难道罗姓居民自古以来皆集中于南方的山地吗？这显然是不可能的。

现代壮语地区和越南北部也有许多以“罗”字冠首的山名或其地在山区的地名。如北流的罗秀、崇左的罗白、扶绥的罗阳、龙州的板罗、田林的罗岩、忻城的甘罗、靖西的陇罗、百色的罗村口等。曾有人指出，岭南地名中的罗字或写作渌、六、禄，是壮语“山”的意思。[1] 现代壮语“山谷”一词的读音是 luːk^{8}，其上古音可拟作 *lak（据李方桂，*a—aː、ɯː、uː、o、ɔ）。汉字“罗”属歌部，“渌、六、禄”都属屋部，其上古音，罗字可拟作 *la，其余三字可拟作 *lûk。台语古今音变的程式还没有完全搞清楚，原始的 *lak到现代的 luːk^{8}，中间有

〔1〕 徐松石：《粤江流域人民史》，中华书局，1941 年，第 204 页。

没有 * lok 这样的过渡形式，尚不得而知。不过从音理上看完全是可能存在的。汉台语中这些古音的形式是接近的。从音义两方面来看，地名中的“罗”字很可能是古壮语“山”词的记音。南方罗字山名的构成方式也跟台语地名相一致，即都是以通名冠首的齐头式。

一个很有趣的现象是，同一个罗字地名，出现在好几个地点。例如古今下述地点都有罗浮山：广东的博罗、电白、兴宁、平运；江苏的泰县；广西的钦州、防城；江西的井冈山地区；浙江的永嘉以及越南北部。下述地点都有罗冈：浙江的永嘉、桐庐；广东的平远、番禺。下述地点都有大罗山或罗山：浙江的永嘉、临海、桐庐；河南的信阳、江西的崇仁；广东的清远、肇庆、广宁、兴宁。这说明操同一种语言的居民称呼山脉的词和命名山脉习惯是相同的，也可能是古越族居民长途迁徙，将故乡的山名带到新的居住地。这些地名中的“罗”字是古壮语“山”的意思，所以“罗山”就是“山山”，“大罗山”就是“大山山”。诸如此类两种语言成分叠床架屋的地名，在地名学上屡见不鲜。

南方还有大量罗字地名和河名，它们很可能是从罗字山名衍化而来的。例如浙江永嘉县的罗浮、罗南、罗垟、罗溪、罗埠等。

对地名中的“罗”字另一种可能的解释是：“罗”字是台语“田”词的对音。[1] 汉字“罗”的上古音是 * la。现代台语中“田”词的语音分成 na^2 和 la^2 两大类。台语各语言和方言声母 n-和 l-是有对应关系的。德宏傣语称水田为 la^2。川黔滇苗语亦称水田为 la^2。这种解释要遇到的一个问题是：罗字

〔1〕 徐松石：《粤江流域人民史》，中华书局，1941 年，第 204 页。

地名比那字地名（“那”是台语词“水田”na[2] 的对音）的分布要广得多，并且更接近北方得多。那么多山地（即有罗字山名的地方），恐怕不可能处处宜于稻作。

4 含“潭”字地名

古代潭字地名集中在南方。五代十国以前的潭字地名有：

古闽越：大潭城（福建建阳）

西汉：潭中（广西柳州东）、潭水（广西柳州南）

隋：清潭（湖北枣阳南）、湘潭（湖南湘潭）、菊潭（河南内乡北）

唐：潭阳（湖南怀化）、潭州（湖南长沙）、潭栗（广西玉林西）、潭峨（广东信宜）

五代十国：象牙潭（南昌南）、玉潭（长沙西）

它们的集中地区是河南极南部、湖北、湖南、江西、福建、广西（见图二）。一直到现代，潭字地名还是基本上分布在南方。

历史地名中的“潭”字出于古越语词，这个古越语词在现代台语中的词义是“坑、池塘”。主要理由有四：

第一，“潭”这个词在古代仅使用于南方，较早的字书将它解释为南方的一条河流的专名。《说文》：“潭，水，出武陵镡成玉山，东入郁林。”《方言》郭注：“潭，水名，出武陵。”汉武陵郡在今湖南西部，郁林郡在今广西中部。《楚辞·九章·抽思》：“长濑湍流，溯江潭兮。”注谓楚人名渊为潭。《广韵》：

"潭，水名，又深水貌。"今长沙仍然称深水为潭。[1]

第二，汉字"潭"的上古音和台语"坑、池塘"一词的上古音相合。从音义两方面来看，汉字"潭"当初有可能是用来记录台语"坑、池塘"一词的。现代台语中这个词的语音形式，举例如下：

壮(武鸣)	壮(龙州)	布依(羊场)	布依(晴隆)	傣(德宏)
tam^2	$thum^1$	tam^2	$taŋ^2$	$thaŋ^1$
莫	侗(车江)	侗(锦屏)	水(三洞)	毛难
dam^1	tam^1	$tɤm^1$	dam^1	dam^1

根据李方桂构拟的原始台语语音系统，* d—t，th；* ə—a、ɔ、u，这个词的上古音可拟为* dəm[2]。汉字"潭"属定母侵部，上古音可拟为* dêm。汉语和台语中这两个词的上古音相合。

南方方言中的这个词很可能是古台语词的底层遗留。

第三，在现代壮语地区有大量以 tam^2(坑、池塘)冠首的地名。tam^2 的写法有墰、畓、粈、畓、湚、墩。如龙州的墩崩，墩南；隆林的墰午、墰旺，邕宁的畓汉、畓槐等等。在现代岭南汉族地区有一个常见的地名用字"畓"，《现代汉语词典》注音作 $than^2$，是"水塘"的意思。它跟壮语地名用字 tam^2 显然是同源的。

第四，历史地名潭中、潭栗、潭峨、潭阳，都是以潭字冠首的，这跟壮语地名齐头式的特点是一致的。

---

〔1〕 杨树达：《增订积微居小学金石论丛》卷四，科学出版社，1955 年。

〔2〕 本文几个台语词的上古音是根据李方桂的原始台语语音系统试拟的，见 *A Handbook of Comparative Tai*，Hawaii univ. 1977。几个汉语词上古音的构拟参照董同龢《上古音韵表稿》。

5 含“步”字地名和含“浦”字地名

南方有大量步字或埠字地名。就地名而言，“埠”是“步”的俗书。见于著录的“步”字地名较早，分布的地区较小，并且更相对集中于南方。地名中的“步”字是“停船之所”的意思。柳宗元《永州铁炉步志》：“江之浒，凡舟可縻而上下者曰步，永州北郭有步曰铁炉步。”任昉《述异记》：“水际谓之步。上虞县有石驰步，吴中有瓜步，吴江有鱼步、龟步，湘中有灵妃步。”又，《水经注·赣水》：“赣水北出际，西北历度支步。”“赣水又迳郡北，为津步。步有故守贾萌庙。”“赣水又东北迳王步，步侧有城。”从这三例来看，“步”当是“水津”义无疑；又，当时“步”已是地名的通名。据杨守敬《水经注图》，这三地均在今南昌市西北。

上古汉语中的“步”字，据字书的解释并没有“水津”义。《说文》：“步，行也。”《尔雅·释宫》：“堂上谓之行，堂下谓之步。”《小尔雅》：“跬，一举足也。倍跬谓之步。”“步”的本义只是“步行、行走”。那么，“步”的“水津”义究竟从何而来？从步字地名的使用地区来看，很可能是出于古越语。宋《寰宇记》：“容州夷多民少……不习文字，呼市为墟。”宋《青箱杂记》：“岭南呼市为墟，水津为步。”容州当今广西北流。从这两条材料来看，“墟”和“步”都是当地夷人（即古越人或台语居民的祖先）的语言。

见于宋代以前著录的步字地名有（上文已述的省去）：

西汉：步北泽（云南盐源南）

隋：瓜步山（江苏六合南）

唐：步头（云南个旧西南）、贾勇步（云南屏边南）、步日赕

（云南普洱）

北宋：城步寨（湖南城步）、石步镇（南京东北）、麻步镇（安徽金寨东）、故步镇（安徽霍山）、成家步镇（安徽霍邱西）

南宋：长步（江西赣州北）、谢步（安徽六安南）

这些地名的集中地区是在江苏和安徽的南部，湖南、江西以及云南的南部（见图三）。宋代以后的步字地名也几乎全部集中在这个地区。埠字地名是后起的，其分布地区已扩大到南方的所有省份，并且稍稍向北推移到河南、山东，可能是后来传布的结果。

南方另一个与“步”类似的常用地名词是“浦”。任昉《述异记》认为：“吴楚间谓浦为步，语之讹耳。”可见在当时的吴楚语言中“浦”和“步”音近义同。又，任昉的这句话似乎是说“步”是吴楚语言，“浦”是北方汉语。其实古代浦字地名并不见于北方，其分布地区跟步字地名相同。只不过最早见于著录的是浦字地名（汉代以前已屡见不鲜），后来才有步字地名（汉代罕见），最后是埠字地名。“埠”是“步”的俗书。“步”和“浦”上古音都属鱼部，声母都是唇音。就南方地名词来说，“浦、步、埠”是同一个古越语词在不同时代的不同写法。

南北朝以前浦字地名有：

春秋：庸浦（安徽铜陵北）、荒浦（安徽霍山东南）

战国：夏浦（武汉）、溆浦（湖南溆浦）

西汉：合浦（广西合浦东北）、胥浦（越南清化北）、荔浦（广西荔浦东）、回浦（浙江黄岩北）、营浦（湖南道县北）

三国：洭浦关（广东英德）、漉浦（湖南株洲）、浦里塘（江苏溧水西）

晋：南浦（四川万县）、浦阳（越南荣市）

南北朝：浦阳江（浙江绍兴地区）、宁浦（广西横县）

魏晋南北朝以前浦字地名集中在南方，北缘是江苏、安徽、湖北三省的南部，西缘是四川极东部至越南北部沿海（见图三）。

6 含“溪”字地名

溪字北方指山间小溪流。《尔雅 · 释水》：“水注川曰谿。”杜预疏曰：“谿亦涧也。”《说文》：“谿，山渎无所通者。”后来也泛指小河沟。但是，在南方较大的河流也普遍称为溪。如梅溪（浙江）、金溪（福建）、南溪（广东）、泸溪（江西）。见于著录的溪字地名（包括河名），唐代之前仅限于南方，即川东、苏南、江西、湖南以南（见图三）。宋代以后才稍稍向北传布。直到现代北方仍基本不用溪字地名。

见于唐代之前著录的南方溪字地名已经很多，我们搜集到五十个以上。略举些例。

春秋：乾溪（安徽亳县东南）

东晋：金溪究（越南河南北）

南朝：端溪（广东英德）、龙溪（福建漳州南）

隋：封溪水（广东封开北）、西溪（湖南保靖西）、武溪（湖南泸溪西）、宜溪水（湖南常宁一带）、临溪（四川蒲江北）、洛溪水（广西桂林南）

唐：七里溪（四川黑水西）、辰溪（湖南辰溪）

到了现代，大量南方溪字地名反而改从北方习惯，称为“河”或“水”。上文所举隋代的封溪水、宜溪永和洛溪水，其中的“溪”本来是南方河流的通名，“水”则是北方的通名。这种通名的重叠现象正反映了南方通名改从北方的中间过程。

台语称最大的河为 kjaŋ、kloŋ 或 khoŋ，称较小的河为

ta，称更小的河为 nam，而称最小的河，各语言的语音形式如下：

壮（武鸣）	布（罗甸）	傣（西双）	傣（德宏）
mɯŋ^1、ɣi^3	mɯŋ^1、zi^3	mɯŋ^1	lam^3xe^2
侗（通道）	水（三都）		
kui^3	kui^3		

现代泰国的小河一律称为 huei，如溪森 huei san、溪邦 huei paŋ、溪壁 huei piek、溪霏 huei phai[1]。如隆林的河浰、那溪，上林的浰委，上思的累娄，天等的龙累，忻城的坡累。地名中的“溪”字多读作 ɣei^3。

台语中的 ɣi（或 ɣe、ɣei）的语音跟汉语的“溪”（溪母齐韵）是相通的。两者究竟是同源词或是互借词，不易确定。考虑到古代溪字河名限于南方，这个词很可能是先使用于南方的古台语词，后来才进入北方汉语的。但是从台语中汉语来源的老借词的读音规律（溪母读 h 或 ɣ，蟹摄的韵尾是-i）来看，ɣi、ɣe、ɣei 都可能是老借词，而 mɯŋ、məŋ、kui 是本族语固有词。又考虑到台语中的 ɣi（或 ɣe、ɣei）的音义跟古今北方汉语的“溪”是相通的，它们也可能是同源词，且不管哪一种可能性大，从古代溪字地名限于南方这一事实来看，可以肯定的是，古代南方居民曾用“溪”作为河流的通名，这种命名习惯跟北方汉人不同，当跟南方台语居民相同。所以，这类地名的分布仍然能为古代南方语言的分布提供参考。

7 含“港”字地名

古代北方的河流的通名是河、水，南方的河流通名是江、

---

〔1〕 徐松石：《泰族壮族粤族考》，中华书局，1941 年，第 168 页。

港、溪。“港”字在北方方言中仅指“港口、港湾”，在南方方言中则兼指河流，特别是江浙一带有许多以“港”字为通名的河流名，如江苏的黄沙港、新洋港，浙江的婺港、徽港、常山港、楠溪港、江山港，江西的信义港、双港、斜港、白石港。南方方言中的“港”和“江”音近(仅调异)义通(均可指河流)，求之于古，则此两字皆属东部，可拟为*koŋ。南方方言中的“港”和“江”应该是同根词(cognate)。

台语称最大的河为 kjaŋ、kloŋ 或 khoŋ。如“湄公河”的“公”即是 kloŋ 的音译，“湄”是 me(母)的音译，“河”是外加的意译。台语这个上古音可拟为*klaŋ，它跟汉语南方的*koŋ音近义通。它们究竟是同源关系、借用关系还是底层关系？不易确定。从“港”或“江”古代仅用于南方河流的通名或地名来看，它们作为古越语遗留在汉语南方方言中的底层词，然后进入北方汉语，这种可能性较大。

见于宋代之前著录的港字地名(包括河名)有：

北宋：大港镇(江苏丹阳北)、栗港(浙江定海西)、港头镇(浙江宁海东南)、双港镇(安徽桐城南)

金：高家港镇(山东博兴东)

南宋：夏港(江苏江阴西)、鲁港(安徽芜湖)、石港场(江苏南通北)、马逻港(江苏淮安东)

这些地名集中在苏南、皖南和浙江。宋代以后港字地名向北、西、南三个方向传布(见图三)。

考虑到南方的“江”和“港”是同根词，那么这一类地名的使用时代还要早得多。曾有人提出南方的“江”字跟南亚语言有关。[1]

---

〔1〕 梅祖麟和 Jerry Norman, *Some Lexical Evidence for the Austroasiatic Presence in Ancient South China*，国际汉藏语言学会议第三届会议(1970年)论文。

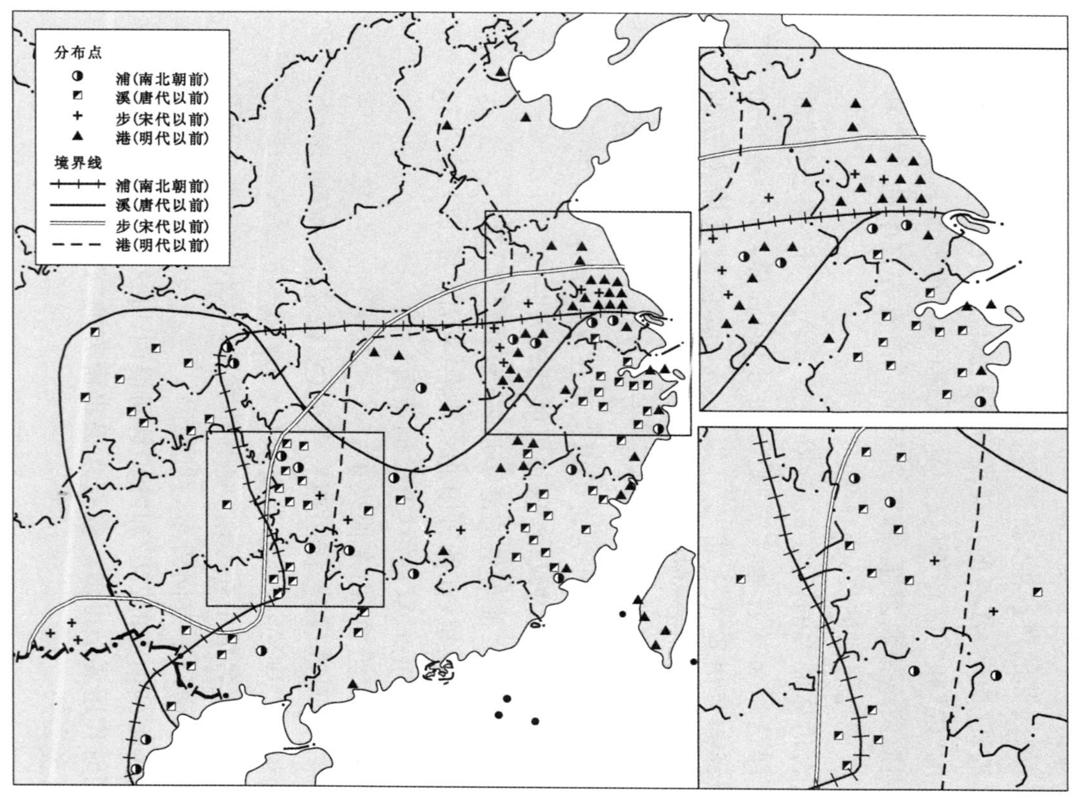

●图三　浦、溪、步、港字地名分布图

8 “垟、寮、墟、漈、圳”字地名

南方还有一些特殊的地名常用字，它们在地名中往往自有含义。这些地名所指的都是些小地方，所以很少见于明代以前的著录，但是在现代大比例尺地图上却大批大批地出现，其分布地区又往往相对集中。本文只举其中有典型意义的“垟、寮、墟、漈、圳”为例，加以讨论。同类的地名常用字还有澳、岙(坳、岰)、尖、嶂、埕、厝、栋、埔、攀、墘、塭、坞、冲、坑、畈、堖(脑)、陂、嵊、坎等等。

8.1 “垟”字地名

这个地名字浙南写作“垟”，其他地方写作“洋”。在古汉语中“垟”的本义有二：一是土精，见《玉篇》；二是土怪，见《史记·孔子世家》。“洋”的本义《说文》、《玉篇》、《广韵》均解为水名。《诗·大雅·大明》：“牧野洋洋。”这里的“洋洋”则是用于形容田野宽广。地名中的“垟”却是“田间”的意思。这个意义跟“垟”或“洋”的本义并不相干。浙南的“垟”用作“田间”义，最早见于宋元时代的戏文初期作品《张协状元》[1]。洋字上古属喻母阳部 * daŋ(按周法高的拟音是 * raŋ)。这个上古音可以跟藏文 roŋ“农耕用的低地”和越南语 ruoŋ^{8}“田”相比较。

明代以前著录的垟字地名有：

北宋：倚洋(福建德化西)

元：茶洋站(福建南平东南)、沙洋(湖北荆门西南)

---

〔1〕 第二十三出：“小二，去洋头看，怕有人来偷鸡。”句中“洋头”即是“田头”的意思。此剧的作者是温州书会才人。剧中夹杂了一些宋元时代温州方言成分。见钱南扬《永乐大典戏文三种校注》，中华书局，1979 年。

明：柘洋（福建福鼎西）、蒋洋（福建福鼎南）、洋望（浙江泰顺东南）、牛田洋（广东澄海）、杉洋镇（福建宁德西）、宁洋（福建永安南）、平洋山（江西上饶西）、后洋（福建永安南）

历代垟字地名分布地区的北缘是：浙江的临海、仙居、遂昌；江西的贵溪、南城、宜黄、新淦、新喻、分宜、萍乡；湖南的醴陵、安化、新化、武冈（见图四）。

8.2 “寮”字地名

“寮”的本义是官僚、同僚，见《尔雅·释言注》。地名用字“寮”是小屋的意思。寮字用作“屋”义最早见于宋代，如“屋窄如僧寮”、“小窗寂寂似僧寮”（均陆游诗句）。寮字用于“僧寮”仍见于现代温州方言，如“和尚寮”、“师姑尼寮”（尼姑庵）。宋人朱辅《溪蛮丛笑》说山瑶居“打寮”。现代瑶族勉话称房子为 pjau³，湘西苗语称房子为 pɟɯ³，语音跟汉字“寮”的上古音 * liaw（来母宵部）相近。

明代之前著录的寮字地名罕见。现代著录的寮字地名很多。举例如下：浙江青田的船寮、黄寮，永嘉的岩寮、田寮；江西瑞金的中茶寮、王思寮，信丰的夫寮下、田寮山；广东大埔的高寮、田埔寮，饶平的许厝寮、红港寮；福建闽清的里寮、诏安的下寮；湖南慈利的麻寮铺、湘湖的寮百港等。其分布地区的北缘是：浙江的永嘉、武义、遂昌；江西的上饶、南丰、赤平、泰和、遂川；湖南的桂东、宜章（见图四）。

8.3 “墟”字地名

墟字本作虚。虚的本义有二：一是大丘（见《说文》）；二是故城、废址（见《吕氏春秋·贵直论》）。南方地名用字“墟”是集市的意思，跟“虚”的本义似无关。墟字用作集市义见于宋代文献。《青箱杂记》：“岭南呼市为墟。”陆游《剑南诗稿·一溪行》：“逢人问墟市，计日买薪蔬。”其语源有可能出于古越语，宋《寰宇记》："容州夷多民少……不习文字，呼市为墟。""墟"在切韵音系是鱼韵溪母合口三等字。上古属鱼部溪母 * khâg。这个上古音可以跟台语"集市"一词的语音比较。

壮（武鸣）	壮（龙州）	仫佬	毛难	水（三洞）	侗（车江）
haɯ¹	faɯ⁶	fai³	hɯ¹	qe⁴	a：i⁴、ki⁴

壮语中的老借词的韵母跟汉语上古鱼部三等字是相对应的，即 aω— * ag[1]。声母方面的相近更是明显。其中侗语的一个语音形式 a：i¹ 没有声母，声母脱落是侗语语音发展的普遍现象。

见于著录的墟字地名清代以后才大批出现。如广西钦州西南的那梭墟，灵山西南的林墟，梧州南的赤水墟，容县北的大旺墟；湖南永兴西南的油榨墟，江华西南的涛墟市；江西宜黄西的凤冈墟，永丰东北的视田墟。现代著录的墟字地名多至不可胜数，大致也分布在上述数省。墟字地名分布地区的北缘是：江西的玉山、金溪、东乡、进贤、丰城、高安、清江、江峡、吉安、遂昌；湖南的攸县、衡阳、东安、武冈、溆浦、沅陵、乾城（见图四）。

8.4 "漈"字地名

这个地名用字浙江、福建多写作漈；江西、广东多写作磜或嵥；湖南写作际，各地也有混写的现象。漈、磜两字不见于《说文》，似是后出。漈字《玉篇》释为"水涯"；磜字《篇海》释为"阶砌"。地名词漈（或写作磜、嵥、际）是"山间水滨"的意思。

---

〔1〕 韦庆稳：《越人歌和壮语的关系试探》，载《民族语文论集》，中国社会科学出版社，1981年；《壮族简史》，广西人民出版社，1980年，第6页。

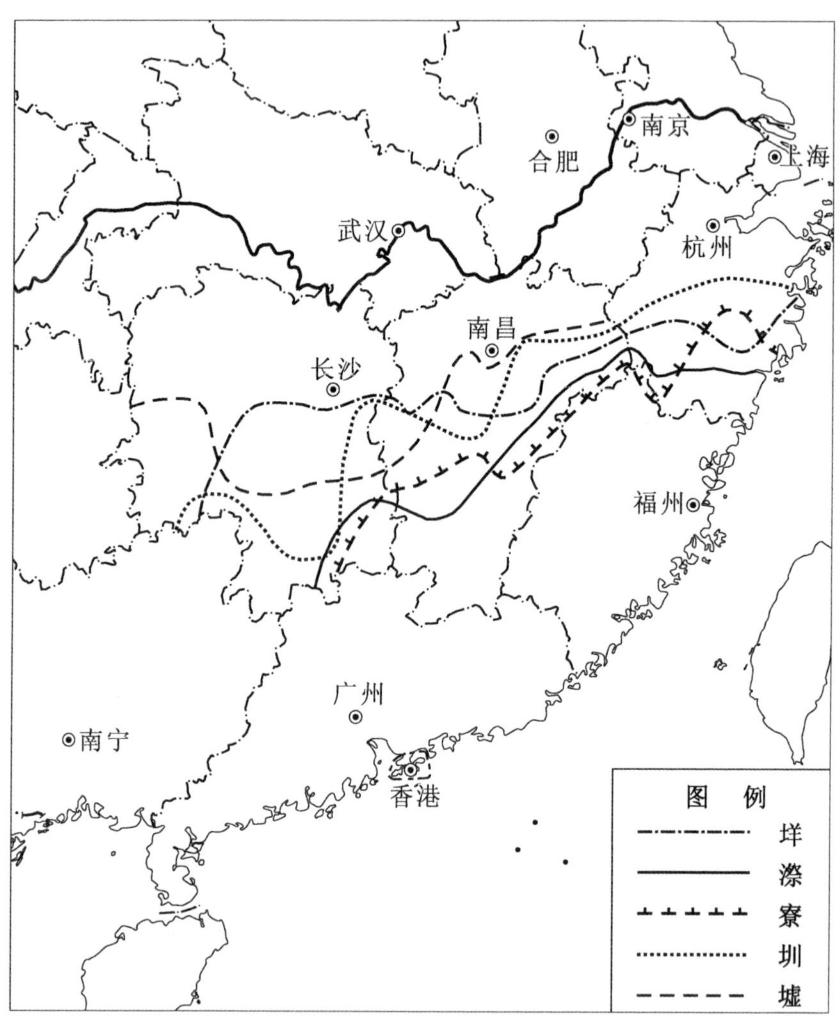

● 图四　垟、漈、寮、圳、墟地名分布图

见于明代以前著录的“漈”字地名有：

南宋：磜磜金场（福建建宁北）

明：大漈（浙江云和南）、漈门（福建永泰西南）、龙漈山（福建连江北）、潭飞漈（福建宁化南）

现代文献所见漈字地名很多，举例如下：浙江文成的百丈漈、永嘉的白水漈；江西宁都的上磜、磜头脑；湖南安仁的羊際市、石磜塘；安徽黟县的際村。其集中分布地区的北缘是：浙江的永嘉、云和、龙泉；江西的玉山、铅山、资溪、南城、宜黄、赤平、遂川；湖南的安仁、嘉禾（见图四）。

8.5 “圳”字地名

地名中的“圳”是“田边水沟”的意思。对圳字的记载最早见于戴侗《六书故》卷五：“甽，子浚切……按，今作圳，田间沟畎也。”〔1〕

见于史籍的圳字地名极少，如江西进贤的温家圳，见于现代文献的很多，如浙江丽水的畎（畎、甽、圳皆通）岸、永康的圳头；江西萍乡的圳口、何家圳；湖南新宁的圳源峒；广东大埔的圳头坑、梅县的高圳。其集中分布地区的北缘是：浙江的宁海、东阳、义乌、兰溪、江山；江西的弋阳、贵溪、东乡、进贤、乐安、安福、萍乡（见图四）。

三

古越语或古代汉语南方方言的地名用词，在广大的地域内各自内部有着明显的一致性。这种一致性能为古越语或

〔1〕 郑张尚芳：《圳——字音琐谈一则》，载《温州师范学院学报》，1980 年第 2 期。此文对南方方言词“圳”的源流考证颇详。

古汉语南方方言内部的一致性提供有力的证据。

本文提供的历史地名材料,以及主要是根据这些材料绘制的地名分布图,或能为古越语和古汉语南方方言各自的大致分布区域提供参考。

本文论及的发语词冠首地名可以肯定是古越语地名的遗存。这些地名的分布地区大致东至沿海,极西至滇东,南至越南北部,北至山东。这个地区跟史籍所载和考古发掘所见古越族文化特征(如几何印纹陶、有段石碕、拔牙、悬棺葬、干栏式建筑等)的分布地区大致相当。南方地名词濑、罗、潭、墟等,究其语源,跟古越语也有关系。这些地名的分布地区历史上应该有过古越族的民族和语言底层,其范围大致也不超出发语词冠首的古越语地名分布地区。

垟、漈、寮、圳、墟这几个南方地名常用字分布地区的北缘,能够为汉语地名用字的南北差异提供大致的分界线,即浙南、赣中、湘南。地名用字的南北差异又能够为居民成分的历史背景和语言背景的差异提供证据。

一九八一年春完稿

附记:

关于发语词冠首的古越语地名问题曾承谭其骧先生教示;有关寮字、垟字地名曾承郑张尚芳同志见示几条材料,谨表谢意。本文地名材料的主要来源是《汉书·地理志》、《水经注》、《读史方舆纪要》等多种古籍;《中国历史地图集》等多种古今地图;国家测绘总局测绘研究所《壮语地名用字的读音和意义》(油印本)等。细目恕不详列。本文少数民族语言的语音材料大多采自已经刊行的有关著作,少数几条采自油印本。

原载《纪念顾颉刚先生学术论文集》,巴蜀书社,1990年,709—724页。

下编

从语言学角度试论亚洲栽培稻的起源和传布

游汝杰

关于亚洲栽培稻的起源和传布问题历来争议纷纷。近几十年来国际文献以印度起源说最盛，中国起源说较少。前者认为稻从印度经由缅甸、老挝、柬埔寨、越南传入华南，再北上而至华北。日本学者加藤茂范于1930年将籼稻定名为“印度亚种”、粳稻定名为“日本亚种”，更造成中国稻传自印度的印象。我国学者丁颖曾于1957年将籼稻重新定名。[1]但至今国内外仍有学者沿用加藤的命名。1974年台湾学者根据我国史籍记载，并认为印欧语言中“稻”词之语音与汉语“米”有关，从而主张中国起源说。[2]其说穿凿附会而不足信。1978年我国又有学者主要从河姆渡新石器时代遗址出

〔1〕 丁颖：《中国栽培稻种的起源和演变》，载《农业学报》1957年8月。

〔2〕 汪呈因：《稻作学与米》，台北市徐氏基金会出版，1974年，5—7页。

土稻谷(炭化)论证我国栽培稻起源为世界最早。[1] 近年来国外学者则倾向于把印度东北部、尼泊尔、缅甸和泰国北部以至我国云南这一大段长形地带视为亚洲栽培稻的起源地。又认为栽培稻可能是从越南经由我国东南沿海而传入长江下游流域。[2]

甲骨文中无"稻"字。[3] 先秦古籍如《尚书》、《礼记》、《诗经》、《论语》、《战国策》等中关于稻的记述屡见不鲜。但是因为栽培稻的起源离甲骨文的时代还很远,所以考证这个问题,文字的记载不能作为主要的依据,只可作为参考。

本文试用语言地理学的方法和历史语言学中的比较方法,从汉藏语系壮侗语族及有关语言、历史地名、汉语方言等几个方面,进一步探讨这个问题。

一、壮侗语族及有关语言"稻"词语音比较

词义为"稻"的词在下列壮侗语族、苗瑶语族、藏缅语族的语言及其方言中,有着明显的同源关系(括号说明使用地点):壮语(广西中部、西部)、布依语(贵州南部)、傣语(云南西双版纳、德宏)、侗语(贵州东南部)、侬语(云南东南部)、沙语(云南广南县)、泰语(古读。泰国)、Ahom 语(古读。缅甸掸邦)、瑶语拉珈话(广西大瑶山)、白语(云南大理)、越南语

---

〔1〕 游修龄:《从河姆渡遗址出土稻谷试论我国栽培稻的起源、分化与传布》,1978 年全国农业学术讨论会论文。

〔2〕《亚洲和非洲水稻的起源、进化、栽培、传布与多样化》,载《农业科技译丛》1978 年第 1 期。

〔3〕 游修龄:《从河姆渡遗址出土稻谷试论我国栽培稻的起源、分化与传播》,载《作物学报》1979 年 8 月。

(越南)。以上语言或方言中“稻”词的音值(舍去声调)共得十四种,即 1. khau(壮、Ahom),2. k‘au(壮、侬),3. k‘ao(泰),4. kou(瑶),5. gao(越南,白),6. ʔo(布依),7. hau(壮、布依),8. xau(沙、傣、壮),9. ɣau(布依、侬),10. vo(布依),11. ɦau(布依、壮),12. ɦu(布依),13. hou(壮),14. au(侗)。上述语音的具体使用地点,详见示意图Ⅰ。

在壮语及其方言中,稻、米、谷三个概念用同一个词表达,在布依语及其方言中稻、米、饭三个概念用同一个词,在瑶语拉珈话中 kou 只能指稻这一个概念,越南语 gao 只能指米这一个概念,在其他语言及方言中都是稻、米同词。

把上述语言的地理分布画成语言地图Ⅰ。从图中可以看出“稻”的这十四种语言分布在广西的中部和南部、云南的西部和南部、越南北部、老挝北部、泰国北部和缅甸东北部。

这十四种语音之间的相似和对应关系是十分明显的。辅音的对应关系是:

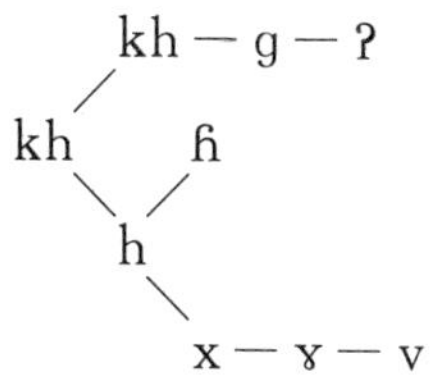

元音的对应关系是:

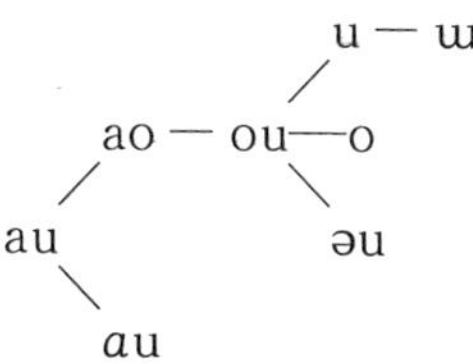

这些语音的相似和对应关系绝非偶然。笔者曾把十种壮侗语言及方言的基本词汇拿来比较研究,得出壮侗语族两条语音对应规律(为省篇幅,用以比较的语音材料从略):一、

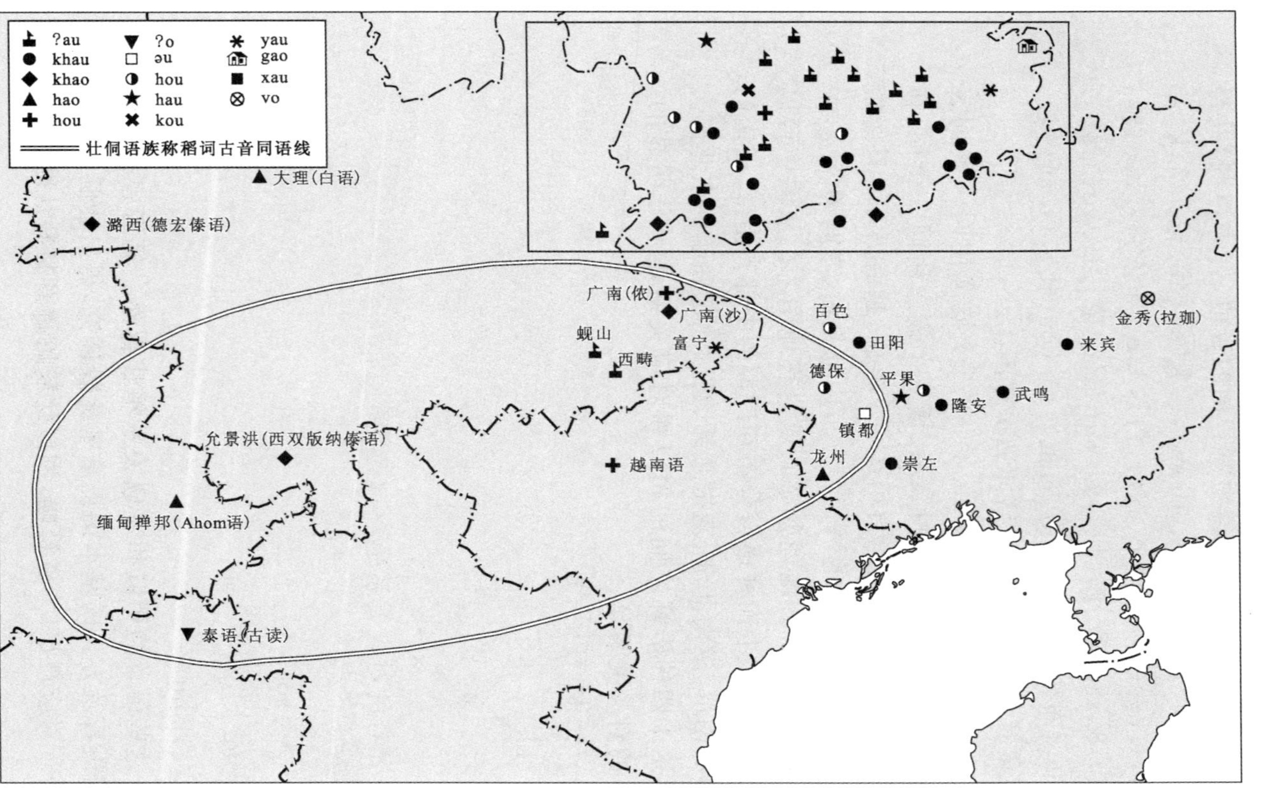

图Ⅰ 壮侗语族及有关语言"稻"词语音示意图

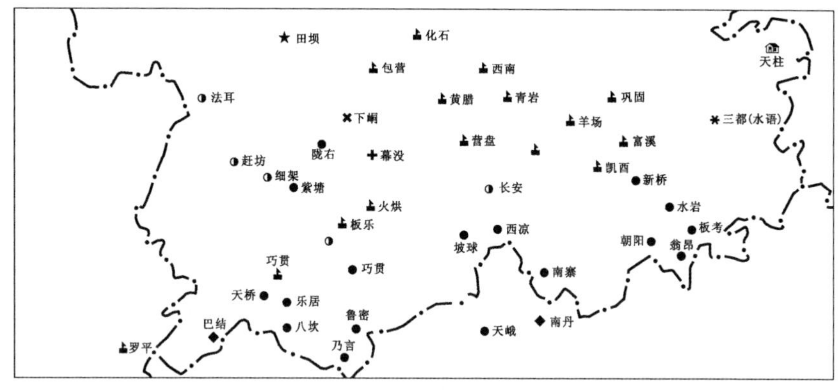

● “稻”词语音示意图局部

舌根送气清塞音 kh、舌根不送气清塞音 k、不送气喉塞音 ʔ、喉清擦音 h、喉浊擦音 ɦ、舌根清擦音 x 等相对应。这种对应规律还可以从 ph 和 p、x 的对应得到旁证。二、后元音 a、ɐ、ɔ、o、u 和央元音 ə 的转换。根据汉藏语系复辅音(送气音的性质和复辅音的性质相近)分化和元音后高化的普遍趋向,可以从这两条语音对应规律中看出这些语音历史演变的倾向,即辅音方面由 kh 分化为 k 和 h(包括 ɦ、x 等)两个系统,元音方面则是后高化。

又从上述语音对应和演变的规律,可以十分满意地解释“稻”在各种语言中的语音对应关系,并拟测出它们历史演变的过程,即:

```
                kou
              /
        khao
      /       \
                gao — ʔo
khau
                xau — ɣau
      \       /
        hau—ɦau — ɦɯ — vo
              \
                hou — əu
```

上表中每个语音后面的数字和语言地图Ⅰ图例一致。这些语音的最古形式是 khau。李方桂所拟原始泰语中有[au]这个元音〔1〕,巫凌云所拟古傣文清塞音中有 kh〔2〕。从这个最古形式分化出两大系统语音,即 k 系和 h 系。从 k 系再分化出两大类,从 h 系再分化出三大类。

最古形式 khau 和次古形式 khao 的使用地点是广西西南角的龙州、镇都,云南东南角的广南,泰国北部和缅甸东北部的掸邦。这些地方连成一片,都处在深山密林中,与外界来往不便,具有保留古音的客观条件。

根据 khau 和 khao 的分布,在语言地图Ⅰ上画出一条轮廓线,姑且称为壮侗语族"稻"词古音同语线。乍看起来 Ahom 语的 khau 和壮(龙州)的 khau 使用地区相距太远。其实 Ahom 语是古代掸族语言,而古代掸族分布在红河以西至伊洛瓦底江上游,并延伸到印度曼尼坡广阔的弧形地带。〔3〕可见古代掸族和现代广西壮族自治区是相毗邻的。因此,我们把这一广阔地带都划进同语线之内。khao 是泰语古读,但是我们只是把泰国北部划进同语线,这是因为考虑到古代泰族是从北向南发展的。

越南语 gao 是来源于壮侗语族 k 系音的外来词。一个民族对于本族自古就有的最常见的事物一般都用本族语固有词来称说。外来词一般是伴随外来事物或概念而产生的。越南语中有关稻作的一系列词都来源于外语。如稻〔lua〕来自孟高棉语,田〔doŋ〕来自泰语,秧〔ma〕来自泰语,谷〔kuk〕

---

〔1〕 张琨、Betty Shelfts Chang:《古汉语韵母系统和切韵》,"中央研究院"历史语言研究所单刊甲种之二十六,1972 年(英文版),25 页。

〔2〕 巫凌云:《西双版纳古傣文塞音声母考》,载《民族语文》1979 年第 4 期。

〔3〕 中国科学院少数民族研究所:《傣族简史简志合编》(初稿),1963 年,4 页。

来自汉语。稻作不可能始于古代越南族，显而易见。古代壮侗语中有浊塞音 b、d、g。越南语中塞音有清浊两套，古今皆然。所以 gao 进入越南语的时代，当在壮侗语言 kh-分化为 k 和 h 两系之后和浊塞音消失之前。

在与壮侗语毗邻的藏缅、苗瑶语族中“稻”的语音和壮侗语毫不相干。在与古代掸族西部地区毗邻的古印度，有一种用梵文写的吠陀经《阿阇吠陀》(公元前 1000 年)，其中有“vrihi”和“aruya”两词，意思都是“稻”。一般认为现代印欧语中“稻”的语音均来自这两个梵语词。如英语 rice、法语 riz、德语 reis、意大利语 riso、西班牙语 arros 或 arroz、荷兰语 rust、希腊语 oruza 或 oruzon、俄语 РИС。阿拉伯语言中的“稻”词亦与梵语有关，如阿拉伯语 rouz 或 vruz，波斯语 brizi。还有一些语言“稻”词和马来语有关，如印尼语 padi，英语 paddy。而壮侗语族“稻”词的语音跟梵语或马来语则毫不相干，所以它是自成系统的。

khau 这个语音形式产生的绝对年代是无法考定的。不过可以间接推定其下限。《山海经・海内经》:“西南黑水之间，有都广之野，后稷葬焉，爰有膏菽、膏稻、膏黍、膏稷，百谷自生，冬夏播琴。”黑水指粤江，都广之野指粤江流域。膏，历来注家释为脂膏之膏，其实只是壮侗语族称稻词 k 系音的对音。膏在切韵音系是豪韵见母字，上古音可拟为〔kau〕，跟壮侗语族 k 系音极相近。壮侗语族构词法的一个特点是：大名冠小名，所谓大名即一类事物的总称，如壮语 khau foŋ(菽)、khau phot(玉米)，其中 khau 是谷类的总称。又，《说文》:“秏，稻属。从禾，毛声。伊尹曰‘饭之美者，玄山之禾，南海之秏’。”伊尹为商汤时人，距今 3700 年，南海当指岭南。据史籍记载，在尧舜时代已南抚交趾，至商汤时代南北交通更已明确，而西南诸族也已向商朝有所进贡。西南的稻谷可能于此时传到商，而“稻”的语音“秏”也因此进入上古汉语。秏在切韵音系是号韵晓母字，上古音可拟为〔xau〕，与壮侗语h系音极相似，沙语、傣语、壮语（南丹）均作〔xau〕。现代傣族仍保留古稻种“毫安公、毫薄壳”〔1〕。其中“毫”字即稻成谷的意思，其语音正与“秏”同。“秏”和“毫”这两个语音当在壮侗语古音 khau 分化为 k 和 h 两系后才产生，所以 h 系音至少有 3700 年的历史，更何况 khau！

二、壮侗语族“田”词的语音比较

壮侗语族中词义为“水田”的词也有明显的同源关系。试比较：Ahom 语、黎语、壮语、布依语、侬语、泰语（古读）、傣语（西双版纳）都读作 na，黎语（临高村话）作 nia，傣语（德宏）作 la，侗语作 ja 或 za。将以上六种语音在各种语言中的分布画成语言地图Ⅱ。其中以用 na 的语言最多，并且它的地理分布广阔而集中，其他五种语言则离散地处于边缘地带。海南岛中、南部的黎语“田”为 ta，而北部临高村方言为 nia，跟壮语的 na 很接近，这可能是因为北部沿海的黎族人民和壮族的联系更多。侗族居于高山，处于北纬 26 度以北，其地不宜稻作，“田”的语音 ja、za 显然是从南方的 na 演变而来。所以，我们拟 na 为最古音。

在语言示意图Ⅱ上画出壮侗语族 na 的同语线。ja、za 在侗语内部的分布情况没有现成的材料，暂将它们画在一块。

---

〔1〕 诸宝楚：《云南水稻的栽培起源》，载《云南日报》1961 年 5 月 5 日。

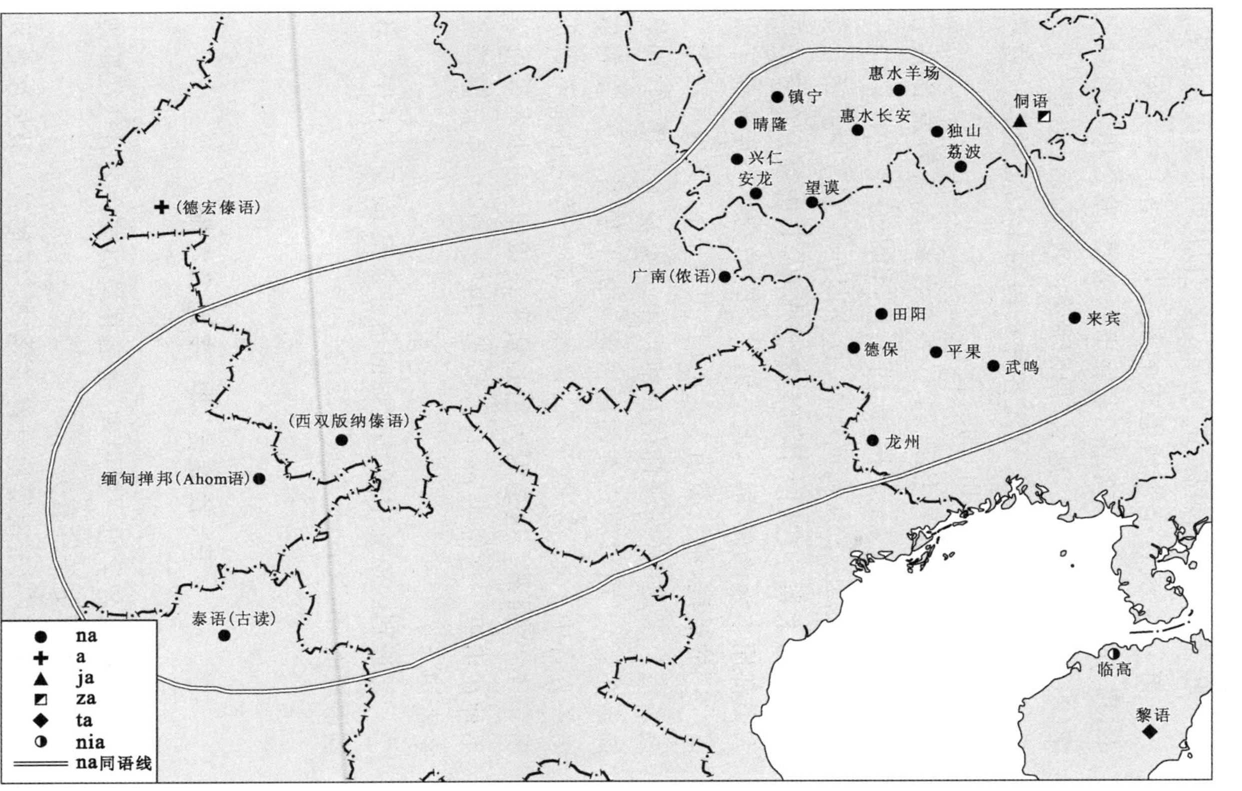

●图Ⅱ 壮侗语族“田”字语音示意图

壮、傣等族自古就称“田”为 na，这可以从两方面得到证明。

第一，在流传至今的傣族的某些历史语汇中还保留着 na（田）的语音。如纳哈滚（家族田）、纳曼（寨公田）、进纳巴尾（吃田出负担）。又，地名“西双版纳”直译成汉语是“十二千稻田”，是傣族历史上分配各种负担的十二大单位。这些词中的“纳”即是 na（田）的对音。

第二，“谷”在布依语四十个方言调查点的发音共有 kak、ka、kaʔ、kha、kā 五种，大同小异，均借自中古汉语“谷”（切韵拟音 kuk）。从构词法看，这个词在各方言中的语音变体可分两大类。它们大体都是双音节的，其中第一个音节两大类都用本族语词“稻”，但是第二个音节第一类用来源于汉语“谷”的借词，第二类用本族语词“田”（na）。其构词法第一类是借自汉语的（即修饰语在前），第二类是本族语的（即修饰语在后）。所以第二类词更古老。例不烦引。又，在布依语各方言中小米、高粱、玉米、蜡烛稗、荞子等词中都不再出现 na 这个词素。这是因为稻必须种在田里，而小米等可以不种在田里。这说明 na 自古就是“田”的意思，并且跟稻关系密切。

邻近别的语族中的“田”词的语音都跟 na 毫不相干。壮侗语族的“田”（na）是自成系统的。

三、壮族含“那”字地名考略

根据地名学的一般原理，地名在最初被命名时往往跟地理环境和历史条件有关。

我国两广、云南等地有许多含“那”字地名。最早注意到这些地名的是清初屈大均。他在《广东新语》中指出："自阳春至高雷、廉琼地名多曰那某、罗某、多某……"语焉未详。廉指廉州，今属广西，余皆属广东。后来有人提到这些地名中的"那"字是壮语 na(田)的对音。笔者以此为线索，进一步查考了这种地名，得到下述发现和认识。

现代含"那"字地名分布地区和数量(参见示意图Ⅲ)大致如下：

1. 广西：1200 多处，分布在全区大部分地区，特别是西部，共五十一县一市，如隆林县、西林县、田林县等(为省篇幅，地名不详列，下同)。

2. 云南：170 多处，主要分布在南部，包括西双版纳傣族自治州等六个自治州和罗平等六县。

3. 广东：30 多处，主要分布在西南部(包括海南岛)的二十一个县，如清远县、阳春县、临高县。

4. 越南：60 多处，集中在北部，即广宁、河北等八省。

5. 老挝：30 多处，集中在北部，即桑怒、琅勃拉邦等六省。

6. 泰国：2 处，分布在难府和那空柏侬府。

7. 缅甸：3 处，分布在掸邦。

把含"那"字地名分布情况画成语言地图Ⅲ。分布点是以县(国外是省、府、邦)为单位安排的。一个小黑点表示十个地名，四舍五入。有的县不到十个地名也用一个小黑点表示，以示分布。此图只表示这些地名的分布和概数，至于每个地名的名称及其地理位置，因为数量太多(特别是广西)，无法也无必要在图中一一标出。图中还画了现代壮族聚居区界线，以资比较。

含"那"字地名的特点是：

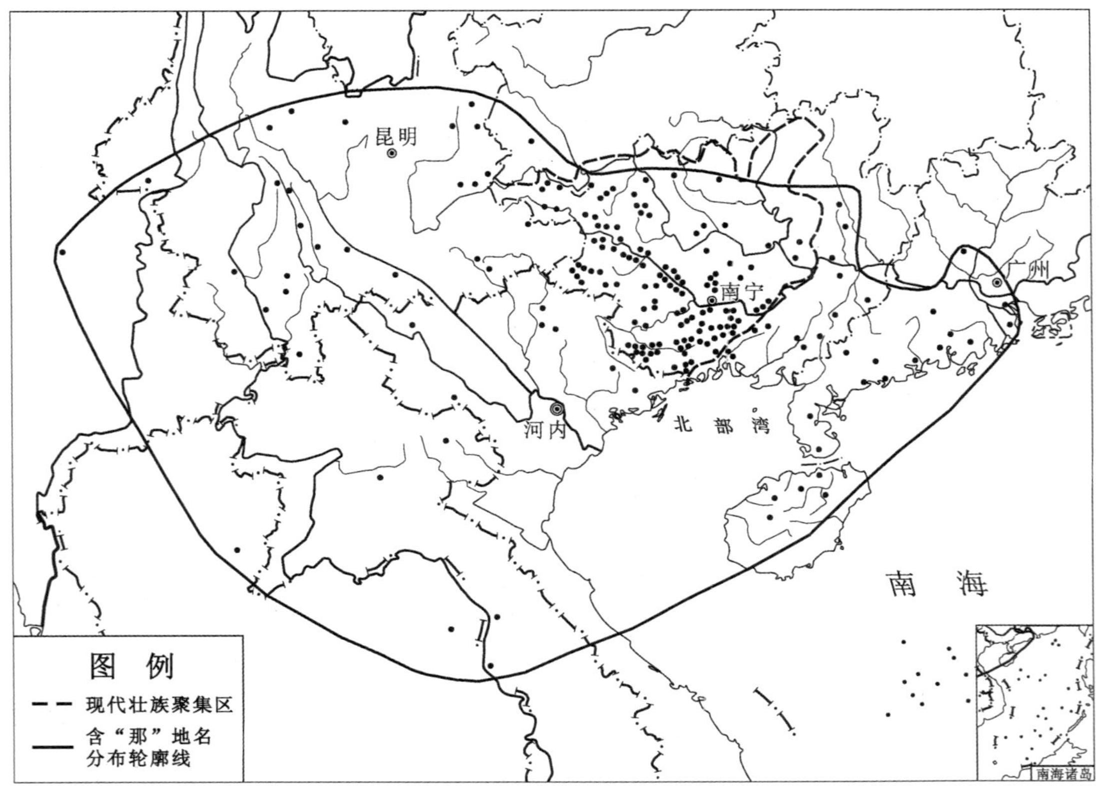

● 图Ⅲ　壮族含“那”地名分布示意图

1. 分布地域的集中性。分布地域连成一片，其北界是云南省宣威县的那乐冲，北纬 26 度；南界是老挝沙拉湾省的那鲁，北纬 16 度；东界是广东珠海县的那洲，东经 113.5 度；西界是缅甸掸邦的那龙，东经 97.5 度。这些地名 90% 以上集中在北纬 21 度至 24 度。并且大多处于河谷平地，就广西而言，70% 以上地名集中在左、右江流域。这些地方的土壤、雨量、气温、日照等都宜于稻作。总之这些地名的集中地域具备稻的生态环境。

2. 部分地名分布在现代壮语聚居区外（见图Ⅱ），即广西极东部、广东西南部（包括海南岛）、云南南部、缅甸掸邦以及越南、老挝、泰国的北部。这透露了古代壮族人分布和迁徙的情况，也说明在退缩到广西中、西部之前，壮人已开始稻作。

3. 这些地名所指都是小村镇。最大的是广西的那坡（解放后置县）和海南岛的那大（解放后置儋县），人口也只是在 3000 至 5000 之间。

4. 这些地名都由两个音节合成（极少例外），其先后次序符合壮语特点，即修饰成分在后，中心词在前。

5. 地名重复相当普遍，如广西的巴马、那坡、平果、田东、田林、上思、武鸣，云南的曲靖和越南都有“那坡”这个地名。再如那良、那龙、那扶、那排、那垌（洞、桐）、那马、那杭、那孟（猛、蒙、芒）等，重复之例，不一而足。这说明古代壮人迁徙的频繁。古代农耕居民还不懂施肥，在某地耕作数年之后，为地力下降、产量急减所迫，常有集体迁徙之举，并往往将旧地名用于新地方。

6. 有的地名加上别族的语言成分。略为举例分述。汉语的成分“田”：云南有那马田，汉语“田”和壮语“那”意思重复。可见汉人记录这个地名时其地原已有“田”，而那马的“那”也当是“田”的意思。苗语的语言成分“箐”（意为大竹林）。如云南镇源的那卡箐，别地也有那卡，但不加“箐”。壮族地名通例只用两个音节拼合。傣语的成分“孟”（或写作猛、芒、蒙），“孟”是“地方”的意思，在现代傣族地名中多写作勐、蛮、茫、曼、芒。这些地名用字早见于唐以来的史籍。“那”是壮族地名的通名，“孟”是傣族地名的通名，两者并合成“那孟”。这种地名相对集中，连成一片，即广西的西南部及与之毗邻的越南北部，云南则集中于中部南北走向的狭长地带。黎语的成分“峒”（也写作洞、桐、垌）：峒是黎语 kom 的汉字写法，原指一种氏族部落组织，亦是黎族地名的通名。“峒”和“那”并合成为那峒。这种地名也相对集中而连成一片，即广西的西南部和与之毗邻的云南广南。

从有的含“那”地名中，还可以看到各种语言成分的层次积压关系，颇类于考古学上的文化层的积压。如云南思茅的那卡箐河。那卡原是壮族地名，苗族入滇后，加“箐”于“那卡”之后，成为“那卡箐”，稍后汉人入滇后，加“河”于“那卡箐”之后，成为“那卡箐河”。

含“那”地名究竟始于什么年代？历史文献不可能有所记载。壮族自古生活在岭南，其地名的历史比文字的历史更长远得多。不过，对它们的历史可以从以下几个方面作些推断。

第一，唐时广西有瑶蛮溪洞，名曰那州，宋时纳土置地那两州[1]。

---

〔1〕 罗香林：《古代越族方言考》，见《百越源流与文化》，“国立”编译馆中华丛书编审委员会，1955 年印行。该文作于 1930 年。

第二，壮族聚居区以外的含“那”地名的存在，当早于壮族的迁离和别族的迁入。别族迁入的有关情形如下。

在广东（大陆部分）。据《尚书·尧典》、《大戴礼记·少闲篇》、《史记·越王勾践列传》、《史记·南越尉陀列传》，早在三代中原和岭外就已有交通往来，而三代以降中原人民更不断移居岭外。秦始皇在岭外置南海郡、桂林郡、象郡三郡。

在海南岛。据考古学和民族学研究，黎族是在中原殷周之际从两广迁入。岛上至今仍残留着壮族地名。这说明在黎族迁入之前，岛上曾生活着壮族。有些壮族地名被冠以黎语成分而保留下来，如曹奴那纽、曹奴那劝、曹奴那累、从加重伯那针、从加重伯那六、从加重伯那撐。每个地名中最后两个音节仍是壮语地名的对音。广西柳江和横县也有那六，来宾和邕宁也有那垒（累、垒同音）。故海南岛含“那”地名的存在当在距今3000年黎族迁入之前。

在越南北部。越南北部和广东西南部历史上曾被称为交趾。构成越南民族一部分的京人，古代可能自称为“交”，故后来有交趾之称。[1] 汉武帝元鼎六年（前111），平南越，置九郡，统称交州。故越南北部含“那”地名在2000多年前就可能存在。

在云南南部和老挝、泰国、缅甸的北部。据《后汉书·和帝本纪》等记载，掸人（即后代的傣人、掸人等）当时就居住在这一带，所以壮人迁离这一带而留下地名，当早于公元1世纪。

第三，那卡之类地名后边加上苗语成分“箐”，这说明这

---

〔1〕 谢寿昌等:《中国古今地名大辞典》，商务印书馆，民国二十年(1931)，420页。

类地名在苗人南迁入滇的秦汉之前[1]就存在。

第四，那峒、那孟这两类地名当在侗、黎、傣杂居的时代就产生的。而黎人迁离大陆已有 3000 年历史，故那垌这一类地名的历史亦当有 3000 年以上。

第五，离元谋猿人产地四五公里处有两个含“那”地名：上那蚌村和大那乌。元谋地处滇中高原最低盆地，气候炎热，终年无霜，土质肥沃，宜于耕作。而近年又在元谋大石墩新石器时代遗址(距今 3210±90 年)出土稻谷粉末，这是耐人寻味的。

含“那”地名的分布不仅说明了古代壮族的分布，也显示了古代亚洲栽培稻的分布，而这些地名的历史也为栽培稻的历史提供了证据。

四、汉语南方方言称“稻”词和稻之传布

现代南方方言有的用“禾”称稻，有的用“谷”(或谷子)称稻。用“禾”称稻的如长沙 o、双峰 əu、南昌 uɔ、广州 wɔ、梅县 vɔ、阳江 wɔ、上杭 vou、清流 vo、将乐 vuae 等。用“谷”(或谷子)称稻的有成都 ku tsɿ、昆明 ku tsɿ、浦城 kuʔ、南平 kuʔ tsɿ，温州 ku、宁波 koʔ、上海 koʔ 等(详见示意图Ⅳ)。为什么同指稻而称呼不同呢?

稻发源于南方，南方汉语方言中的禾、谷会不会借自壮侗语族称稻词呢? 古代中原人民从北方南迁的时候，他们的

[1] 明峥:《越南简史》，三联书店，1958 年，5 页。

语言必然和当地土著的语言发生融合关系。[1] 古代的百越分布于浙江、福建、广东、广西一带，而百越和壮侗人有着密切的关系。壮侗语族称稻词的最初语音形式是 khau，后来分化为 k 系和 h 系，各自仍指稻，已如上述。可以设想，南方方言的“谷”借自 k 系音，而“禾”借自 h 系音。“谷”在各地的语音多作 ku 或 ko，而现代瑶语拉珈话作 kou；“禾”在各地的语音作 vo、vou、wɔ、vɔ、uɔ，与现代布依语镇宁募役话的 vo 相同或相近，又长沙作 o，与布依语镇宁下硐的 ʔo 极相近，而双峰的 əu 则与侗语完全相同。各种语言同源之迹显而易见。所以，我们认为汉语南方方言中的“谷”和“禾”来源于壮侗语的 k 系音和 h 系音，语音和词义都是同源的。谷、禾是同源词。它们之间的关系简单图示如下：

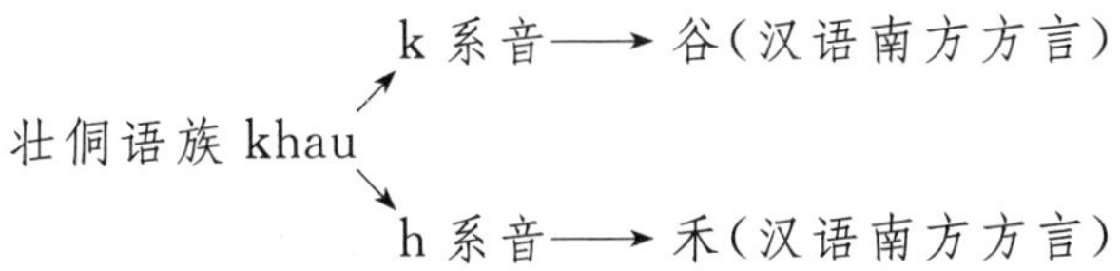

从禾、谷两词的分布(见示意图Ⅳ)及 k 系音和 h 系音的关系，就可以大致看出栽培稻在中国传布的情况。一路从西南经华中和华东北上进入长江流域(与越南无关)；一路从云南、四川北上进入黄河流域。这两条传布的路线还可以从考古发掘和古代交通得到印证。华东华中一线陆续有新石器时代稻谷出土，如余姚河姆渡、吴兴钱山漾、无锡锡山公园、肥东大陈墩、曲江石峡、京山屈家岭、武昌放鹰台等。解

---

〔1〕 日本语言学家桥本万太郎极力主张此说，详见所著《言语类型地理学》，弘文堂，昭和五十三年，日文版。

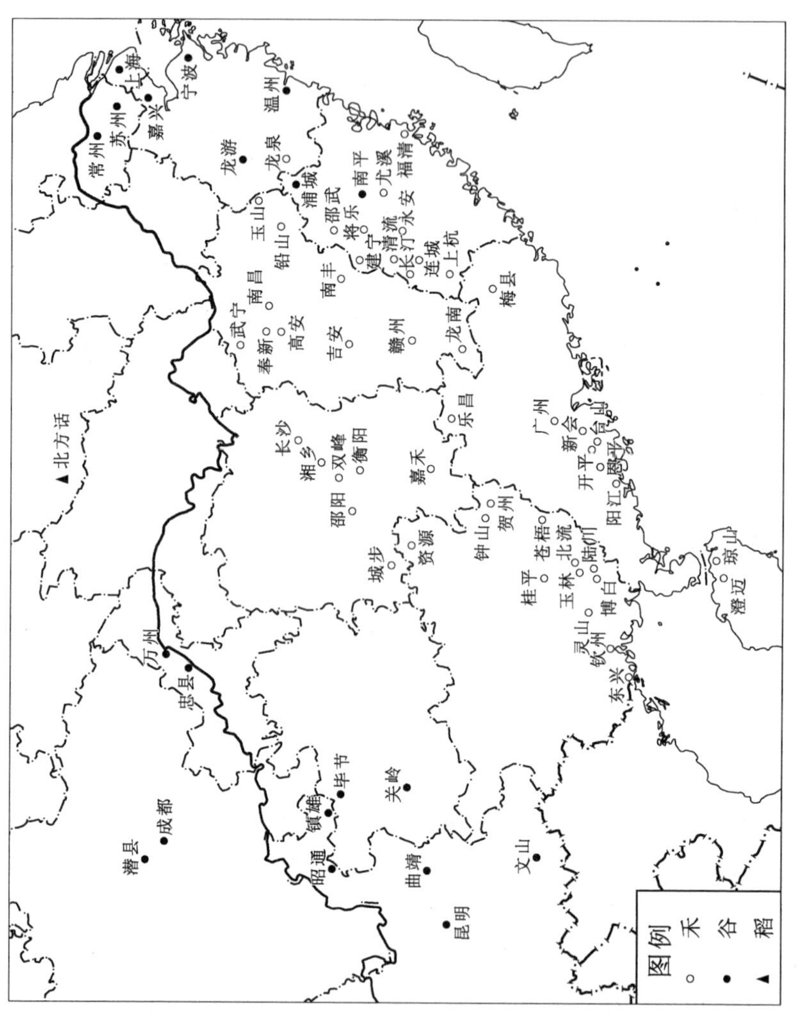

●图Ⅳ 汉语方言“稻”词异称示意图

放以来在浙江、江苏、江西、湖北、云南、广西等处发掘了多处距今六七千年的新石器时代遗址，如青莲岗、马家滨、河姆渡、屈家岭、万年、柳江、元谋。有人认为南方各省的原始文化和长江流域的文化关系密切，而长江流域的文化又与黄河流域的文化相交融，汇合而成中华文化。那么，稻作技术也就是作为南方文化而终究汇集到中华文化的巨流之中。至于西线，远在商代就有巴、蜀的存在，甲骨卜辞有蜀人和商人交往的记载。又，远古时代西部广大地区就分布着许多氐羌部落，秦汉时他们陆续南下，沿岷江流域和岷山西麓到达滇东和滇西地区。〔1〕通过这个孔道的南北文化和语言交流应该是很自然的。

汉语北方方言中的禾、谷（指小米）和南方方言中的禾、谷（指稻）同字，但是词义和词源是不同的。两者的关系值得研究。

五、小结

1. 中国广西西南部、云南南部；越南北部、老挝北部、泰国北部、缅甸掸邦是亚洲栽培稻的起源地之一（参看语言示意图Ⅴ）。图中画了壮侗语“稻”词古音同语线，壮侗语“田”词同语线，壮族含“那”地名轮廓线和栽培稻的祖先种普通野生稻（Oryza rufipogon）分布线。其中普通野生稻分布线系据《亚洲和非洲水稻的起源、进化、栽培、传布和多样化》一文（载《农业科技译丛》1978 年第 1 期）附图画出。图中的四条封闭线，最外层的是普通野生稻分布线，其次是含“那”地名线，再次是 na（田）同语线，最里层是壮侗语族“稻”词古音同语线。栽培稻由普通野稻驯化而来，所以，栽培稻的起源地不可能超过野生稻的分布线。图中的地名线、“稻”词古音同

〔1〕 向达：《南诏史略论》，载《历史研究》1954 年 4 月。

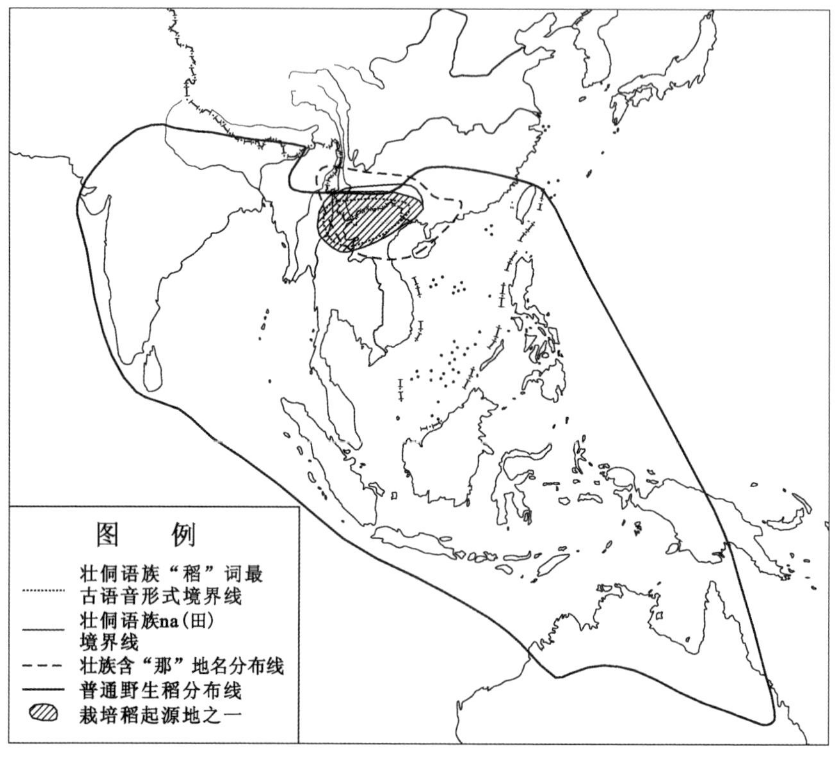

● 图Ⅴ 亚洲栽培稻起源示意图

语线和 na(田)同语线都未超出野生稻分布线。这样,我们就把这三条封闭线所圈定的相重合的地区,认定为亚洲栽培稻的起源地。

2. 关于这一地区栽培稻起源的历史。从壮侗语“稻”词古音 khau 分化为 k 系、h 系,而伊尹所谓“秏”来源于 h 系来看,至少有 3700 年以上。考虑到基本词汇变化的缓慢,khau 分化为 k、h 两系,必然经过漫长的岁月,所以其起源的历史当可从中原商汤时代再上溯到更为久远得多的年代。

又，从壮族大量含“那”地名来分析，其起源的历史至少有3000年。考虑到上古文明史的演进是十分缓慢的，从普通野生稻的驯化到开田种稻，到用“田”作地名，到这种命名法的传布和流行，其间必定经过漫长的岁月，所以其历史当可从中原的殷商时代再上溯到更为久远得多的年代。

3. 关于栽培稻最初从这个起源中心向四周传布的范围和方向。从壮族的历史地名来考察，向南到达约北纬16度，向西到达现代缅甸的掸邦。从汉语南方方言考察，这一地区的栽培稻通过云南、四川进入黄河流域，并向东通过广东、福建、浙江或华中进入长江流域。

4. 这个栽培稻的起源地也应该就是壮侗人的家园(homeland)，即壮侗语族分化为各种独立的语言之前，壮侗人的聚居地。在语言学史上，印欧人的家园就是采用语言地理学和历史比较法及人类语言学的方法，分析比较印欧语言的几个关键词，而最后确定为东南欧的。现代壮侗语言中“稻”和“田”也各有着明显的同源关系。而栽培稻的起源又与古代壮侗人的地名和语言紧密地联系在一起。著名的法国语言学家梅耶曾说过：“每一种古代的大‘共同语’应该表现为一种文明的类型。”[1]壮侗语族共同语(母语)即表现于稻作文明。

附记：本文初稿曾得到浙江农业大学游修龄先生，复旦大学许宝华、汤珍珠先生的指正，谨致谢意。

本文语音、地名、绘图材料的主要来源：

---

〔1〕 梅耶著，岑麒祥译：《历史语言学中的比较方法》，科学出版社，1957年，18页。

一、袁家骅、韦庆稳、张鋆如:《一九五二年壮族语文工作报告》,中国科学院语言研究所,1953 年。

二、中国科学院少数民族语言研究所:《布依语调查报告》,科学出版社,1959 年。

三、闻宥:《台语和汉语》,载《中国民族问题研究集刊》,中央民族学院印行,1957 年。

四、中国科学院少数民族语言研究所:《少数民族语言简志(苗瑶语族)》,科学出版社,1959 年。

五、中国科学院少数民族语言调查第一工作队海南分队:《黎语调查报告初稿》(油印本),1957 年。

六、何成等:《越汉词典》,商务印书馆,1966 年。

七、王力:《汉语史论文集》,科学出版社,1958 年。

八、袁家骅:《汉语方言概要》,文字改革出版社,1960 年。

九、北京大学中文系语言学教研组:《汉语方言词汇》,文字改革出版社,1964 年。

十、福建省汉语方言调查指导组:《福建省汉语方言概况(初稿)》(铅印,内部流通),1962 年。

十一、高宗敕《授时通考》,光绪壬寅年富文局印。

十二、屈大均:《广东新语》,康熙木天阁刊本。

十三、《中华人民共和国地图集》,地图出版社,1958 年。

十四、《中华人民共和国地图集》,地图出版社,1972 年。

十五、《世界地图集》,地图出版社,1972 年。

十六、国家测绘总局广西壮族自治区测绘管理处:《广西壮族自治区地图集》,广西人民出版社,1966 年。

十七、《广东通志》,商务印书馆影印,民国二十三年(1934)。

十八、《云南全图》,伪云南省财政厅编印,民国二十二年

(1933)。

十九、《世界大百科事典》(世界地图),东京:平凡社,1972年。

二十、"Britannica Atlas", Encyclopaedia Britannica, Inc. 1977。

(本文语言地图由陈伟庆、吴磊绘制。)

原载《中央民族学院学报》,1980年第3期。(转载《中国语言人类学百年文选》,知识产权出版社,2008年,171—188页)

文化语言学答疑

游汝杰

自从 1985 年提出建立中国文化语言学以来，不少同志一方面对文化语言学产生了兴趣，另一方面又有种种疑惑不解。拙著《方言与中国文化》和若干篇拙作发表以来，已收到一百多封读者来信，讨论有关问题；笔者曾两度执教《中国文化语言学》选修课，课内外也常有讨论。师友、同学和读者常提出种种质询和质疑。有的同志对能否建立文化语言学表示怀疑。本文打算就大家普遍关心的问题谈几点看法，以期进一步讨论。

1. 文化语言学的性质、对象和方法是什么？

文化语言学是语言学的一个分支。如果把语言学分成解释性的和描写性的两大类的话，那么文化语言学是解释性的语言学的一个分支，它与心理语言学、人类语言学、社会语言学等处于同一个层次上，而不与描写语言学、计算语言学、实验语言学等处于同一个层次上。

人类的语言的性质是多方面的，所以必须从多角度研究，才能全面地把握它的性质。文化语言学只研究语言的文化内涵，研究语言与文化的关系。它不把研究语言的生理性质——物理性质、符号性质等作为自己的研究对象。

文化语言学的特殊方法是：语言学与其他人文科学的结合，利用人文科学的知识研究语言学，或利用语言学的知识来研究别的人文科学，它的特点是学科交叉。例如利用历史行政地理的知识来解释现代方言现象，从中国传统精神文化的特点来解释若干汉语语法现象。

2. 研究语言与文化的关系古已有之，现在提出建立文化语言学是否只是为了追求“文化热”的时髦？

研究语言与文化的关系确实古已有之。在我国汉代以后一直到清代，在大量经籍注疏中早就有许多研究词义和古代文化关系的内容。20 世纪 50 年代初有罗常培的专著《语言与文化》问世。在西方，德国的洪堡特早在 19 世纪就倡导语言与精神文化的关系。20 世纪前半期则有美国劳佛尔的名著《中国伊朗编》出版。

“古已有之”并不妨碍我们现在正式提出建立“文化语言学”。几乎任何一种新学科在正式诞生之前，在历史上都可能有过某些研究成果。不过以前的研究往往是零散的，并不是从学科的高度出发的自觉的研究。例如，我们说社会语言学这个学科是 60 年代在美国诞生的，这并不是说 60 年代之前没有人研究过语言与社会的关系。苏联语言学早就注意研究语言与社会的关系，研究语言的社会功能。我国语言学界 50 年代也曾有过研究语言计划和语言政策的高潮。任何学科的正式产生都必须具备两个基本条件，一是对该学科的研究对象有过某些直接或间接的观察与研究，也就是说已经有了初步认识。二是必要的人文生态环境，即学术上的需要或社会上的需要。例如社会语言学的人文生态环境是许多人对语言学界只追求纯形式的研究和完全脱离社会的研究，感到不满和失望。有了这两个条件，再加上几个开拓者，新学科就会像瓜熟蒂落、水到渠成一样，自然而然地诞生了。

中国文化语言学的人文生态环境又是什么呢？那就是人们对中国语言学的所谓“危机感”。一方面，中国语言学受结构主义的影响很深，只注重语言的描写和语言形式的研究。这种倾向使语言学家越来越躲进象牙之塔，语言学不仅越来越脱离社会，而且越来越脱离学术界的需要。另一方面，中国语言学长期置于西方语言学的理论框架之中。西方语言学是建立在印欧语言的基础之上的，而汉藏语言和印欧语言在许多方面大不相同。这样，用西方的理论解释汉语事实常常碰壁。人们希望能有更切合汉语事实的理论和方法，希望提高中国语言学的地位，让它自立于世界语言科学之林，让它自立于中国人文科学之林。

3. 文化语言学和人类学语言学是否名异而实同？

就笔者所知，西方学术界并无文化语言学（暂英译为Cultural Linguistics）这样的学科名称。而人类学语言学（Anthropological Linguistics）是本世纪就产生的。这个当年的新学科的人文生态环境是美国学术界研究美洲印第安人的社会和文化的需要。印第安民族没有文字，更无文献，要研究这样的民族必须从语言入手。它是人类学的一个分支。传统的人类学语言学即是以研究无文献的后进民族的语言和文化为目的。文化语言学的人文生态环境大不相同，并且它的研究旨趣、范围和方法也不同。它不仅可以研究没有文字的语言和文化，更重要的是，它企图研究有丰富的历史文献的语言和高度发达的文化。例如它研究中国音乐的乐调与汉语的声调的关系，研究中国历史上语言的同化和反同化的斗争。

人类语言学是文化语言学的一个重要源泉。如果我们仍然把文化语言学称作人类语言学的话，那么应该说，文化语言学是人类语言学发展的一个全新的阶段。

4. 文化语言学能否作为社会语言学的一部分，不必自立门户？

文化语言学和社会语言学的研究内容确实有交叉之处，例如双语现象或双言现象。但是研究内容的部分交叉并不能成为取消某种学科的理由。例如构词法既是语法学研究的对象之一，也是词汇学研究的对象之一，但是我们并没有因此取消词汇学。并且更重要的是，两者研究旨趣不同，社会语言学着重研究语言的社会功能，文化语言学着重研究语言的文化背景。例如双语现象，社会语言学常常研究它的社会交际的功能，及其和双语教育的关系；文化语言学则着重研究它的历史、文化和民族心理的原因。所以我们并没有必要把文化语言学强纳入社会语言学的框架。

5. 文化语言学是否企图取代语言研究的其他领域？是否企图与描写语言学对立？

文化语言学不可能取代语言研究的其他领域，也没有这样的意图。

由于语言的性质是多方面的，语言的研究也必须是多角度的。文化语言学只是企图研究语言的文化内涵，研究语言与文化的关系。上文已经说过文化语言学的人文生态环境。中国文化语言学力图摆脱某些西方语言学理论的束缚，利用多种人文科学的知识来寻求能够较好地解释中国语言的事实的理论和方法。就这一点来说，文化语言学与中国语言学的其他研究领域应该有共同的理想。

任何科学都可以分为描写性的和解释性的两大类，解释性的科学必须建立在描写性的科学之上。例如，植物志—植物学、矿物志—矿物学、方言志—方言学、词典—词汇学。文化语言学是解释性的，描写语言学是描写性的。两者并不是对立的，描写语言学是文化语言学的基础，文化语言学的研究则有利于语言描写的深入。例如方言地理学需要有各地方言的描写材料作为基础，而对方言地理的历史行政地理背景的研究，则有助于描写方言地理的现状。需要强调指出的是，研究文化语言学需要有描写语言学的知识作为基础，否则容易流于空泛、肤浅。

6. 文化语言学是否只研究语言的个性，而反对研究语言的共性？

自然现象没有民族性，例如化学反应中西一律，文化现象有强烈的民族性，如绘画风格，中西迥异。语言是一种文化现象，它有强烈的民族性，各民族的语言都有强烈的个性。研究自然现象只需要研究它的共性，研究文化现象却不得不研究它的个性。我们说语言有民族性或个性，并不否认人类的语言有共性，并不反对在寻异的基础上，在更高的层次上求同。

中国文化语言学的任务是研究中国语言，特别是汉语，并不以研究人类语言的共性为己任。但是由于汉语是人类语言之一种，所以我们在研究汉语的时候当然也有可能发现人类语言的共性。例如研究汉语的字调和乐调的关系，有可能为人类的语言和音乐的关系的共性，提供证据。我们所反对的只是把现成的西方语言学理论，当作放之四海而皆准的人类语言的共性，盲目加以套用。这些理论还需要经过汉藏语言事实的检验。我们有理由建设自己的理论和方法，看看能不能解释汉语和别的语言。人类语言的共性可以在研究西方语言的个性中发现,也可以在研究东方语言的个性中发现。

7. 文化语言学是否只强调人文主义,而反对科学主义?

文化语言学提请人们注意研究语言的人文因素和文化内涵。它认为语言不仅是一种纯形式的符号系统,而且是文化代码,是民族精神的体现。如果语言学只研究语言的形式或内部结构,那么就不可能全面深入地了解语言的本质,要解开语言之谜还必须有别的多种人文科学参与。这就是文化语言学的人文主义精神。研究任何学问要取得成功,必须要有科学的头脑和方法。文化语言学同样要求用科学的态度来研究任何具体问题。文化语言学所反对的只是这样的语言观,这种语言观实际上认为语言是一种自然现象,而不是文化现象,研究语言只能用研究自然科学的方法来研究它的共性,例如用纯数学的方法来研究方言地理分布问题。

8. 文化语言学既然强调语言学和别的人文科学的交叉研究,它是否只研究语言的边缘问题,而不研究语言的本质问题?

文化语言学属于解释性的语言学,凡解释性的学科都必须利用多种学科的知识来研究所谓“本体”。语言的本体是什么?这是一个尚未有肯定答案的问题。一般而言,研究事物的本体应该从两方面研究,一是研究它的内部结构,二是研究它的外部条件。以前的语言学本体研究所缺少的正是对外部条件的探索。这好像造一座大楼,除了要考虑大楼内部各构件之间的关系之外,还必须考虑地震、台风、阳光等外部因素。文化语言学所研究的也是语言的本体,不过它强调从语言的外部条件,即文化背景来研究语言的本体。例如,构拟古声调问题，笔者认为，可以利用音乐学的知识，研究古乐谱和声调的关系，即从外部关系来研究。详见拙著《宋姜白石词旁谱所见四声调形》（刊 *Journal of Chinese Linguistics*，1988 年第 2 期，加州，柏克莱）。

9. 现阶段的中国文化语言学是否只有空洞的理论，而无实际的成果？

正式提出建立文化语言学的时间还不长，研究成果自然还较少，并且比较粗疏，有待补正。不过，据笔者统计，自 1980 年以来在各种刊物上或在会议上发表的论文已经不下一百篇，并且已经出版了一两种专著。

原载《汉语学习》，1989 年第 3 期

中国文化语言学刍议

游汝杰

一　中国现代语言学的弊端和革新

20 世纪初开始形成的中国现代语言学几乎是全盘接受了西方语言学的理论，特别是结构主义的学术思想，其结果是利弊参半。就其有利的一面来看，积累了大量用音标记录下来的语言材料，并且促使中国语言学现代化，就其弊端来看，由此产生下述两大后果。

第一，结构主义只注重描写语言的形式，分析语言内部结构的指导思想，不但割断了语言学与其他人文学科的联系，并且使语言学应有的实用或应用价值大为降低。中国传统的小学，就其通经致用的初衷来说，其价值远远胜过现代舶来的语言学。小学能够助人读古书、写古文；而现行的语法，对于读古文或写今文用处甚微。在 50 年代人们曾期望汉语方言的调查研究，能大大促进普通话的推广工作，但是现在看来，它的作用远没有原来想象的那么大。倒是利玛窦的《西儒耳目资》以来的汉字拼音化运动，对普通话的教学工作有些助益。虽然今天的语言学常常自诩是“一门领先的科学”，但是国内知识界普遍认为，现代语言学是不知用处何在的可有可无的冷门学科。而在高等学府里，语言学“门庭冷落车马稀”的境遇也已司空见惯。

第二，西方的语言学是建立在印欧语言研究的基础上的。汉语的性质跟印欧语大不相同。汉语的特点是单音节语素，在句法中语素的独立性较强；印欧语的特点是词的形态变化，词在句法中独立性较少。以语法研究为重心的中国现代语言学，从马建忠《马氏文通》比附拉丁葛朗玛，到王力参照 O. 叶斯柏森“词三品”说，到现行的种种语法论著，大多只是移入西方的理论、术语、概念和方法而已。不少地方难免削足适履，方枘圆凿，格格不入。虽然文法革新派早就看出“照搬照抄”的弊病，但是积重难返，几十年后的今天，汉语语法学在因袭的重负下，依然是步履维艰。对汉语语法研究虽然已有近百年的历史，但是至今仍然是异见歧出，未能趋于统一。有人把这种现象称为“语法学的困惑”，在别的领域，也存在类似的“困惑”。

由于上述两大弊端的发展，中国语言学越来越萎缩，而不是越来越繁荣；语言学家越来越躲进象牙之塔，而不是走向广阔的天地。在 50 年代，现代汉语的语音学、语法学、修辞学和描写方言学，由于适应当时的人文生态环境，曾经有过它们的黄金时代。今天的语言学只有加以革新，才能适应变化了的人文生态环境，才能自立于人文科学之林。

革新语言学似乎可以从下述三方面着手。第一，把语言学从象牙之塔中解放出来，既在社会生活的背景中研究语言，也研究语言在社会生活中的作用。并且不仅仅停留在研究上，还要使语言学在社会生活中起到应有的作用。第二，在中国文化背景中考察中国语言的特点，从而建立能够较好地解释中国语言事实的理论。第三，把语言学与别的学科结合起来研究，从而逐步改变语言学“不食人间烟火”的现状。近年来，关于把语言学和自然科学结合起来，已经讲得不少，但是把语言学与别的人文学科结合起来却几乎完全被忽视了。上述第一方面大致相当于社会语言学，笔者构想中的文化语言学的内容则大致包含在第二、第三方面中。

二　中国文化语言学的主要目标

转换生成语法的旨趣是研究拟想的人怎样用有限的规则生成无限的句子，着重点是语言能力；社会语言学的旨趣是研究社会的人跟别人交际的时候怎样使用语言，着重点是语言运用；文化语言学的旨趣是研究同一个文化圈的人的语言跟文化现象的关系，着重点是语言的背景。

中国文化语言学在中国文化的背景中考察中国的语言和方言。在宏观上结合文化背景研究语言和方言生成、分化和融合的过程。在微观上从文化背景出发，寻找某一种语言或方言的各种特点生成的原因。这样就把语言学和文化史研究结合起来，把语言学和人文历史、人文地理、文学、戏剧、音乐、民俗等结合起来，既利用这些学科的知识来解决语言学自身的问题，也利用语言学的知识去解决这些学科的有关问题。

中国文化语言学的主要目标可以分下述三个方面来讨论。

(一)在中国文化背景中研究语言和方言

如果说文化是人类在历史上的积极创造,那么语言就是原始人类最重要的创造。语言的诞生使人类在自然界中的地位发生剧变,语言是人类成为万物之灵的关键,语言是人类世代积累起来的极宝贵的精神财富。它是文化现象,而不是自然现象,这是显而易见的。

自然现象一般说来只有共性,而没有民族的个性,文化现象虽然也有共性,但是更值得注意的是民族的或区域的个性。例如化学反应中西一律,但是绘画风格中西迥异。因此研究自然现象的学科四海咸宜,研究文化现象的学科却不能强求一律。例如物理学中西无别,文字学却相违甚远了。

语言既然是文化现象,那么语言学也应该有民族的或区域的个性。这一点可以说长期以来被我们忽视了。现在是该反思的时候了。一方面,因为西方的语言学理论是建立在西方的文化(包括哲学)及其语言的基础之上的,所以需要考虑西方的理论有哪些是适合汉语研究的,哪些不适合,哪些适合的程度有限;另一方面要从中国文化背景出发做些实际的研究工作,力图重建符合中国语言事实的理论。下面举例说明上述两方面的问题。

有一位方言学家借用英语形容词“级”的语法范畴,将苏州方言形容词分成 4 级:[1]

原级	瀴	新	
弱化级	瀴笃笃	新簇簇	(后加法)

〔1〕 叶祥苓:《苏州方言形容词的“级”》,载《方言》,1982 年第 3 期。

强化级　冰冰瀴　　簇簇新　　（前加法）

最高级　冰瀴结骨　簇崭全新　（扩展法）

英语的形容词“级”有形态变化，规律性很强。吴方言的形容词不能与之比附，因为第一，只有一部分形容词有前加、后加和扩展形式，并且每一种形容词变化的类型也很有限，大多只能跟其中的一、二种类型匹配。第二，每一种变化类型所适用的形容词也很有限，如“簇”或“簇簇”只适用于“新”。第三，有的附加成分词汇意义很明显，如“滑溜溜”。事实上，吴方言形容词的程度表达法，并不像英语形容词那样能够类型化和形式化，从而归纳出整齐的规则，所以英语形容词“级”并不适合吴方言研究。笔者在调查研究上海口语语法中体会到，不必拘泥现成的理论框架，倒还是从吕叔湘先生的“表达论”[1]和张世禄先生的“语气涵盖结构”说[2]出发，能更成功地分析方言语法。[3]

欧洲19世纪盛极一时的历史比较法，为印欧语的系属归类和原始拟测作出了巨大的贡献。历史比较法早就被引进汉藏语研究，但是至今收效甚微。究其原因，除了从事的人较少，记录的材料不足等原因之外，还得从根本上重新考虑历史比较法究竟在多大程度上适用于汉藏语研究。

我们认为历史比较法对汉藏语系适用程度较差。理由如下。

第一，古代汉藏人的文化背景和印欧人不同。历史比较法是建立在原始印欧人大规模集体迁徙这一文化背景的基

---

〔1〕 吕叔湘：《中国文法要略》修订本，商务印书馆，1956年。

〔2〕 张世禄：《关于汉语的语法体系问题》，载《复旦大学学报·语言文字专辑》1980年9月。

〔3〕 见《上海市区方言志》语法部分，待刊。

础上的。亦即建立在语言的谱系树分化的假说的基础上。中国古代农业社会的人口迁移是蔓延式的，不像欧洲的畜牧社会，常常需要大规模的长途迁徙。[1] 民族或民系的杂居、交融、接触是非常普遍的现象，语言的宏观演变并不一定是印欧语言的谱系树型的。

第二，汉藏语的历史文献就语种、数量和年代的久远而言都远远不及印欧语。以下列出汉藏语系和印欧语系（举例）各语种现存最早文献的年代。汉藏语系：甲骨文，前 14 世纪；藏文，9 世纪；西夏文，10 世纪；缅文，11 世纪；泰文，13 世纪；傣文，13 世纪。印欧语系：Hittile，前 17 世纪；Greek，前 8、9 世纪；Pali，前 5、6 世纪；Sanskrit，前 4 世纪；Iranian，前 5、6 世纪；Gothic，4 世纪；Amenian，5 世纪；Tocharian，7 世纪；English，7 世纪；Celtic，8 世纪；Slavic，9 世纪。

汉藏语系中的甲骨文虽然有三四千年的历史，但不是表音的，另 4 种表音的文字中，傣文的创制时代虽然推定为 13 世纪[2]，但是注明年代的最早的傣文文献，是晚至 1800 年抄刻的。所以较有价值的文献实际上只有藏文、缅文和泰文 3 种。文献的短缺大大增加了拟测工作的困难，而印欧语系的文献不仅种类多、历史久，并且同一个历史时期往往有两种以上文献可资比较，这是印欧语系历史比较取得成功的重要条件。

第三，历史比较的重点，一是比较形态；二是比较基本词汇，以求出语音对应规律。从印欧语的立场看，语言中最稳定的因素是形态变化。汉藏语缺少形态，因此只能从基本词

〔1〕 详见桥本万太郎《语言类型地理学》中译本，北京大学出版社，1984 年。
〔2〕 据罗美珍《西双版纳傣文》，载《民族语文论集》，中国社会科学出版社，1981 年。

汇的比较入手。欧洲的历史比较最重视的基本词汇是数词和人称代词。古代印欧人的经济核心是以地中海为中心的商业往来，数词的稳定是不可或缺的，因此比较数词容易获得成功。汉藏语的数词不稳定，不少语言明显借自汉语。如泰语、壮语，只有“一”是本族语固有的，“二”以上即借自汉语。其他所谓“基本词汇”也并不怎么稳定，往往很难辨别同源词和借用词，这又给比较工作带来困难。

第四，印欧语中每一个词常常至少有两个或三个音节，又有形态变化，因此确立同源关系和语音对应关系较为可行、可靠。汉藏语的语素多是单音的，且少形态变化，音韵结构又普遍较简单，音韵面貌的相似或“对应”难免带有偶合性，所以往往难以作出严格的同源关系的证明。因此，A. 梅耶说：“对于这些语言，如果要想得到一些真正的证明，就非另找一个新方法不可。”〔1〕

鉴于上述原因，我们认为历史比较法并不能照搬来研究汉藏语系。也许从古代中国的文化背景出发，从语言的借用、接触、交融、底层、类型这些角度，来建立汉藏语系比较语言学更为合理，更为有效。

方言地理是一种人文现象，研究方言地理必须考虑它的人文背景。西方的方言地理学理论，特别是划分方言区的同言线法并不一定适用于汉语。汉语方言地理格局的形成，跟中国文化的固有特点关系很大。人们不难发现：旧府州辖境内的方言内部有很大的一致性。因此，在给现代汉语方言分区的时候，可以把历史行政地理列为重要的参考项，在府境

---

〔1〕 梅耶：《历史语言学中的比较方法》，科学出版社，1957年，34页。

长期稳定的地区尤其应该如此。[1] 笔者还曾发现南宋时代的行政区划和现代方言区划，事实上有许多重合之处。历史行政地理还可以作为拟测古代汉语方言区划的重要线索。[2]

从中国文化背景出发研究汉语，建立不同于西方的理论，以上只是举例而已，实际上还有不少领域有待进一步开发，例如中国文化和中国人思维的固有特点和汉语语法特点的关系[3]、底层文化和底层语言的关系、地方文化和人名地名的关系等。至于婚姻制度和亲属称谓，文化交流和外来词，民间心理和忌讳造词法等则是过去已经研究较多的领域。

（二）把多种人文科学引进语言学

本文所谓“人文科学”包括各种社会科学。

人文科学对语言研究能够起到重要的作用，这方面人们已经注意到的似乎只是人文历史。常常看到某些描写语言或方言的著作，在头上戴上一顶人文历史的帽子。实际上这些人文历史的材料和语言材料往往是油水分离的，未能有机结合。除了人文历史之外，哲学、逻辑学、文艺学（包括文学、戏曲、音乐等）、地名学、人名学、民俗学、考古学、民族学、人类学等多种人文科学都有助于语言研究。中国文化语言学的目标之一就是利用这些学科的知识，解决语言学自身的问题。

从结构主义的立场来看，只能就语言本身来研究语言。事实上语言学上的有些问题光凭语言内部材料，根本不能解

---

〔1〕 详见周振鹤、游汝杰《方言与中国文化》，第3、4章。

〔2〕 详见周振鹤、游汝杰《方言与中国文化》，第3、4章。

〔3〕 申小龙：《汉语的人文性与中国文化语言学》，文稿，待刊。

决,或者难以解决。但是如果利用语言以外的材料和语言学以外的知识,则不难找到解决问题的线索。下面举一个例子。

语言学界普遍认为构拟古声调的困难很大。有的语言学家认为:"古声调构拟虽然是一项十分有吸引力的课题,可是直到目前为止,我们似乎还没有找到可靠的方法,使我们在这个领域里往前迈步。"[1]笔者曾利用音乐学的知识寻找解决这个问题的线索。

印欧语言是以轻重音为超音段的主要特征的,轻重音能够辨义,所以西方的诗歌和声乐作品的节奏和旋律是以强弱拍相间为基础的。[2] 汉语的主要超音段特征是声调。这个特征对于旧体诗词和声乐作品的节奏和旋律有着明显的影响。事实上,中国的声乐作品是以字音的声调为基础的。这种现象从地方戏曲、旧体诗词的吟诵调和各地民歌都可以观察到。这样看来,只要找到古代配词的声乐作品,我们就可以从它的乐曲的上下行的趋势来研究古代声调的调形。这样的材料也是有的,例如清代乾隆年间编纂的《九宫大成南北词宫谱》,此书收有上溯唐宋,下至明清的古曲 4466 曲。

笔者曾将宋代词人姜白石的 17 首词和它们的旁谱拿来比较,发现在乐曲进行中,字的调类和旋律的高低升降的关系很密切。可以从中归纳出至少 3 条规律:①当去声字在前,平上入声字在后的时候,乐曲是上行的;②在含平声字的两字组中,不管平声是首字或后字,它在乐曲中的相对音高都是较高的;③在含入声字的两字组中,入声字不管处于前

---

〔1〕 朱德熙:《在中国语言和方言学术讨论会上的发言》,载《中国语文》,1986 年第 4 期。

〔2〕 详见 Matthew. Y. Chen, *The Interfacing of Language and Music*, *Language and Communication*, Vol. 4, No. 3, 1981.

字或后字位置上，它的音高比去声或上声都要高些。这些规律完全可以作为拟测姜白石时代的四声调形的依据。[1]

（三）把语言学引进别的人文学科

一方面我们可以利用别的人文学科的知识来解释语言学的有关问题，另一方面语言学为解决邻近学科的有关问题也可以大显身手。

常常看到哲学、历史学、文学、民族学、地名学等领域的论著，试图从语言学的角度来解决各自的问题。由于没有语言学家的参与，这些研究往往发生错误或无法深入。例如近年来《金瓶梅》的方言系统和作者籍贯问题重新引起人们的研究兴趣。参加讨论的学者都试图寻找作品中见于今天某地的方言词汇，据以判断作者的籍贯，结果各家各执一端，异见歧出。从语言学的眼光来看，他们的研究方法至少有三个方面的问题：一是有的词汇在两地语音形式不同，但是词源是相同的；二是现代某地的词汇不等于明代某地的词汇，事实上每一种方言词汇都是处于不断消长和替兴的过程中；三是方言中的词汇是开放性的，容易互借，不像语音系统和句法结构，那是封闭的，不易借用。所以，由于缺少语言学素养，他们的研究结果大多缺乏说服力，并且往往互相矛盾。

下面提供一个利用语言学知识解决戏曲史问题的实例。

元末明初的四大传奇中只有《白兔记》的作者没有着落，这在戏曲史上是一个悬案。1967 年发现明代成化年间刊刻的《新编刘知远还乡白兔记》。这是现存最早的传奇刻本。

〔1〕 游汝杰：《宋姜白石词旁谱所见四声调形》，文稿，待刊。

成化本的前场对白中有一段文字说明这个演出本的编者是“永嘉书会才人”。戏剧界都信以为真。永嘉今称温州，如果编者真的是温州人的话，那么它的方言系统也应该是温州话。但是经过笔者的初步研究，结论并非如此。

成化本中有许多别字，如将“常熟县”写作“长熟县”。写别字的客观原因自然是别字和正字在写者的方言里音同或音近。所以比较分析别字和正字的音韵地位，可以推断作者的方音系统的某些特点，进而断定作品的方言系统和编者籍贯。笔者曾将作品中全部别字加以归纳，分成6类。结果发现每一类别字跟与之相应的正字，在北片吴语中都是音同或音近的，在南部的温州方言中两者的读音却大相径庭。又通过跟冯梦龙《山歌》等同时代吴语材料的比较，最后得出结论：成化本的编者绝不是温州人，而是吴语区北部人。[1]

中国文化语言学将帮助我们从先入为主的西方语言学理论的成见中解放出来，创立适合汉语实际的理论。它将大大拓展语言学研究的视野，使语言学摆脱与其他人文科学和社会生活隔绝的状态，成为一门可以与国内别的人文学科相争雄的有用的学科。

三　中国文化语言学的源流

把语言和文化结合起来研究，早在19世纪上半叶就开始了。德国语言学家W.V.洪堡特在著名的论文《论人类语言结构的差异及其对人类精神发展的影响》(《论爪哇岛上的

〔1〕 游汝杰：《成化本〈白兔记〉的方言系统》，文稿，待刊。

卡维语》绪言，长达 350 页）中首次讨论了语言结构和人类精神的关系。到了 20 世纪初年，美国的人类学家 F. 鲍阿斯和他的两个学生 A. L. 克虏伯、E. 萨丕尔，以及萨丕尔的学生 B. L. 沃尔夫致力于调查美洲印第安人的语言和社会，创立了人类学语言学。在欧洲稍晚些时候，英国的社会人类学家 B. 马林诺夫斯基曾在太平洋的美拉尼西亚群岛上研究过土著的语言与社会。继上述欧美学者之后，西方继续有人利用人类语言学的方法分析诸如亲属结构之类问题。近年来则有人采用生成语法的某些概念来分析宗教仪式或别的人类文化行为。

有的语言学家认为人类学语言学也可以称为文化语言学。[1] 不过我们所谓“文化语言学”跟鲍阿斯等人创立的人类学语言学有所不同。人类学语言学的研究对象是没有文字传统的语言和较后进的社会。主要目的是通过学习和研究语言来了解社会历史和民族文化，开初它只是人类学的一个分支。萨丕尔—沃尔夫的“语言相对论”似乎越出了上述范围。因为它主要涉及语言与思维的关系，所以可以纳入心理语言学中[2]，文化语言学的研究对象不仅包括没有文字传统的语言和社会，而且包括已有文字甚至有大量历史文献的语言和高度文明的社会。它是语言学和文化学的交叉学科，两者的结合研究是双向的。

最早试图把中国的语言和文化结合起来研究的学者，是一些西方的汉学家，如法国的 M. 格拉内、H. 马伯乐，美国的 B. 劳佛，他们在 20 世纪初曾发表多种有关论著。法国汉学

---

〔1〕 吕叔湘：《漫谈语言研究》，载《中国语文天地》，1986 年第 1 期。

〔2〕 桂诗春：《心理语言学》，上海外语教育出版社，1985 年。

家的研究重点是汉语和汉人思维、逻辑的关系，试图拿汉语的特点证明汉人心智的特殊性；劳佛的《中国伊朗编》收集、排比了许多有关语言接触与文化交流的材料，资料丰富，时有创获，但不成系统，缺乏理论。

在30年代，中国的一些民族学家开始对语言与文化的关系问题，进行实地调查，罗香林、刘锡蕃、徐松石三人先后都有重要的著作发表。特别是徐松石的《泰族壮族粤族考》[1]和《粤江流域人民史》[2]材料丰富、创见甚多，其中也不乏涉及语言学的内容，这两本书的缺点是：所提供的语言材料不够准确，全书也欠精审。

30年代末至50年代，国内许多语言学工作者曾在西南地区大规模调查研究少数民族的语言与社会，但是已发表的把语言和文化结合起来研究的著作还很少。罗常培先生曾著《语言与文化》一书（1950年北京大学出版）。遗憾的是，这本书的出版并没有引起语言学界足够的注意和广泛的兴趣。虽然这本书还有缺点，其中受N. Y. 马尔语言学思想的影响是次要的，主要的缺陷是：篇幅不算太长（正文108页），而内容兼赅古今中外，因此未能深入展开。不过这本书仍不失为中国文化语言学的开山著作。笔者受罗著的启发，前几年初步探索了方言和中国文化的种种关系，撰成《方言与中国文化》一书（1986年上海人民出版社出版）。由于学识浅陋，成书仓促，此作尚不成熟，只是为建设文化语言学聊尽绵薄而已。

建设文化语言学的主要困难有二：一是文化学所涉及的

---

〔1〕 中华书局1936年出版。

〔2〕 中华书局1939年出版。

范围太广阔，语言学又过于专门化，各方面的学识很难兼而得之。二是语言学在人文科学中其系统性最强，研究方法最精密、最特殊。语言学和其他学科结合在一起往往产生不平衡现象。尽管语言学方面的研究可以再深入下去，但是从文化学的角度来看，却不需要如此深入的研究。语言学不得不游离出来，自成天地，其结果是语言学和文化学难以密合。在目前草创阶段似乎可以分头做些专题研究，积少成多，最后汇成巨流。

语言具有物理、生物、心理、信息、人文等多方面的属性，语言所涉及的范围是很广阔的，所以要真正了解语言的性质，必须从多角度来研究它，语言学的传统范围显然是过于狭窄了。霍凯特早在 1967 年就对当时的“纯形式研究”感叹道，这不是一个“突破”，而是一个“崩塌”。[1] 从语言学发展的轨迹来看，18 世纪是哲学的世纪，19 世纪是历史比较的世纪，20 世纪是描写和转换生成的世纪，21 世纪将是多学科交叉研究的世纪。文化语言学试图把语言学和别的人文学科结合起来，不仅有利于揭示语言自身的奥秘，也促进邻近学科的发展，它的生命力在未来的语言学潮流中将会充分显示出来。

原载《语言·社会·文化》（首届社会语言学学术讨论会文集），语文出版社，1991 年，412—423 页。转载于王福祥主编《文化与语言》（论文集），外语教学与研究出版社，1994 年。

---

〔1〕 转引自王士元主编，游汝杰等译《语言与人类交际》，中文版序言，广西人民出版社，1987 年。

中国文化语言学的涵义和界说

游汝杰

在国外出版的语言学概论一类书中，常常有"语言与文化"这样的章节，但是在语言学文献里从未见到"文化语言学"这个学科名称。这一名称在出版物上最早见于发表在《复旦学报》1985 年第三期的我和周振鹤合著的《方言与中国文化》。该文是一本同名书稿的内容提要。就这个意义来说，"文化语言学"是校庆八十周年时在《复旦学报》原创的。

自我们提议创设文化语言学后，各地中青年学者响应者甚多，这个学科名称很快为许多学者所接受，十年来成果也十分丰富，这是我们始料未及的。目前从事文化语言学的大致有研究汉语(包括方言)、少数民族语言、外语三方面的学者。其成果包括二三十部专著、两三种教科书、一本词典、几本论文集、数百篇论文。具体的研究成果可以分以下几方面：训诂、词义、词汇与文化；汉字与文化；方言与文化；人名、地名与文化；语言接触、融合与文化；语法与文化；语音与文化；语言交际与文化；语言与民俗；外语教学与外国文化导入等。第三届全国社会语言学学术讨论会(1992，西安)以"语言与文化”为中心议题，可以说是一次全国性的文化语言学研讨会。

十年来，文化语言学一方面取得了引人注目的成绩；另一方面因误解所致，也引起一些学者的疑虑。值此文化语言学创议十周年之际，想重申我们的初衷，谈谈对文化语言学的涵义和界说的认识。

一

关于文化语言学的涵义（或者说语言与文化的关系），除了我们之外，各家提出的观点主要有以下几种：

1. 把语言看作文化的形式是把问题简单化了。语言是一个民族智慧的积累，是一个文化的结晶体，它包含着一个民族长期创造性活动的成果。语言是一种自成体系的特殊文化。认为可以通过语言事实的重建揭示历史、文化的未知因素，例如语言的谱系分类对研究民族的起源、文化和生活特点具有一定价值。[1]

2. 从语言可以揭示带普遍性的文化心理。汉语各要素和言语活动可以与汉民族不少文化特点相印证。例如汉人重和谐、重有序、重社会和官本位的心理特征在词汇和构词法上有所反映；从汉人思维的辩证性、简易性和模糊性可以论证汉语词类划分存在许多中介现象。[2]

3. 语言在本质上是一个民族的意义系统和价值系统，而

---

〔1〕 见张公瑾《语言的文化价值》，载《民族语言》1989 年第 5 期。

〔2〕 见陈建民《语言文化社会新探》，上海教育出版社，1989 年。

不是符号系统或工具。语言体现民族经济、文化、心理素质等各方面的特点，规范着一个民族看待世界的样式，规范着一种文化的深层结构。例如汉语语法的总规律“句读本体、逻辑铺排、意尽为界”，体现汉族人的致思特点：“整体思维、散点透视、综合知会”。[1]

4. 语言是文化的符号，文化是语言的管轨。[2]

以上这些观点与我们创议文化语言学的初衷，以及对它的涵义的理解不甚相同。以下略申我们的观点。

语言处于不断演变的过程中。造成语言演变应该有三方面的原因：生物学上的原因、语言结构本身的原因和文化上的原因。关于文化的涵义，众说纷纭，本文是在最广泛的意义上使用这个词的，即“文化”是指人类在历史上的积极创造，包括人类所创造的文明以及创造文明的过程。

关于语言演变的生物学上的原因，丹麦语言学家叶斯柏森(Otto Jespersen)曾有一个著名的比喻：这好像锯木头，以已锯好的木头，作为长短的标准，来量度第二段木头，又以第二次锯好的木头为标准，来锯第三段木头，如此连续工作，每一次都会有误差，结果第一段木头和最后一段木头的长短可能相差很远。这个比喻说明：语音演变是语音模仿误差逐渐积累的结果。这里的误差应该是指听音和发音两方面的误差，所以叶斯柏森实际上主张语音演变是出于生物学上的原因。

语言演变也可能与语言结构本身有关，“类比创新”(analogical creation)就是如此。例如客方言的人称代词“𠊎(我)、你、渠(他)”，其中“𠊎”是方言字，字音来历不明；“你”

---

〔1〕 见申小龙《汉语人文精神论》(辽宁教育出版社，1990年)等书、文。

〔2〕 见邢福义主编《文化语言学》，湖北教育出版社，1990年。

字中古属阳上调;“渠”字中古属阳平调。古阳上调和古阳平调在今梅县客话里调值不同,前者是31,后者是21。但是“𠊎、你、渠”三字在今梅县话中调值却相同。“你”字变读21调是与“渠”的调值类比的结果。

语言的历史演变可以从宏观和微观两个角度来考察。语言的宏观演变是指语言的分化、融合、更替、双语现象的兴亡、语言地理格局的变化等;微观演变是指语言的语音系统或语法系统中的个别框架(frame)或成分(filler)的替兴、个别词汇的兴废等。语言在历史上的每一次宏观演变和部分微观演变都是文化上的原因造成的,而语言的现状是语言历史演变的结果,所以研究语言的历史和现状及其演变过程都必须研究语言的文化背景。这就是我们所谓“文化语言学”的精髓之所在。试举例说明之。

与印欧语言的方言相比较,汉语方言有两大特点:一是有文白异读现象;二是现代方言区划与历史行政地理关系极为密切。而这两大特点正是在中国传统文化的背景下形成的。

“文白异读”是汉语方言的普遍现象,不过因方言不同,有文白异读的字所占的比例也不同,如在闽语里几乎占一半;在吴语里只占不到十分之一。汉语的方言纷繁歧异,书面语却是统一的。中国历史上的政治和文化重心是在官话区,书面语也向来是以官话为标准的。隋唐以后实行考试取士制度,读书人普遍重视字音的标准和辨别,各地因此产生尽量向标准音靠拢的文读音。文读音本来应该只用于读书,但是后来文读音也渗透到方言口语中,同时文读音伴随着历代产生的以官话为基础的书面语词汇大量进入方言口语。例如上海话里的“见组开口二等字”有文白异读,白读声母为g,文读声母为j。“我交拨侬一本书”中的“交”为白读,“交通、交易、交涉、交叉、交换、立交桥”等中的“交”皆用文读音，不用白读音。从现代方言的立场来看，文白读不一定是读书音和说话音的差别，而是不同历史时期产生的字音的并存现象。一般说来，文白异读不是社会方言的不同，而是字音的历史层次不同，只有极少数方言是例外，如浙江的寿昌话。当地人内部交际用白读音，与外地人交际则用文读音。

文读音产生的直接原因是唐宋时代的科举制度。文读音在历史上长盛不衰、在现代愈益发展的更深刻的文化背景，则是各地方言中的文读音更加接近北方话，而北方话向来是民族共同语或标准语的基础方言。

中国的地方行政区划及其管理制度，论历史之悠久，区划之严密，管理之有效，都是世所罕见。中国几千年来一直是农业社会，除非战乱或荒灾，一般人都视离井背乡为畏途，在升平时代活动范围大致限于本府之内。这样的文化背景使历史行政区划与汉语方言区划，尤其是次方言区划有极为密切的关系，这主要表现在两方面：一是以旧府、州（二级政区）为单位，方言内部有较大的一致性，各省都有这样的例子。如江苏省的徐州府、福建省、广东省内部的方言界线。就南方方言而言，方言区或次方言区的界线有一大部分甚至可以上溯到南宋时代二级政区的境界线。如今江西的婺源，其方言属徽语，其行政区划宋时即属徽州。行政区划对方言区划的形成所起的作用，远远超过别的人文地理现象。从普遍方言地理学的观点来看，行政地理对方言地理多少会有些影响。但是没有别的国家的行政地理对方言地理会有如此深刻的作用。

在早期欧洲，宗教地理对方言地理的影响更为深刻。在法国，主教所在的城市，其方言会影响整个教区；德国的情况也一样；在瑞典，同一教区内的方言往往相同，方言界线很少不跟教区界线相重合的。在中国，情况恰好相反，各种人文地理对方言地理能够产生深刻影响的，依次为历史行政地理、交通地理、戏曲地理、民俗地理、商业地理和宗教地理。宗教地理对方言地理的影响是最不重要的。

中外语言学界对词汇和文化的密切关系，讨论已久，早已形成共识。但是对语言的其他方面与文化究竟有无密切的关系，许多人还是存疑的。例如屈承熹先生认为："除此（指词汇）而外，在语言的其他方面要找到确切的文化痕迹，却不是那么直截了当，可以一一对比出来。"〔1〕我以为从上述汉语方言的两大特点来看，至少文白异读现象和语言地理与文化的密切关系是不必怀疑的。

上述文化语言学的基本思想是就语言的一般性质而言的，凡语言皆如此，并不限于汉语。不过由于中国文化具有非常悠久的历史和极其丰富的内涵，它与中国的语言和文字又有错综复杂的引人入胜的关系，所以文化语言学在中国应该是大有作为的。

基于上述认识，我们所提倡的文化语言学有三点重要的主张：

第一，凡科学皆可以分为描写性的和解释性的两大类，例如植物志、矿物志、方言志是描写性的，植物学、矿物学、方言学是解释性的。描写语言学、计算语言学、声学语音学是描写性的，心理语言学、社会语言学和文化语言学则是解释性的。凡解释性的学科都必须借助别的学科来解释本学科的问题。文化语言学则必须借助历史学、地理学、哲学、民族

---

〔1〕 见《怎样为"中国文化语言学"定位》，载《语言文字应用》1994年第1期。

学、文艺学、文字学等学科的知识，这样文化语言学就把语言学与多种学科结合起来，而两者的结合是双向的。

第二，研究中国的语言或方言，必须结合研究中国的文化背景，否则在某些领域里难免弄巧成拙。例如构拟原始汉语方言，如果不顾方言区的移民史实、历史上北方的文化浪潮对方言区的影响、中古时代的切韵音系，就不容易取得成功。美国曾有一些学者提出“普林斯顿假说”，他们试图不考虑移民历史，不参考切韵音系，只是一视同仁地对待现代不同地点的方言，比较其异同，寻求其对应规律，从而直接构拟原始闽语、原始吴语、原始粤语等。然后在各大原始方言的基础上构拟上古汉语。移民是方言的主要成因。这个假设有悖于汉语方言区的移民史实，试以闽语为例说明之。第一批汉人入闽是在西汉末，移民集中在冶县(今福州一带)。大批汉人是三国时代从今吴语区北部移居到闽西北地区和今福建沿海一带。闽南方言于宋代传播到潮汕地区，于明初传播到海南岛。所以从移民的史实来看，各地闽语绝不是形成于一时一地的所谓“原始闽语”分化而来的。今闽语区最古老的汉语方言应是汉代冶县的方言，但其他地方的闽语绝不是当时冶县方言分化的结果。

第三，作为解释性的学科，文化语言学只是试图解释与文化背景有关的语言现象。作为语言学的分支学科，文化语言学不打算也不可能取代语言学现有的所有学科，相反，它需要继承语言学已有的成果，并且不断吸取别的分支学科的最新成果。但是它的基本思想，即文化上的原因造成语言的宏观演变和部分微观演变，有可能也应该为别的分支学科所接受。

二

对文化语言学的界说，学术界的意见并不一致，分歧的焦点是所谓文化语言学能不能成为独立的学科或学科分支。

吕叔湘先生在《语言与语言研究》一文[1]中指出："研究一个民族的语言还常常涉及这个民族的文化，从词语（包括汉字的结构）看古代文化的遗迹；从地名和方言的分布看居民迁徙的踪迹；从人名看宗教和一般民间信仰；从亲属称谓看古代婚姻制度等等。这可以称为文化语言学，有些学者称为人类学语言学或民族语言学。"吕先生提到的几个方面大致与罗常培所著《语言与文化》（北京大学，1950 年）的主要内容相当。

敝见以为西方传统的人类学语言学（Anthropological Linguistics）是以研究无文字的民族的语言和文化为目的的，例如北美印第安人的语言和文化。有一派人类学家，例如美国的鲍阿斯（F. Baos），他们认为研究这样的民族及其文化必须从语言入手，不能设想一个不懂印第安语的人能深入了解印第安民族及其文化，从而创立人类学语言学。它最初是人类学或民族学的一个分支。人类学语言学的主要内容是：描写一种语言，并且研究这种语言与使用这种语言的人民的世界观或思想的关系；研究这种语言与使用这种语言的民族的文明制度或习惯的关系。人类语言学的基本规范是 20 世纪初期奠定的。笔者曾于 1990 年到加拿大的英属

[1] 载《中国大百科全书·语言文字卷》卷首，1988 年。

哥伦比亚大学的人类学系进修有关“人类学语言学”的课程。西方现代的人类学语言学在继承传统的基础上，虽然引进新的研究方法，例如利用生成音位学的方法，来分析音素和语素，或从邻近学科引进新的研究领域，如性别语言研究、语言年代学、话语分析等，但是自身在理论上毕竟没有新的重要的建树。

文化语言学的对象不仅可以是没有文字的语言和文化，而且更重要的是，它研究有大量历史文献的语言和高度发达的文化。例如它研究汉字的结构和中国古代文化的关系；研究中国声乐作品的乐调和字调的关系；研究科举制度转变的方言背景等等。它的研究范围显然已经超出人类学语言学甚远。况且它的宗旨显然也不是通过语言来了解一种文化。如果我们仍然把文化语言学称为“人类学语言学”的话，那么可以说文化语言学大大地扩大了人类学语言学的范围，或者说文化语言学是人类学语言学发展的一个崭新的阶段。

三

有的学者把文化语言学当作社会语言学的一个部门，例如陈原先生认为社会语言学在中国发展的一个特点是“它重视了文化背景”。〔1〕

敝见以为转换生成语法的旨趣是研究拟想的人（an idealized man）怎样用有限的规则生成无限的句子，其重点

---

〔1〕 见全国首届社会语言学学术讨论会文集《语言·社会·文化》前言，语文出版社，1991年。

是语言能力(competence);社会语言学的旨趣是研究社会的人(a social man)跟别人交际的时候怎样使用语言,着重点是语言运用(performance);文化语言学的旨趣是研究同一个文化圈的人(a cultural man)的语言与文化的关系,着重点是语言背景(background)及其对语言演变的影响。文化语言学跟社会语言学至少有下述三点不同:

第一,社会语言学研究的重点是语言使用的规则,即人们在社会交际中如何使用语言,例如一个说英语的儿童,在不同的场合选用不同的词 father、daddy、papa 等称呼自己的父亲;文化语言学则试图从文化背景出发解释一种语言的某些自身的特点或使用上的特点,例如汉语的造词法与中国固有文化的关系。

第二,社会语言学只研究当代的语言现象;文化语言学也研究历史上的语言现象,以及语言或方言历史演变的文化背景。语言或方言在历史上的每一次宏观变化和微观变化都可以在文化史上得到解释。如吴语区的杭州方言岛的形成、上海方言人称代词的演变等。

第三,社会语言学并不试图利用语言学的知识研究别的人文科学,也不试图借助多种人文学科帮助解决某些语言学问题;文化语言学试图把语言学与别的人文科学结合起来,交互研究,互相促进。

不过,文化语言学和社会语言学对语言和语言学,至少也有三点认识是共同的:

第一,两者都不主张把语言当作孤立的现象,仅仅就语言本身研究语言。

第二,两者都重视语言学的应用价值。社会语言学的研究成果可以应用于社会生活。例如双语现象等语言使用的心理研究，有助于制订语言政策；文化语言学的研究成果可以为别的人文科学利用，例如方言岛的研究有助于移民史研究。

第三，两者都以对语言或方言的准确描写和结构分析为基础，即都要建立在描写语言学的基础上。

如果把文化语言学当作社会语言学的一个部门，那么中国的学者扩大了美国学者拉波夫（William Labov，1927—　）等人所倡导的社会语言学的范围和对象，换句话说，社会语言学应该有新的界说。

“中国文化语言学”这个名称是 1985 年提出来的，这并不意味此前没有任何类似的研究。关于将语言和文化结合起来研究的历史，因为不在本文的论题之内，所以这里就略而不论了。继承和发展是学术史的基本规律，我们的初衷，是站在前人的肩膀上，通过大量的专题研究，将语言与文化的结合研究推向新阶段，从而为中国语言学开辟一个新的园地，而并不急于建立一个新学科。在我们看来，目前将此类研究纳入人类学语言学也好，纳入社会语言学也好，或者不纳入任何学科，都是不重要的，重要的是语言和文化的结合研究应该成为中国语言学的一个重要的研究方向。不过用“文化语言学”来概括这一类研究，有利于明确此类研究的性质，也有利于此类研究的发展。

十年对于一个学科的发展史来说，还是十分短暂的。中国文化语言学的草创阶段已经过去，今后需要更扎实的专题研究。只有在大量专题研究的基础上，中国文化语言学才能枝繁叶茂，蔚为大观。

语言具有物理、生理、心理、符号、社会、文化等多方面的属性，语言所涉及的范围是非常广阔的，要全面了解语言的本质,必须从多角度来研究它。从语言学发展的轨迹来看,18 世纪是哲学的世纪,19 世纪是历史比较的世纪,20 世纪是描写和转换生成的世纪,21 世纪也许将是多学科交叉研究的世纪。

参考文献

1. 周振鹤、游汝杰:《方言与中国文化》,上海人民出版社,1986 年。

2. 申小龙:《中国文化语言学》,吉林教育出版社,1990 年。

3. 史有为:《异文化的使者——外来词》,吉林教育出版社,1991 年。

4. 游汝杰:《中国文化语言学引论》,高等教育出版社,1993 年。

5. 宋永培、端木黎明编著《中国文化语言学辞典》,四川人民出版社,1993 年。这是一本百科性质的辞典。

6. 陈建民、谭志明主编《语言与文化多学科研究》,北京语言学院出版社,1993 年。这是第三届全国社会语言学学术讨论会论文集。

7. 祝畹瑾编《社会语言学译文集》,北京大学出版社,1985 年。

8. 平田昌司:《唐宋科举制度演变的方言背景》,载《中国东南方言比较研究丛书》第一本,上海教育出版社,1994 年。

9. Dell Hymes, *Language in Culture and Society*, Allied Publishers Private Limited, 1964.

10. W. N. Francis, *Dialectology an Introduction*, Longman, 1983.

附注

本文初稿曾承周振鹤学兄提出宝贵修改意见,谨致诚挚的谢意。

原载《复旦学报》,1995 年第 3 期。转载于《光华文存》(《复旦学报》社会科学版复刊 30 周年论文精选),复旦大学出版社,2008 年,383—391 页。

上古时代的华夏人和邻族

蒲立本(E. G. Pulleyblank) 著
游汝杰 译

中国文明的历史和使用汉语的人民的历史是紧密相连的。尽管如此,两者毕竟不是一回事。一方面,中国文化,尤其是其精英文化,已通过汉字这个媒介扩展到中国以外的东亚国家——朝鲜、日本、越南,对它们发生了深刻影响;另一方面,在中国内部特别是在不识字的农民中间,可能隐藏着非汉语的底层遗存,而这个底层已为优势语言所淹没、所同化。

有人轻率地设想:因为中国的语言是统一的,所以文化也是统一的。越是回溯历史,这个设想就越是不能成立。即使只就中国中心地带而言,也是如此。在历史黎明时期,自称为华夏的中国即为其他民族所包围、所掺杂。华夏人常跟这些民族争斗,视他们为低等民族,就好像古希腊人看不起野蛮人——实际上,自我封闭的社团是常常看不起邻居的。关于公元前20世纪至前10世纪非华夏民族的语言的性质,我们目前掌握的证据还很少,严格说来,它们在语言系属上是不是都可以归属汉语，还是成问题的。不过常常有人主张，这些语言中有许多品种在类型上与汉语很接近，其间的差别也许仅仅相当于现代汉语方言之间的差别，例如粤语和官话的差别。有些人急于把中国的形成（Chineseness）时间尽可能提前，并且努力自圆其说。上述这个设想对于这些人倒是挺合适的。但是事实否定了这个设想，甚至一直到今天，在中国的南部、西南部和西部的山区，仍然残留数量可观的不说汉语的人群。汉语在中国南方和西南地区的推进，使非汉语趋于消亡，这在晚近时代的文献中有所记载。不过，我们很难简单地说这个过程早就发生了，也几乎不能认为夷、狄、蛮等民族与汉族之不同，很早便类似于现代羌、彝、苗、瑶、壮等民族与汉族之不同。据历史记载，在公元前10世纪之后的1000年间，汉族曾与夷、狄、戎、蛮等民族争夺黄河和长江流域。过去这些民族的大部分人民是文盲，我们只能从汉语的文献来了解他们的历史。这类文献在数量和质量方面，仍很欠缺。因为汉族对于蛮夷和近邻兴趣不大，偶有记录，也是出于狭隘的军事情报的观点。而用汉语记音的外语词，则很难得到解释。这些材料需要联系现代语言学和民族学调查的结果加以研究。这种工作在中国和外国都已经做了一些，但是还远远不够。在这类研究取得成果之前，本文的初步研究及其结论只能是试探性的，在许多领域留有疑问。不过，在讨论中国文明的起源这一重大问题的时候，尽可能全面地考虑这些领域是很重要的。

笔者打算用鸟瞰的方式逐一讨论中国境内现有的每一个语系，并且试图说明它们与古代中国人所熟知的某些民族的可能联系。笔者还打算讨论另一些古代民族，它们在语言学上可能与中国境内现有的语系并无联系，例如狄民族，笔者对它的语言面貌甚至提不出合乎逻辑的推测。还有匈奴民族,它们的语言在系属上有可能与西伯利亚的 Kets 语有关。

一、汉语

(一)夏和华

最古老的汉语文献是商代的甲骨文,这是毋庸置辩的。很明显,商代的甲骨文不但代表了晚期汉语的书写系统的古老形态,而且也是某种汉语口语的记录。这一点必须交代清楚,因为我们知道汉文作为表意文字,后来被与汉语大不相同的日语和朝鲜语所采用。商代甲骨文和晚出的金文在语音成分上有相承关系,因此可以判断,从商代到周代,语言上并没有发生剧烈的变换。

然而我们仍然不能简单地把商周两代人所使用的口头语言看作同一的语言,或者认为两者各是汉语之一种;我们所知道的只是商代和周代的法律语言各是汉语的一个分支。我们并不知道商代和周代的人口中哪一部分作为一个整体是使用汉语的。也许只有很少的贵族才使用汉语,他们统治着不使用汉语的居民。或者说汉字可能是夏代发明的,商代继承了较早的夏代的传统。商代的统治者可能不使用汉语,后来才改而采用夏朝臣民的语言。周代也是一样,周在征服商之前,显然已使用商代的(汉语)书面语。周的后裔后来自称夏族,其实他们出身于戎族地区,而且在别的方面与戎族也有联系。这样的假说虽然未被现有知识所证实,但是它却是可能的，因为在别的时代和别的地点也可以看到类似的现象。

如果考古发掘和文献记载能够充分地证实夏朝的存在，那么情况也许会变得更为明朗，或者变得更为复杂。张光直曾经提议，应设法证明某些早期商代考古发掘现场即是夏的所在地（见《中国考古学中有关夏的问题》）。这个提议是很有意思的，但是对解决上述问题没什么用处，因为没有文字遗存。

（二）中国人在远东垄断文化教育

从甘肃到台湾发掘了一批公元前15000年的新石器时代的陶器，这些陶器上有一些符号。近年来，为了证明这些符号可能是汉语的早期书写形式，学者们做了大量工作。这些符号值得我们注意之处在于，它们并未显示作为真正的文字前身的迹象。因为，如果这些符号是用于传达意义的话（这仅仅是猜测，据我所知，从未得到证实），那么，作为共同约定的符号，它们与真正的文字系统相比，数量显得太少。它们的地理分布相当广阔，不像是用于表示某一种语言的文字。

当然，与埃及和美索不达米亚的古文字一样，甲骨文和金文中的确也有图画文字和其他偶像崇拜的成分。但汉字作为一种充分发达的文字，它的图形和口语词汇之间的联系与任何充分发达的音素文字同样完美。只借用一个图形的意义而不顾它的发音，这种情况很少；相反，它可以借用图形的声音来表示意义完全无关的词汇。有一个例子是“石”字，意为“石头”，用作重量单位的时候读作“tan”；但类似的用例很少。

在新石器时代，无论在走向图形符号系统的过程中有过什么尝试，中国文字很可能是在短期内迅速发明的，而在时间上与标志文明诞生的其他重要发明相接近。如果不作这样的设想，那么，我们很难理解为什么汉字在东亚的垄断会延续这么多世纪。

汉字在东亚的垄断现象，与在近东各种互相竞争的文明中诞生的文字系统的丰富多彩形成鲜明对照。根据现有的证据，充分成熟的文字系统最早在公元前 3100 年在苏墨(Sumeria)诞生。这种文字并没有维持多久，很快就被原始埃兰文字、埃及文字、印度河河谷文字和米诺斯(Minoan)文字所取代。而且苏墨楔形文字诞生仅几个世纪就被与之没有语言系属关系的阿卡德(Akkadian)语所采用，接着又被赫梯(Hittite)语和别的邻近语言所采用。到了公元前 1500 年中国文字形成的时候，世界上许多语言是用多种不同文字，包括最初发明的字母书写的。

另一方面，在佉卢文(Kharosthi)从印度侵入新疆之前，没有证据可以说明除了汉字之外，东亚还有别的文字。日本人和朝鲜人从唐代开始使用汉字，在此之前，甚至没有任何证据说明别的语言采用汉字来书写(除了在中国文献中偶然用汉字记录外国词汇的语音)。一般说来借用汉字意味着借用汉语。即使在朝鲜、日本和越南也是如此，在这三个国家，当地语言和中文同时使用，当地语言的音位系统吸收了汉语的语音成分。在中国内部，在文学语言扩散的同时，原先存在的地方语言如楚语和吴语逐渐消亡。后来有的民族借用汉字是为模仿汉字来创制自己的文字，如契丹、唐古特、女真，还有南方一些使用部落语言的民族，如摩梭和罗罗(彝)，不过这已经是中国文明形成以后很久的事了。

中国人对文化教育的垄断,是造成汉语和中国文化的扩散以及该地区别种语言消亡的重要原因。当然可以认为是文化的力量而不是政治的力量树立起了汉字的权威和垄断地位。不过这只是问题的一面。汉字不仅是中国政治和高度文化的工具,而且也是他们的基础。

汉字的起源显然是本书所要讨论的核心问题中最要紧的一件事。如果能够说明汉字的产生有一个过程,而这个过程是千百年来在新石器时代的中国各民族中间逐渐发展而来的,那么也许可以证明汉字完全是土生土长的。奇怪的是只有中国创造了文字,与华夏人并存竞争的其他新石器时代的民族,如夷人和蛮人,并没有创造文字。与近东和印度相比较,中国的文字是较为晚出的,这也提醒我们,不要忽视由某种外来刺激促成汉字产生的可能性。

当然,就我们目前所知,很难说这是一种什么样的刺激,中国的近邻并没有文明畛域,除了印度河流域——这里有可能向中国传播文字观念。在1978年的伯克莱会议上,我仍然坚持一个观点(那是在一篇未发表的论文中提出的,那篇论文曾提交给1975年3月斯坦福大学美国东方学会西海岸分会会议),即认为22个干支的名称是语音符号,代表原始汉语的辅音,它们与早期闪美特语字母表中的22个辅音符号有关。我曾进一步指出,可能两者都是从某种未知的印欧语的文字系统分化而来的,这种文字随着印欧人在公元前三千纪和二千纪的扩张,向东方和西方传播。因此我的结论是:虽然就汉字系统内部而言,将干支解释为语音符号是最好不过的(Pulleyblank,1979),但是经与闪美特字母比较,这个设想还是可能站不住脚的,尽管其中有些形式和语音惊人相似。最相像的几个符号，是与晚闪美特字母比较所得的结果。如果将最古老的字母考虑进去，就不那么相像了。更重要的是二十二这个数字是有关干支符号问题的核心，包括十个天干，十二个地支，但这可能只是偶然与闪美特字母的数量相同而已。包括22个字母的标准闪美特字母表，似乎是公元前第二个两千年的末期，在腓尼基诞生的，其基础是腓尼基语辅音音位。然而有很好的证据，尤其是乌加里特(Ugaritic)楔形文字的证据，可以说明在腓尼基字母产生之前，曾经有过与之相关的闪美特字母表，这些字母表有更多的字母。

如果闪美特字母和干支符号形式上的相似是出于幻想的话，那么关于未知的某种印欧语文字系统是东西亚的中介这一假说也就是子虚乌有了。这样就不得不认真考虑汉字土生土长的可能性，好像新世界的玛雅(Mayan)文字一样。然而这样的假设并不能解决问题。我们仍然不得不考虑，为什么在中国的新石器文化中文字只有一种，为什么与它相联系的其他重要发明都是在相对较短的时间里、在相同的文化背景下产生的。我们只能希望在迅速发展的中国考古发掘中找到新的证据，能够为研究这个课题提供更可靠的材料。

二、藏缅

大家公认，在语言系属上与汉语最接近的语言是藏缅语。许多学者已经很好地建立了这两者的关系，只是在细节上还有些分歧。这种亲属关系的主要证据是有共同的基本词汇。我们很容易列出几十个汉语、藏语和缅语的同源词，包括数词、身体各部分的名称、常见的动物名称或表示最基本的观念的词：日、书、夜、年、死、杀、松、苦、我、你。还有语音对应关系，在许多情况下，这些语音对应并不是那么简单明了的，而使人怀疑其间仅仅是借用关系。

同源词的词表可以延长，却不可以无限延长。尽管孔好古（Conrady）、西门（Simon）、沃尔芬登（Wolfenden）、谢飞（Shafer）和白保罗（Benedict）等学者已经做了奠基工作，近来又有较年轻的语言学家做出更多努力，公认的汉语和同语系的其他语言的同源词仍然是十分有限的。个别学者在词汇比较中允许特殊的词义转移，语音对应也从宽，这样虽然在不同程度上有几分道理，但是因为尚未经过客观标准的验证，所以并没有得到普遍承认。在构拟有历史文献的主要语言——汉语、藏语和缅语的内部语音发展史方面还有大量工作要做。应该建立更充分更准确的描写，以作为构拟工作的基础。

在上述情况下，想借助历史语言学的方法，深入准确地拟测有关民族的内部关系和移民运动，还要走很长的路。谢飞和白保罗都曾从事藏缅语言的分类工作，可是他们几乎没有提出明确的分类标准，他们的结论给人的印象似乎很淡薄。

藏语像汉语一样，有一种古典的书面语和许多种彼此歧异的方言口语。虽然这些方言的描写和相互比较仍嫌不足，但是标准的文学语言看来在整个西藏具有一种统一的力量，大部分方言词汇与书面语的关系是有规则的。在西藏的外围，东边和西边有更多的藏语类型的语言，如川西的嘉戎语。7 世纪西藏最初统一的时候，其统一进程显然是从南向北推进的，西藏皇室的原居地在拉萨东北面的某一地区。人们常常假设使用藏语的民族与婼羌有关,婼羌是游牧民族,中国人把他们安置在敦煌的西南面,即汉代青海和新疆的西部边疆地区。如果真是这样,流行于西藏中部和西部的似乎是象雄语,据说从一份敦煌珍藏的象雄语文献可以看出这种语言与喜马拉雅西部的藏缅语言——如卡劳(Karanri)语——的亲缘关系(参见 Thomas,1933)。

象雄传统上与佛教传入之前的西藏本(Bon)教相联系,最近有一本藏—象雄语词典,由本波(Bon－po)协会在德里出版,这种语言因此得以传世。哈尔(Haarh,1868:26)说,有新的证据支持汤姆斯(Thomas)关于这种语言亲缘关系的一般结论。

缅甸人从北方进入缅甸的时间,明显是在公元 832 年南诏入侵骠(Pyu)王朝之后。他们在高地缅甸的蒲甘(Pagan)建立王国,后来征服低地缅甸的孟(Mon)王国。缅甸语传播到全国,分成若干方言,同时有很多其他语言仍然在缅甸保存下来,其中许多是藏缅语言。它们是缅人进入这个国家之前就在那儿使用的。缅语与四川南部和云南的罗罗(彝)族语言最为接近:这些语言又被认为与现存的四川羌族语言和已消亡的西夏唐古特语有关。西夏国从 10 世纪至 13 世纪统治甘肃以及蒙古和陕西与之邻近的部分。唐古特文(译注:即西夏文)的解读已经取得重大进展,但是语音系统仍不能确定。因此,将这种潜力很大的、内容丰富的材料用于比较研究的目的,至今进展有限。

现代中国西南、缅甸北部、阿萨姆(Assam)、尼泊尔和印度北部的其他藏缅语民族的移民历史,几乎完全没有文献上的证据。如果“他们来自北方”这个假设是正确的话,那么,这些使用藏缅语的人一定是许多世纪以前就移居这些地区的。缅甸建立之前的骠(Pyu)王国的语言留下了一些碑文，可是这些碑文残缺不全，不能据以判断它的语言，可以肯定的只是这种语言是一种藏缅语。谢飞(1943)将它和克伦(Karen)语作比较，从地理学观点来看，这种比较似乎有点道理，因为克伦人比其他缅甸的藏缅民族住在更靠南边的地方，并且是唯一住在平原的民族；不过现阶段尚不可能证实这一点。谢飞提出的证据也可以用来说明它与库基—钦语(Kuki-Chin)的关系。库基—钦语是一群使用于缅甸和印度的西部边界地区的部落语言。白保罗(1972:10)倾向于认为它与侬语(Nung)相关，而侬语据说是介于缅语、罗罗语和卡钦语之间的语言。

让我们回顾这些民族的早期历史。在公元前10世纪，他们就已被中国人认识了。我们可以确定他们是藏缅人吗？首先其中有羌，在汉代的文献里清清楚楚地记载他们是西北边疆的扰乱者，一直到现在不断有人提到羌人住在大致相同的地区。上述唐宋元时代的唐古特人，其族源也是羌人。在此1000年之前，"羌"作为一个民族的名称早就见于甲骨文，也见于后来的《诗经》和《尚书》。如果要直接确认甲骨文和后来文献中的羌所指是同一个民族，那么还会遇上两个困难：其一，"羌"作为一个民族名称在周代的其他文献里很少见到；其二，汉代羌的家乡和商代军事力量所及的任何地方在地理上相隔太远。

总而言之，看起来"羌"这个词先后所指还是同一民族。它并且说明羌族类型的藏缅人也是商的敌人。这个结论与岛邦男(1958:404,423)在地理上的分析是不矛盾的。这个结论还有下述事实的支持：在《诗经》里羌和氐这个名字总是连在一起出现的。氐(早期中古音 te；注意不要与"狄"的早期中古音 dejk 相混淆)在汉代与羌连用,但是很少见于更早的文献;在甲骨文里亦未见连用。氐羌的连用还见于《荀子》的一段文章。荀子显然是把他们作为野蛮人提出来的,不过并没有指出其地理分布。

根据《说文解字》,羌属于西戎。虽然在公元 2 世纪的文献里,这种说法难以自我证实,但我们仍然有理由把戎当作周代非汉族的藏缅人的总称,包括氐羌。虽然戎主要分布在西部,即陕西山地,但在春秋时代,有些戎的族群也散布于黄河平原的中央诸国。

戎人跟汉人的不同不仅在于风俗和物质文化,而且在于语言。关于这一点,一位戎人首领的话可以证明。他说:“我诸戎饮食服饰与华不同,贽礼不通,言语不达。”(《左传》襄公十四年)有一个后来从秦国逃到戎族所居地的难民由余,因为能操戎、华两种语言,戎人曾用他出使晋国(《史记》5:192)。

尽管族属不同,中原诸国与不同族群的戎人仍然时有外交、婚姻和战争关系。关于周王室和戎人有密切联系的证据,是特别令人感兴趣的。周的两个最显要的姓氏是姬和姜,戎人也有这两个姓。《春秋》和《左传》僖公三十三年记述僖公联晋伐秦,其中提到“姜戎”,上述关于戎人的引文也出于此。戎人有姬姓的证据则是:晋献王的妻室是从戎人的两个不同族群中娶过来的,皆用此姓。其中一位即是著名的重耳的母亲。重耳后来成为晋文公,并且称霸于各封建王国(《左传》庄公二十八年)。

姬是周王室的姓氏,姜是许多重要的封建家室(包括齐、吕、申、许在内)的姓氏。不过,最重要的情况是,周代的主要王后一般都娶自姬姓。周姓先祖后稷的母亲是姜嫄,后来的王后似乎常用这个姜姓。《国语·周语》中有一段记载黄帝和炎帝(即神农)两族起源的神话。根据这个神话,黄帝和炎帝本是兄弟。他们在称为姬和姜的两条河边长大,结果养成相异而又相辅的两种德行。《国语》在这一段话中还指出了族外婚的合理性。族外婚至少从周代开始便是中国社会结构中的一个显著的特征。

姓氏姜和族称羌在语音和字形上的相似是很明显的,这一点,自古以来就引人注意。《后汉书》说,羌是姜姓的分支。不过姬姓在语音上也是与姜、羌相似的。姬早期中古音读ki,这字的另一读音是 Yi,早期中古音作 ji。姜早期中古音读 kiaŋ,以羊(早期中古音作 jiaŋ)为声旁。我们应该如何解释在相同的谐声系统里中古汉语 k-或 kh-与 j-之间的互相转变?这尚未能确定;不过不管如何解释,这两组字的声母在语音上是平行的,韵母也互有关系。“姬”来自上古汉语的-ər类,姜来自-aŋ 类。元音 ə 和 a 以及韵尾-r 和-ŋ 之间的转变,在语素音位上是普通的现象;试比较早期中古音“似”zi和“象”ziaŋ。

《说文》并不把“羌”中的“羊”分析为声符,而把这个字看作是会意字。即“羊”加上“人”,用以指羌人的游牧生活方式。然而这种看法显然是错误的。“羊”在这个字中的作用和在“姜”字中一样,是标音的;而与游牧生活方式的联系则是偶然的、次要的。所以姬和姜显然与“羌”一样是从相同语义的词根中分化出来的。这三字可能本来是族外婚制中相互匹配的一方的名称,戎则分化加入匹配的各方。

这样看来,孟子指文王为西夷(《孟子·离娄下》)可能是对的。如果周的先民是戎族,那么他们在被征服之前一定经历过华化的过程。最近发现的先周甲骨文说明,周在征服商之前已经使用商的文字(除非随商王来访的文书书写了这些甲骨文——这似乎是可能的,见1978年David Keightley[吉德炜]给作者的私人信函)。尽管我们不清楚这种文化融合现象究竟是商征服的结果,抑或是对商的文字和武力之威力的自发反应,但其结果则是明显成功的。它为周创造了必要基础,使周能够取代商而获得扩展中国文化的宗主地位。也正因为这种文化融合的关系,周失去与那些保留自己的风俗和语言的戎族人的同一性,并且进而反对戎人,尽管也许没有像商降服戎人时候那样以暴行相对。下文将会述及,在楚人中间也发生过很相近的历史进程。楚人原是脱胎于长江中游的蛮族,后来有了文化,获得与华夏诸国同等的国家地位,即放弃蛮族语言,而采用华夏语,并且开始把仍保持独立的蛮族视为野蛮人。后来吴和越也走上了类似的历史进程。

然而在周征服商的时代,看来周的同宗兄弟还没有把周人当作外人。据《尚书·牧誓》(亦见于《史记》)记载,武王曾面对其追随者庸人、蜀人、羌人、髳人、微人、卢人、彭人和濮人发表演说。在这个名单中有羌人,这是不必再说明的。蜀后来用于称四川,也是大家所熟知的。"蜀"这个字在甲骨文中是一个地名,岛邦男(1958:378—379,382—383)将它的所在地定于黄河东北段转弯处的潼关。最近有与微族相关的铜器铭文窖藏的报告(《文物》1978.3),说明微族在西周有一个世袭的办公机构。在春秋时代鲁文公十六年(前610),庸是一个小国,其地即后来湖北的楚山。庸国曾领导各类蛮族,包括百濮(武王同盟者名单中的濮的又一名称)攻击楚,此后楚、秦、巴联合灭掉庸国,接着庸国又为饥荒所困。

《牧誓》是不是武王时代的原始文献?这还是一个有争议的问题。不过不管怎么说,其中有一个传说是真实的,即武王曾联合西方蛮族反商。这个传说不像是后来杜撰的。原本《竹书纪年》毫无疑问包括同样的传说，即武王曾率领西夷反对商朝(《古本竹书纪年辑证·周纪》)。

周的非华夏人的同盟者，可能与周人一样皆出于藏缅的戎人。这个假设虽然在现阶段无法证实，但还是有道理的。如果我们先作这样的假设，那么下一步就要问那时候的藏缅人到底往南扩张有多远了。蜀这个地名是在商代至战国之间从潼关搬迁到四川的，由此看来，在那一千年里，藏缅人曾有向西南地区移民的运动。不幸的是，我们尚未能证明用于两地的地名是否直接相关。即使两地用同一名称，作为专有名词，仍然可能是相互独立的。在春秋战国时期，蜀作为地名还见于山东。不过春秋战国时期的庸位于西南地区，尤其是仍然处于部落社会的濮也在西南地区，这暗示藏缅人确实曾有向西南迁移的运动。在公元前 4 世纪中国文化通过秦渗透到四川之前，另一个与四川有关的种族名称是巴。这个名称见于春秋战国时期(是否见于甲骨文尚未证实)。到汉代，巴仍然是住在西南地区的四川的部族。《后汉书》将其归类于"蛮"，这意味着他们是苗瑶语的使用者而不是藏缅人。

在汉代后期可以肯定有些藏缅民族居住在今四川省的西部边界。《后汉书》将其归类于羌的支派。这个羌和黄河上游流域最初的羌是同宗的。这些族群中有一种是白狼人。用白狼语唱的一首歌，曾用汉字记音，并且用汉语译义。虽然关于这个材料的解释还有许多未能确定的问题，但是有足够的词汇可以证明，白狼人的语言是藏缅语(王静如，1932；Coblin，1979)。

中国的历史学家说，汉代南方的羌族是从较远的北方在较为晚近的时候迁来的。如果真的是这样，那么可以猜测，藏缅人在商代尚未渗入黄河分水岭以南较远的地方。考古学上的证据也应该得出相同的结论。根据张光直(1977:442—453)的看法,在战国时代中国文化渗入四川之前,四川东部(巴的领土)在文化上显得与楚很接近,而远在西边的成都地区有些特征则与同时代的云南("东山"和"滇")的文明相同。另一方面,四川西北的理番和甘孜则与北方文化相关,也有当时中国文化的影响。

如果上述历史是真实的话,那么追溯更早的时代——仰韶新石器时代,我们有可能找到汉藏民族作为一个整体的腹地。那时华夏人作为中原地区的东支吸收了山东和淮河地区的澳亚语夷文化的影响。希望建立在考古学和语言学(例如以地名为证据的语言学)基础上的进一步研究,能够有助于解决这个问题。

三、苗瑶

从中国南半部一直到印度尼西亚,有许多语言在类型学上,尤其是在单音节及其声调系统方面,与汉语相似。这些语言包括苗瑶语、台语,还有越南语。现在已将越南语归属于南亚语系的孟—高棉语。所有这些语言都包含大量的汉语词汇,但这只是借用的结果,并非同源现象。大多数基本词汇仍然是很不相同的。这些语言的现状是许多世纪以来语言接触的结果,在这种语言接触中,汉语扮演了上层语言的角色,中原政权在政治上的统治地位和中国文化的威望则是它的背景。所有这些语言在声调系统上的相似,可以清楚地说明这个过程的由来。

从迄今为止所积累的大量证据看,汉语声调在最近两千年总的发展,是一个用音高和调形特征来代替声母和韵母的音段特征的过程。第一阶段是在早期中古音汉语时期(公元600年前)完成的。在这一阶段,除以塞音结尾的音节即入声音节以外,所有音节分化成三类不同的声调:平声、上声和去声。上声音节在较早的时候是以喉塞音结尾的,去声音节则以-h结尾,来自更早时代的以-s结尾。在这一时期,这两类声调也许在某种程度上仍带有喉塞和送气的特征。接着这三类声调进一步分化成高调层和低调层两小类,分化的条件是声母的清浊,结果则是塞音声母在大多数方言里的清化。苗瑶语、台语和越南语的声调系统都有相同的基本类型,不过与汉语方言一样,因为后来的分合不同,略有差别而已。另一方面与汉语有同源关系但与汉语接触不那么多的语言,则缺少声调的共性,或者声调类型只有部分相似。因为这些语群的现代声调类型都一样,所以很难用这一条来鉴别。虽然柬埔寨语和孟语有产生声调的倾向,但是其他孟—高棉语、越南语及系属相近的芒语与此不同,缺少发达的声调系统。在现代的藏缅语里声调系统也有广泛发展,但是古典藏文明显没有声调。缅语和现代藏语方言的声调类型只是部分与汉语对应,说明来自汉语的影响并不强烈。

在中国的非汉语语言学中,关于苗瑶语的研究是较少的,虽然包括词典在内的最近成果已使现状有所改观。越南人有许多世纪是受中国统治的。但在这段历史之后,已经独立了将近一千年;泰人大量留居中国境外,已在境外建立起独立的国家;老挝人则有自己的文字系统。苗瑶人与上述这些民族不同,他们在历史上只作为被压迫的少数民族生存于华中和华南的山区,或者在比较晚近的时候向南迁移,进入印度支那。他们并没有建立独立的国家,在越南、老挝和泰国,仍然是住在山区的少数民族,虽然有可观的中文文献资料可以用来重建他们的历史,但人们至今还没有对此作过充分研究。

这个语系在现代分为三个语族,即中国人所谓苗、瑶和畲。关于畲族的原有语言,我们一无所知。畲族零星地散居于江西、浙江和福建,他们的原有语言可能已经消亡。他们只是在民族学上和苗瑶归为一类,因为他们和瑶族一样,都有祖宗盘瓠是犬类的传说(Lebar et al,1964:85;Stübel 和 Li,1932:32)。

苗语和瑶语都有许多分歧异出的方言。已经做了足够的研究工作进行方言间的比较和语种之间的比较,结果证明它们是同出一源的不同支派。在这些研究工作的基础上可以构拟原始语。对于构拟原始语来说,这两个支派是互为补充的。苗语的韵母系统大为简化,但保留了复杂的声母系统;瑶语则简化了声母,而保留较多的韵母。

苗瑶语的语言亲属关系尚未确定。许多中国的出版物将其归属于汉藏语,不过如果真的如此,则它们之间的关系必定是非常疏远的。另一些学者,如福里斯特(Forrest,1965:92—101),曾列出一些与孟—高棉语相似的苗瑶词汇;白保罗(Benediet,1975b),则把苗瑶语当作他所谓的澳—泰语系(台语和南岛)的远亲。要解决这个问题,还要做很多研究工作,不仅只是分辨汉语借词的层次,相反还要在汉语,尤其是南方方言中找出苗瑶的底层。

当我们在中国文献里追溯苗瑶的历史时,首先碰到的问题是苗瑶人的族称。在尧舜时代的神话传说里,就已经有"苗"这个名称和这个汉字了,它显然是指一种非华夏的民族。然而这个名称到元代为止一直没有重新出现；所以两个时代所用的同一名称是不是指同一民族，这至少是值得怀疑的。从现在的用法来看，“苗”是汉人对苗人的称呼，即他称，不是民族自称；苗族的自称是 Hmong 或 Hmu。居住在越南的有些苗族称为 Mnong 和 Mlao（Lebar et al.，1964：72），如果后者是真正的民族自称，那么就有可能与汉语的“苗”相关。今越南语称苗人为 Mèo，这个语音形式和“苗”字的汉越语读音 Miêu 不同，这是需要作出解释的问题。虽然很多苗族人居住在中国南方的贵州等地以及印度支那，但他们最大的聚居区是湖南的北部，看起来他们从汉代以来就一直生活在这个地区。

“瑶”这个名称见于文献记载比“苗”早，可能与《隋书》同时代。可以肯定，自从这个名称流行于五代和宋以来，它便是既指苗也指瑶的。现代苗族自称为 Mien 或 Mun；在越南的瑶族自称 Màn，声调和汉越语中的 Man 不同。此外有更复杂的情况：海南的所谓“苗”，其语言实际上是瑶语。

在现代，瑶和苗一样广为散居，不过最大的聚居区似乎是湘南以及与之邻接的广东和广西部分地区。

虽然先后的名称不同，但我们还是可以将后来的苗瑶和先前的蛮——周汉之际住在长江流域的蛮联系起来。《后汉书》首次较详细地述及汉代的蛮人。将苗瑶和蛮联系的最确凿的证据之一是关于盘瓠犬的祖宗崇拜的神话，《后汉书》在述及长沙蛮和武陵蛮时提到了这个神话。

长沙蛮和武陵蛮的北面和西面是巴蛮和南蛮之地（川东和鄂西北）。这几个民族的族源神话不同。据说他们五个部族的祖宗降生在两个山洞里。巴族的祖先有卓越的成就，后来称为廪君，是降生在一个红色山洞里的。其余四位祖宗则降生在黑洞里。廪君死后据说变为白虎,巴人须向他献上作为牺牲的活人。在考古学上巴地区曾有以虎为主题的文物出土,这可以与上述神话联系起来(张光直,1977:447,453)。

巴族的一支板楯蛮有另外一个传说,传说中的白虎扮演了一个不同的角色。板楯人的后裔李特于公元4世纪在四川建立成国。这个传说说在秦昭襄王时代(前306—前251),有一只白虎威吓大地,国王悬赏重金捕杀。此族中有人用白竹做的弓箭射杀了老虎,国王遂永远免除了此族人民的田赋,并赐予别的特权,以作为报答。

De Beauclair(1960)曾讲到现代苗人的一个信念,即认为人的灵魂可能以吸血老虎的形式在死后继续存在。格雷厄姆(Graham)所采集的苗族故事(1954年)中也有人变为虎的题材。类似的信仰亦见于广西的瑶族(据De Beauclair,1960)。上述材料和《后汉书》关于巴人虎崇拜的描写似乎有明显的联系,因而为巴人也是使用苗语的民族提供了间接证据。值得注意的是,根据《后汉书》的说法,羌的祖宗在被秦人追击时,曾得到一个老虎的幻像的保护。当他在一个山洞里避难的时候老虎救了他,使他不致被烧死。所以仅仅依据有关老虎的传说尚不足以辨认民族间的亲缘关系。不过从巴地出土的考古学遗物来看,它显得与楚的关系更为接近,这又加强了巴人与苗人相关而不是与羌人相关的设想。

楚文明是公元前1000年前在长江中游流域的蛮人部落中兴起的,后来对于秦汉时代具综合性质的中国文明有着独特的贡献。虽然楚转而使用汉语,最后取得与中原诸国同等的地位,但仍然有大量证据说明楚本来是自认为渊源于蛮人的。也许某些传统说法是对的,即说他们是来自北方,或者说迫于中国对外扩张的压力,当地人自发反抗,而促成楚国的诞生。但不管是哪一种情况，楚国的建立和文化的成熟都意味着楚人已使用汉语的书面语，最终也使用了汉语的口语。这意味着此时楚人抛弃了对“蛮”的认同，并且把周围未汉化的蛮人当作野蛮人。周人从戎人中分化出来的时候，也经历了同样的过程。

有少数几个用汉字转写的词可以肯定是来源于早期楚语的。《左传·宣公四年》说：“楚人谓乳穀，谓虎於菟。”《后汉书》也引用了同样的词，不过把“老虎”写作“於檡”。据颜师古的注，第一个字“穀”，可以按通常的读法读作 kowk（早期中古音）或 now（早期中古音）。后者的读法在谐声系统里是很特别的。《说文》的确有“穀”字，意思是“乳房、胸脯”，这个字在《广韵》音系里读作 kowʔ、nowʔ 或 nowh（皆早期中古音），最后一读是异体字“穀”的读音。带 n 声母的读法好像是汉语词“乳”（早期中古音 nuaʔ）的变读。我不能提供进一步的线索来解开这个谜。对称老虎的词“於菟”的诠释有更多的可能性。这两个字可以拟测成 ʔia-thɔh＜＊ʔà-lhàx（早期中古音）或者 ʔia-ciajk＜＊ʔ-Ihàk（早期中古音）。《方言》将这个词引作“於䖘”。郭璞注说：“於音乌，今江南山夷呼虎为䖘，音荀窦（早期中古音 kowʔdowh＜kɔʔ-lŏwx——笔者注）。”这两个词引起我们的兴趣，不仅因为异写，而且因为借此可以肯定现代苗瑶人的假定的祖先确实使用这个词。

梅祖麟和罗杰瑞（Norman）将这个词与南亚语系中古孟语的 kla、古高棉语的 klă 和高棉语的 khlā（猫）等比较。这是十分有说服力的。在缅—彝语里也可以找到相同的词：缅语 kya：（缅文碑 klya）、拉祜语 lɑ 等。正像梅祖麟和罗杰瑞所提出的，标准汉语“虎”（早期中古音 xɔʔ）也有可能来源于这个词。我把这个“虎”字拟测为＊xwláʔ。

如果汉语的 * xwláʔ 确实与上述南亚语系的虎是同一个词(这是可能的),那么,它可能是一个早期的借词。从苗人以虎为中心的神话学观点来看,蛮语的这个记号不太可能是借词。如果苗瑶语最终与南亚语系联,那么楚语中的这个词可能是原始的苗瑶语词汇。能不能将它与今天苗语方言中的 cyo 和 tśo 等形式关联呢?目前还不清楚。

历史早期的苗瑶人,其居住地的东境在哪儿呢?上文曾述及畲——现代苗瑶人的东部分支,我们对这个现在见于浙江、江西和福建的民族所知甚少。"畲"字也读作 she,意思是"刀耕火种"。可能正是因为这种农耕方式的缘故,他们被称为"畲民"或"畲蛮"。另一方面,这个词跟"舒"(早期中古音 ciz)很接近。"舒"是一个族称,《左传》好几次提到它,说它位于楚和徐之间,被称作"群舒"或"众舒",似乎是没有组织的部落,而不是中国式的城市国家。据杜预注,其住地与安徽的庐江邻接,即在楚和吴之间。他们很可能是现代"畲"的先民。

福建旧名"闽"(早期中古音 min< * mrən),在语音上与"蛮"(早期中古音 mam<mrán)相近,它们可能是同一个词的不同变体。虽然分布于浙江沿海到越南的"越"语应属南亚语,而与现代的越南语有关,但在南亚语人到来之前,这些地方的原住居民可能是向东方移居的蛮(苗瑶)人,他们的后裔可能至今仍然居住在内地。

疍是现代福建和广东沿海地区的船民,其名见于唐代以前的文献。有证据说明人们本来是在陆上定居的,不像现代疍民那样,因某种限制只能在水上生活。关于他们原有的语言,我们现在一无所知,而且他们也不属于现代中国已经识别的少数民族。有的现代中国作家(如 Liu,1969:780)将其归类为苗瑶，但是没有提供有力的证据。

四、台语及其相关的语言（卡代语）

大家知道台语是泰国和老挝的国语。台语还包括缅甸的掸语和阿萨姆族统治者曾使用的今已消亡的阿霍姆(Ahom)语。说台语的人群离开中国向南方迁移进入东南亚，已有大约千年的历史。虽然现在普遍认为南诏国的统治者不是泰人，但是其臣民中包括泰人是没有疑问的；而且，泰人向南方和西方的扩散，看来是和南诏国的命运相关的。大量泰人仍然留居在中国，特别是在广西、贵州和云南。还有些泰人的族群成为越南北部的少数民族。

严格意义上的台语，其内部分支之间的关系是相接近的。这无疑反映他们到晚近才得以分化。李方桂(1977:7)将台语分为三个语群：(一)南部语群，包括泰语、老挝语、掸语和越南、泰国、缅甸、中国云南境内的各种人口较少的语言。(二)中部语群，包括越南北部土语(Tho)的各种方言以及广西的各种方言。(三)北部语群，包括贵州的仲家语、布依语方言和广西的壮语方言。关系较远一些的语言有海南岛的临高话(Be)，以及广西壮语区以北、贵州和湖南南部的侗语和水语。

对上述语群内部各种语言之关系的描写已经很好地建立起来了。有一些至今了解不多的语言据说与这个语群有关。白保罗(Benedict，1942)将其中四种，即海南岛的黎语、贵州的仡佬语、越南北部的拉支(Lati)语和拉卡(Laquai)语，归并在一起称为卡代(Kadai)语，根据他的意见，这些语言可以把泰语和南岛语联系起来。这一组语言现在还得加上新近发现的 Lakkia 语。这种语言看来肯定与台语有关，在广西的一个说瑶语的民族聚居区中有一小群人使用这种语言(Haudricourt,1967)。这种语言与台语相关的可能性，因最近得到的有关黎语的知识而加强了。Haudricourt 认为与其将这些语言归并成一群，与台语相联系，还不如将它们分开来。所谓 Kadai 语，其内部各语种的相互关系与它跟台语的关系一样疏远，应该将他们分开来比较。这个意见从地理学的观点来看更为明智。

在中国文献上很难追溯狭义泰人的早期历史，中国现代台语人口最多的民族是广西的壮族，用“壮”这个名称称壮族是明代之后才出现的，芮逸夫认为在宋代的文献里用“洞”来指当时的壮族。他的看法无疑是对的。“洞”也写作峒，是一个地域单位，而不是一个族称。有人假设，“侗”的情况也一样，“侗”这个与台语相关的民族自称为 Kam，但汉族人称他们为“侗”。“洞”(早期中古音 dowŋh)似乎是代表土著的一个词，意思是“山洞”或“山间溪谷中的平地”。据爱知大学《中日大词典》解释，“峝”是一个壮语词汇，意义与“洞”相同，外形不同。这个词在某些用法里意义转化为“村庄”，这无疑反映了泰人的居住模式，词义进一步引申，就可能用作生活在这样的居处的人的专有名词。使这个问题复杂化的是，汉语也用“洞”这个词，意谓“山洞”、“洞穴”。虽然这个词不见于先秦经籍，但是在早至 3 世纪的文献中就已经有此词了(见诸桥辙次《大汉和词典》)。可以假设这个字和当时泰语的那个词无甚关系。

芮逸夫把“獞”(现在写作僮或壮)和“溪”联系起来，认为是同一民族。“溪”在南朝的一些文献里用作族称，这样他试图把壮的历史推到唐代之前。“溪”的意义很明白，是指“山间的溪流”，主要是一个地理名词。上述南朝时代的“溪”指湘西的“五溪”，湘西是山区，现在仍由苗族和藏缅语系的土家族占住。在较早的时代，那个地区似乎也有与泰人有关的民族居住。甚至今天侗人的居住处还延伸至湘南。不过芮逸夫的论点似乎十分脆弱，他特别主张把南北朝时代的“溪”与壮等同起来，并认为所谓“北壮”是从湖南向南移入广西的。他所找到的证据是“洞”用作“溪”人居处的地名，但是这只能在更广泛的意义上与泰人而不是与壮人相联系。有关渔业在其文化中的重要性的证据也一样。“黄”姓在溪人和广西的壮人中间都有，可是这也不足以作为移民运动的证明。

芮逸夫有一个观点显得特别华而不实：他认为从语言学的角度来看，壮人不可能从南边和东边粤人的地盘移入广西，也不可能从西边仡佬人的地盘移入广西。因此他推论说，壮人只可能来自北边。这就排除了壮人至少在为他所论及的时代是广西土著的可能性。事实上，最后他也正是说所谓“南壮”可能是广西土著。

现代泰人的分布，包括关系较疏远的侗水语民族在泰人北边的带状分布，强烈暗示在历史上他们并不是从更靠北的地区移入目前的居住地的。也许南北朝的“溪”跟现代的侗水族一样在文化和语言方面与泰人同源，但他们并不是狭义的泰人。

上述说法把我们带进这样一个问题：泰人与仡佬人或僚人的关系问题。不幸的是，虽然在公元 3 世纪以后仡佬人在中国历史上曾扮演重要的角色，但是它已濒临绝灭，而我们对它的语言所知甚少。只有一些政府官员和传教士搜集的简短的词汇表可供利用。就这些材料可以比较研究仡佬语和泰语的基本词汇及其成系统的语音对应。下面这张表以Benedict的著作(1942)为基础,北部仡佬语(N. KL)的材料是克拉克(Clarke)收集的(1911),南部的仡佬话(S. KL)的材料取自Lunet de Lajonquiére(1906)在越南北部调查所得的词表。原始台语和泰语材料取自李方桂的著作(1977),水族材料也取自李方桂的著作(1965)。虽然证实起来还缺少足够的材料,但仡佬语和台语看起来是很有联系的。

	北仡佬语	南仡佬语	原始台语	泰语	水语
狗	mu	mǎ	* bma	maa	mu
猪	ma	miǎ	* hmu	muu	mu
火	bai	p'i	* vɛi	fai	wi
禽	kai		* kai	kǎi	qai
眼	dau		* tra	taa	da
耳	rau		* xr—	huu	qha
齿	bd		* v—	fan	wjan
足	k'au		* kha	khaa	pa,qa
手	mau		* mwī	mū	mja

Kelao这个名称在现代汉语中写作“仡佬”,读作gelao或ch'ilao,旧时写作“犵狫”,最早见于宋代。这个双音节词从唐代之后还有别的写法,包括葛狫、獦狫、犵獠和犵獠。在元代还有土老蛮和秃剌蛮这两种写法。马可·波罗所提到的Toloman或Coloman一定就是这个民族。

在唐代之前的文献里一般只是见到单音节的“獠”字,不过正如芮逸夫所指出的(1948),“獠”与后来的“犵狫”是同一个民族。这几乎是毋庸置疑的。这个名称最早见于公元3世纪的文献,那时候汉语的复辅音声母可能还不存在。可以推测这个字的读音有点像 klawʔ 或 glawʔ。De Beauclair(1946)指出仡佬的自称是 glao,芮逸夫所提出的形式是 klao,两者所指必定是同一个词。《广韵》“獠”字另有一读,作 tɑrwʔ(早期中古音),更早的形式是 * tráw(在相关的时代也许更像是 * talwʔ)。第三种读音,晚期中古音为 liaw,早期中古音为 lew(这是意谓“夜猎”的一个旧词的读音,与“仡佬”的名称毫无关系。但是西方文献有时误以为这也是“獠”这个族称的读音)。

最早提到“獠”的历史资料是《三国志》及其注中引用的著作。《蜀书》张嶷传引用陈寿(233—297)《益部耆旧传》中一段,要旨是说马忠于233年平定南方以后,牂牁与兴古两郡獠人再次叛乱。这次事件使獠人定居于今贵州和云南西部。[1] 在《三国志·蜀书·十一》里后出的资料说在永昌郡曾有反夷獠的运动,永昌郡在更远的西部,即今云南。晋代以后修纂的关于四川的地方志《华阳国志》也屡次提到獠。此书有的地方用了双音节的“鸠獠”(早期中古音 kuw-lawʔ),从而把这个词的双音节形式的产生年代提前了;双音节形式在唐宋之后才变得很普通。

下一个世纪獠部族侵入四川,给当时的成汉地方政权带

〔1〕 牂牁郡置于汉代,其地大致相当于今贵州省。《中国古今地名大词典》说兴古郡(其地在今贵州贵安县西一百里)“晋置”。这是错误的。兴古郡由三国蜀在225年所置(参见《华阳国志》卷四)。芮逸夫将《华阳国志》中的“牂牁、兴古獠种反”一句错误地标点成“兴,古獠种反”,因此误认为獠在此前已为人所知。《华阳国志》接着说:兴古“多鸠獠”。

来很多困难。有几种文献写得很明白,此前獠并不住在四川,只是新近才在南部山区出现。在南北朝的文献里继续提到獠,述及他们在四川和南方的祖居地。令人感兴趣的是南朝著作所提到的獠远在越南北部,公元 537 年有一个名叫李贲的当地叛乱者(可能是越南人),当被交州(河内)的中国官员击败和逼迫的时候,企图逃难到"屈獠"的洞里,但为人所杀,并交给追兵(《陈书》卷一)。这个不寻常的双音节词"屈獠"用在这里,证明它并不是广义的"獠",不可以泛指南方任何蛮族。"洞"这个词也令人感兴趣,因为它似乎说明獠人与泰人文化特征的联系。这使我们可以猜测"獠"的广义用法是指中国南方与泰人有关的人民,当地的用法总是有一些根据的。

在广东地区,俚、獠连用指当地非汉族居民(见《南史》卷六六和《隋书》卷八十)。在《隋书·地理志》里,南海(广东)和交趾(越南北部)的俚和獠是相提并论的,并无明显的区别。

俚作为一个独立使用的词,在后汉初期就已经产生,此后常见,系指广东和越南北部的土著(芮,1956)。芮逸夫曾费尽心机把俚和獠当作不同的民族区分开来,尽管他认为两者相关,有些重要的文化特征是相同的。作这样的猜想是不会太过分的,即与泰人相关的人群从广东沿海到广西、越南北部一直延伸到内地,通过贵州进入云南,在北部进入湖南和四川南部。毫无疑问,在汉人到来之前,他们在文化和语言方面已经有所分化,各自适应所在地区的环境。

可以想象,俚和獠在语言上是有关的。据调查报告,俚有多种不同的自称(Forrest,1965:102;Lebar et al.,1964:240),例如 Dli,Bli,Le,K'lai 和 B'lay。根据各种不同的前缀辅音，也许可以把这个词的原始形式构拟成 * kw'laj。其中有一个双唇舌根音，因为方言的不同，有时变成双唇音，有时失去圆唇因素，变成简单的舌根音，或者因 l 的同化作用而变成前置于 l 的舌尖前齿音。最初用来记录俚的汉字也包含某种古汉语的复辅音声母。假设双唇轻颚音加上一个 -r-，便可以对谐声系统里的各种声母作出最好的解释，如"里"、"狸"（早期中古音 liʔ＜ * wrəɤrʔ），"埋"（早期中古音 merj＜ * wrəɤ），"悝"（早期中古音 k'wəj＜ * xwrəɤʔ[ʔ]）。人们会期望早期中古二等韵 xwerj 和 k'werj 是从上古的 * x^wrɤ变来的。但是从上古-ə 韵变来的字并不多；也许在某些例字里唇音消失了，也许应该构拟成 * x^wləɤ。此外有"堇"（早期中古音 xuwk，tr'ik，tr'uwk＜ * x^wrək）。我提议把现代变成读 li 的字的声母构拟为 * wr-，不过历史上也许曾有过某种擦音声母[ɤw]。此外请注意，上古汉语的这个音节包含一个带央滑音[əɯ]的韵尾而不是-j 中的双元音，在现代泰语方言里还可以找到这种双元音。从最早的双音节词"鸠獠"（早期中古音 kuw-lawʔ）和"屈獠"（早期中古音 k'ut-lawʔ）来看，仡佬这个族称的上古语音形式可能是一个双唇软腭音。由此可见俚和獠这个名称在语音是相似的，可能相互关联。把"仡佬"或"獠"与老挝语的"老"联系起来是很吸引人的，但却缺乏正当的理由。不管怎么样，声调系统并没有预期的对应关系。

芮逸夫（1969）在讨论壮族族源时，排除了壮族和獠族在语言学上有关系的可能性。但是我们有证据提出相反的结论。如果假设在唐代之前泰人作为总称也包括俚人和獠人，那么我们不必再问他们是从哪儿来的。中国文献说泰人是吃人的野蛮人。也许从贵州荒僻的地方来到四川的部落民比广东的农民更为凶悍，开化的程度更低。不过他们有些共同的特征似乎与我们所知的泰人的特征有关。其中之一是住在楼屋里，楼上住人家，楼下的空间用于养家畜。在东南亚的许多地方，典型的泰人村庄都有这种楼屋。獠人对这种居室的称呼译成汉语说是“干栏”或“阁兰”（早期中古音是kak-lan），后者可以拟测成 * kǎ lan 或 * kǎ ran，其中第一个音节非重读。这个语音也许可以拿来与台语称“房子”的一个普通的词比较，李方桂所构拟的原始台语音是 * rïan，侗水语是 ɣan（水语）和 žaan（莫语）。在某些方言里，它们的声调并不规则。

獠人另有鼻饮、作为美容的凿齿等习惯。据说獠人跟泰人和高棉人一样，不分宗族，这显然与汉人不同。此外，他们的姓氏模式、父系传承也和汉人不同。据报道，獠人和俚人都从事贩卖本民族人民甚至亲戚为奴隶的活动。至迟从汉代开始一直到晚唐甚至更晚，南口有活跃的奴隶贸易。这需要进行更深入的研究。与泰人相关的民族无疑是这种奴隶的主要来源之一，但是我们怀疑与 17 至 18 世纪的非洲一样，社会道德的败坏是汉人的需求造成的，并不是土著民族本身自然堕落的简单结果。

獠和俚的一个显著而重要的文化特征是铜鼓文化。不少文章讨论及此，立刻使人想起越南的东山文化和近年来出土的云南滇系青铜文化。上文已说到獠最早见于牂牁郡，该郡在滇东邻的贵州，其地属夜郎国；不过也有著作认为他们在更远的西部。证明滇青铜文化即是泰人文化这是很吸引人的，不过条件还不成熟。大理和昆明有一种不属汉语的土著语言，从前叫民家话，现在中国人称其为“白”语，相当于当地人的自称 Ber 或 Pe。芮逸夫（1951）曾假定这个词和僰

(早期中古音 pək)是同一个词。在汉代用于指当地居民,尤其是用于“僰童”(意即僰奴)中,从汉代到现代一直这样用。可惜的是白语(民家话)归属仍未确定。白语的许多词汇是从汉语借来的,包括部分近期从汉话借入的词汇和层次更古老的借词。尽管如此,它仍然有一个非汉语的基本词汇层次,句法在许多方面也是非汉语的。曾有人证明这个层次属于孟—高棉语或泰语,不过显然没有充分的根据。目前恰如其分的意见应该是:这个层次属于藏缅,而与彝有关(闻,1940)。不过必须指出大理是南诏王国(公元 8 至 13 世纪)的中心,它的统治者最可能的是彝族。所以彝语的成分即是在那个时期产生的。“白”这个名称则来源于南诏的臣民,其实“白语”自有不同的语言背景。白语之中有没有从南诏之前的居民中遗留下来的更深的底层,还有待进一步研究。

五、南岛语(马来—玻里尼西亚语)

南岛语是一个分布辽阔的语系,从夏威夷一直延伸到马达加斯加,不见于当代的中国大陆。然而多种多样的台湾土著语言却属此语系。关于这些语言在南岛语系内部的分类是意见不一的。有些学者把它们当作独立的分支,即北南岛语,与另两个分支——西南岛语(即印尼语)和东南岛语(即大洋洲语)并列。另一些学者看到它们与菲律宾诸语言关系密切,将它们当作西南岛语的一个次语群。还有一种理论将此南岛语、阿泰亚尔语(Atayalic)、台湾诸语言跟别的南岛语分开来,列为南岛语系的一个独立的主要的语支。有一点似乎是明确的,即南岛语的使用者曾长期住在台湾。根据词汇统计的结果,有人甚至认为台湾可能是南岛语的主要散布点(Dyen,1965)。可惜的是,如果缺少别的证据,那么,词汇统计学作为解决此类问题的方法便完全是不可信的。

我们目前的看法是:最重要的问题不在史前台湾与它南部岛屿的关系,而在台湾在文化上与大陆的联系。根据张光直(1977:87)的研究,台湾北部大岔坑的绳纹陶文化,依碳14测定,年代是公元前3500年左右。这种文化与大陆福建和江西的新石器文化有关,这两地的文化目前可以追溯到公元前7000年。台湾西南部的凤鼻头文化,年代在公元前1000年至2000年之间,张光直(1977:169)将其归类为龙山型,与大陆沿海文化关系甚近。(对两者关系有另一种解释,请见Meacham,第六章上)

中国南方和台湾原始南岛(?)人民的这种考古学上的联系,与白保罗(Benedict,1942;1975)以下理论有关,即认为台语,包括卡代语,与南岛语有发生学上的关系。但很可惜,这种语言学上的关系还未被证实。有一些引人注目的对应,例如“眼睛”,印尼语是mata,泰语是taa< * tra,更早的形式是 * pra,塞克(Seak)语是praa;“死”,印尼语是mataj,泰语是taai< * traj,更早的形式是 * praaj。但是白保罗扩大比较范围以构拟假设的原始澳泰语的努力,并没有得到广泛的认可。他进一步假设居于东南亚和中国南方的原始澳泰语的居民在文化上曾处于领先地位,早期汉语的许多文化词来源于澳泰语。这种设想仍然难以令人信服。更加可信的是中国文明在形成过程中受南方文化影响,作为媒介的主要是南亚(孟—高棉)语,而不是台语或泰语。

对于台湾的早期居民及其与大陆的关系这一问题,似乎很少有早期的中文文献可资参考。直到中古时代,资料才提到台湾。对于解决这个问题,这些资料的时代太晚了。

六、澳—亚即南亚(孟—高棉)语

从现在藏缅人、苗瑶人和泰人的分布来看,我们多少能够猜测:史前时代藏缅人住在陕西和四川北部,苗瑶人住在扬子江河谷,泰人则远在自云南东部经广东延伸到越南北部一线。而史前澳泰人沿海岸之向北延伸,也许远达淮河河谷和山东半岛。这一点是令人惊奇的。如果它能被演示出来的话,那么,它便明显有助于解释东南亚和中国史前文化的联系及其对新生的黄河文化的影响。

南亚语系首先包括两个主要语言:孟语和高棉语。许多世纪以来,这两种语言在东南亚扮演了重要的角色。所以,下文有时用孟—高棉语指整个语系。孟人曾统治低地缅甸。他们将字母和别的文明因素传给缅甸人,在缅甸及其与泰国接壤的地区他们是正在萎缩中的少数民族。虽然高棉人或柬埔寨人仍然维持了一个独立的国家,但同他们以前的国家相比,这个国家是大大缩小了。

南亚语系还包括东南亚的许多部族语言,其中包括中国云南崩龙和佤这两个小飞地。对我们的探究更为重要的越南语也是一种南亚语。因为它有与汉语、苗瑶语和台语相似的声调系统,马伯乐(Masprro,1912:116;也见于1952)认为越南语与无声调的孟—高棉语没有关系。然而豪特里古尔(Haudricourt,1954)已经证明越南语的声调和其他南亚语的音段特征有成规律的对应关系;虽然越南语掺杂了很多与泰语共有的汉语词汇,但其基本词汇仍然是以孟—高棉语占上风的。跟越南语很接近的是越南的芒(Muong)部落的语言。越南的中心地带红河或河内东京湾地区,从唐代末年起就独立于中国。但在公元前208年被秦征服之后的一千年,大部分时间受中国统治。在汉代它是南越的一部分,现代越南的国名即出于此。越有时称百越。此名也用于统称广西、广东、福建沿海的非汉语居民。更早的时候,越还是浙江的一个国家的名称,在春秋战国末期,这个国家曾发挥重要的作用。越这个名称所指的地理位置,最初在浙江,后来扩展到沿海地带。对于这一带居民在民族的语言上的一致性,这是一个主要的证据;尽管不能说据此足以证明上述一致性。我们知道,中国人不可能误用一个熟悉的名称来指称不相干的民族。可以想象,这个历来沿用的名称是不大可能被误用的。

有些语言学上的直接证据有利于下述假说:中国沿海越族地区曾使用一种像越南语那样的南亚语。梅祖麟和罗杰瑞(1976)曾指出这一点,下文拟引述他们所举的例子。

郑玄《周礼·司关》注中说:"越人谓死为札(早期中古音tsert)。"在《周礼·膳夫》中,这个词作"大札",注称"疫疠",但未述及越语。《左传》有两段话(昭公四年和昭公十九年),提到这个"札"字,《释名》中也有这个字,在有些本子中这个字还加上一个部首,即"疕"。由此可知,中国人在汉以前已经知道这个词,这几乎可以排除下述可能性:这个词是从广东和东京湾那遥远的地方借来的。正像梅祖麟和罗杰瑞所指出的,这个词必定跟越南语的 chêt(死)同源,也跟南亚语表示"死"的通用的词同源。试比较孟(Mon)语 chot、奇劳(Chrau)语 chu't、巴拿(Bahnar)语 kɣcit 以及梅和罗所列举的别的形式。肖托(Shorto,1971:60)把这个词在原始孟—

高棉语里的形式构拟为 * kcat。正如梅和罗所指出的，用这个词表示"死"跟汉藏语、苗瑶语和泰语大不相同，但说它是南亚语却是不会错的。

另一个从南亚语借入而在汉语中通用的词是"江"，特指长江。这个词至今仍然常用，其早期中古音可拟为 kɔrŋ< * kráŋ。在下述语言里无疑也有这个南亚语词：古孟语 kruŋ，巴拿语及色登(Sedang)语 kroŋ，越南语 sông 等等。泰语词 kloŋ(运河)不见于常见的台语，它如果与南亚语有关的话，那么可能是从孟—高棉语单独借入的。藏语里的 kluŋ，c'u-kluŋ(河)和缅甸语里的 khyauŋ(大溪水、小河、支流、溪流)，也可能是从南亚语借入的。梅和罗(1976)则认为这个词是通过长江中游的楚国进入汉语的。这意味着南亚语可能经过了从沿海地区向长江流域的扩散，很可能是通过长江下游的吴国进入汉语的，而吴国的语言和文化跟越相关；也很可能是通过淮河湿地和山东的夷进入汉语的。似乎主要是在吴地才用"江"指长江以外的河流，值得注意的是，《国语·吴语》有两处用"江"指称吴江或松江，这条江发源于太湖，经苏州到上海入海。

现在，已经有人讨论到南亚语和汉语中"虎"一词的互相关系，认为它先借入楚语，然后借入长江中游的蛮方言，或者这个词是南亚语和苗瑶语的共有词。

梅祖麟、罗杰瑞还试图论证汉语的"牙"字(晚期中古音 ŋja；早期中古音 ŋar/ŋɛ)来源于南亚语，引证的例子有越南语 ngà(象牙)、原始墨农(Mnong)语或巴拿语 * ngo'la(獠牙)、台语 ŋaa(獠牙、象牙)。这较难令人信服。因为这个词不仅在南亚语内部分布不广，而且在南亚语和台语里词义狭窄，说明这个词是从汉语借入的，而不是相反。

南亚语、台语和汉语中都有“弩”(早期中古音 nɔʔ＜ *—naʔ)这个词,它可能是从南方借入汉语的;不过,若没有战国之前的文献材料,则上述证据在时间上太晚,不足以证明中国文明在其诞生前夕已经受到南亚的影响。

梅和罗曾举例说明闽语的一些口语词来源于南亚语,亦即意味着在汉人进入福建之前,当地有一个澳亚底层。这些证据是很有意义的。

福建的汉语方面可能来源于唐代之前中国南方普遍使用的口语,这种口语跟上层阶级的文学语言大不相同。文学语言是公元 314 年西晋灭亡时从北方传入的。在文学语言中,口语词汇可能仍然保留。这些词汇不仅在福建,也曾经在其北部的浙江和江苏流行。

这类语言学上的证据可以支持这样的结论:古越人在语言上和现代越人有关;越这个名称从一地扩散到另一地,其基础即是各地居民的相互认同。很可能,吴也属于南亚系统。

往北一些,在淮河流域的湿地和山东地区,是东夷的所在地,亦即是通常被看作商文化直接源头的龙山文化的所在区。夷与我们正在讨论的别的古代民族一样,其语言肯定不是汉语。古代中国人称野蛮人为夷。“夷”在春秋早期有时用作泛称,同时也一直用作专称,尤其是指淮河流域的夷。那儿的夷人曾建立一个可以辨认的政治实体。

夷被认为是非汉族中最文明的民族。这是正确的。其例证之一是一个关于徐(夷人的国家)偃王的不寻常的传说。根据《韩非子》,徐偃王通过孔子的仁义教化称霸于河南,其领土向西延伸至于汉水。后来因为不忍人民在战争中冒生命的危险,他被楚国用武力推翻。这些事情的年代被韩非定于楚文王（公元前 689—前 677）时代，但是在《春秋》或《左传》中并无记载，所以很难成立。《史记・秦本纪》有两处提到徐偃王的一次叛乱，其时代要早得多，即在周朝第五世的周穆王时代。如果这个传说确实有历史事实的根据，那么它发生的时间，以《史记》所见较为正确。徐偃王可能曾是企图取周而代之的夷人领袖。他擅自称王，对周的主权构成直接的威胁。传说他追求文治而避免使用武力，这是令人感兴趣的，虽然我们并不能确切地知道是否真有其事。

从后来的文献来看，偃王很明显是为徐国人所崇拜的人物。张华《博物志》有一段引用《水经注》，叙述偃王诞生的奇迹，并且提到在他死后为他修庙纪念，内容与其他本子的《水经注》略不相同。《博物志》把偃王时代定在穆王时代，但是说他是被受命于穆王的一位不知名的楚王推翻的。《后汉书》关于东夷的一章中有内容较简单的一段，显然是源出上述故事的。与《水经注》的引文一样，《博物志》的引文也是根据刘成国（即刘熙，后汉的知名学者，《释名》的作者）的《徐州地理志》。刘熙与汉代皇室成员一样，是徐地人，这也就是为什么他要记载徐国历史的原因。

在龙丘（今浙江龙游）也有一座纪念徐偃王的庙宇。唐代作家韩愈曾撰纪念碑文，记载 814 年一位徐姓官员修复此庙的事迹。碑文说当地有许多人姓徐，皆以偃王为祖宗，当地有一传说，说偃王失败后南逃至越。尽管韩愈没有述及这个传说产生的年代，但他揭示古代夷族和越族可能有某种关系，这还是令人感兴趣的。

从汉代到隋代，龙丘称为“太末”，此前称为“姑末”（早期中古音 kɔ-mat＜＊ka-mat）或“姑蔑”（早期中古音 kɔ-met＜＊ka-ˊmɑt；我猜想硬腭因素来源于前缀，而不是介音）。这个地名到汉代又变为“太末”，这暗示它可能是个越语词，在《左传》和《国语》里都有姑蔑这个地名。在《国语》里，这个地名被当作越国领土极西部的标志，注家将其定位在太湖之中。《吴越春秋》则用“姑末”取而代之，称之为越国的南极；注解则说它与太末(龙丘)是同一个地方。越国是否有两个地方都叫姑蔑或姑末？这是难以决定的。然而还有一个姑蔑远在鲁国北部，即现代山东泗水东部(《左传·定公二十年》)在《春秋》及《穀梁》、《公羊》的注解里，这个地名也简称“蔑”(《左传·隐公元年》)，或写作“眛”或“昧”(眛，早期中古音 mat)。这样一来，在山东和浙江各有一个相同的双音节地名，它们所记录的可能是同一个非汉语的词。这两个用例都使人有理由猜想首音节曾是一个可以分开的成分，或相当于汉语的“太”(大)。我们也可能如此辨认“姑苏”的第一个成分。姑苏是山名，吴的首都即建于此山，现代地名苏州也出于此。所有这些推测虽然不足以确证下来，但是可以令人猜想山东和淮河地区的夷语跟吴越的语言有关，广而言之，即与南亚语有关。从这一角度看，汉语和南亚语的最早接触大约是通过夷语的。

当然正是因为互相间的接触非常频繁，所以张光直(1977:174)把杭州湾龙山文化(良渚文化)跟山东和苏北的典型的龙山文化归并在一起，称为沿海龙山文化，以与远在内地的中原龙山文化并列。这样一来，考古学和语言学的方向便似乎是一致的了。同样令人感兴趣的是最近发现的广东石峡文化，它表明广东与新石器时代的江西、苏南、浙北也有联系(苏秉琦，1978:17)。

七、东北蛮族貊、穢及其他

最早用于称东北蛮族的词是“貊”(早期中古音 marjk< * mrák)。一个奇怪的问题是这个名词也常常写成“貉”字,即读作 ho(早期中古音 ɣak),原指一种或是貉,或是貛的动物。然而作为族称,《广韵》“貉”的读音和“貊”相同。令人吃惊的是,这个字的声符是“各”(早期中古音 kak)。不过它并不是独一无二的,《广韵》另有一个字“翗”,早期中古音 p'ak,pak,意为“飞开”。类似的舌根音和双唇音的交替有时可以用双唇——舌根复辅音来解释,但是这个例子里舌根音并没有双唇化。对其中的原因我目前还不能作出解释。

《诗经》有两处提到“貊”。第一处见于祝贺韩侯受封的诗《韩奕》,说韩侯被赐予管辖追、貊二地。关于这个封地的位置,注家意见不一。有人将其定于陕西省的韩城,但是《水经注》卷十二提到河北北部有一韩城是“韩侯城”。这一定是对的。这首颂诗曾提到雇燕师筑新城。但是,有些现代学者怀疑周代早期在燕有一块封地,正如顾立雅(Creel,1970:357ff)所指出的,在那个地区西周的史迹还有待出土(也参见 KK1947. 6:370)。看起来,在相当长的时间里,当地土著并不是使用汉语的,但这也并不意味着周的领主不会在那儿筑墙修城,并用周的军队卫戍。

《诗经》第二次提到貊是在《鲁颂·閟宫》中。它夸大其词地赞扬鲁公子不但使淮夷效忠,而且也使蛮、貊和南方的夷效忠。其中淮夷最接近鲁。据别的资料,鲁从未将疆界扩展到那么远,但是这首颂诗至少为貊在周朝早期是一个蛮人实体提供了旁证。《左传》没有提到貊,也许长城(当然当时尚不存在)以南的貊在春秋时代汉化了。

貊,在《孟子》里有一段令人感兴趣的话,指出貊的贫穷、落后,断言在五谷中此地只种植粟,没有城市、房屋、庙宇、牺牲礼,也没有外交上的礼物交换和政府官员。至于貊住在哪里,此书并未述及。《墨子》中的有关段落将其住地定于东北方,接近燕、代(山西北部)和游牧民族胡。可以假定,这里所说的民族是指当时住在燕地之外的满洲南部的人民。貊在当代曾重新出现在这个地区。那时候貊还有另一个名称Wei,写作穢、獩或濊(早期中古音 ʔuaj^h < *ʔwàts,濊字用于别处有许多别的计法)。目前还不清楚 Wei 本来是不是单一的民族——也许曾被貊征服或反之,也许是同一民族的不同分支;但我们知道,在汉代出现了两个族源为穢—貊的国家,即夫余和高句丽。《后汉书》和《三国志》对这两个国家的饶有趣味的叙述,主要是根据公元 3 世纪的《魏志》。《魏志》说,夫余在满洲东部,即在今长春周围,高句丽在更东更南的地方。又说穢—貊的一个分支沿朝鲜半岛的东海岸而南下了。

暂且不讨论民族关系问题。令人感兴趣的是,《后汉书》和《三国志》所述夫余,曾模仿中国制度,在中国边境建立国家。它是个农业国,畜牧和田猎同样重要,阶级分化非常明显,官员和战士属较高的阶级,田耕者和不直接参与战争的仅为战士供应饭食的人属较低的奴隶阶级。从中国人的观点来看,夫余人(也许是较高的阶级)在饮食器具、服饰和礼仪方面已经相当汉化了。他们有很严格的刑律,杀人者抵命,其家属充作奴隶,采用中国旧时的秦律;而且像古代中国(不包括汉代)那样,贵人去世时要以大量随葬品陪葬。他们有“弟接嫂”的习俗，即兄死后由其弟与兄嫂婚配，这与匈奴人一样，而不同于中国人。他们敬天有神龛，但是用牛角来占验，而不是用牛的肩胛骨。如果因干旱或雨水过多，统治者就会受到责难并有可能被撤换或处死。

在关于夫余的研究报告中，与夫余的缔造者东明有关的天子神话是很有意思的。这个故事不仅见于上述神话，而且见于大约成书于公元 100 年的王充《论衡》。所以这个故事在后汉早期的中国一定是很流行的。根据这个故事，东明的古国在更靠北的橐离、索离或高离。有一次国王外出不在家，他的一个侍女怀孕了，国王回家后要杀她，她说曾有一个鸡蛋状的气团从天而降，她因此怀孕。孩子降生后，国王将他关在猪圈里，可是猪用气息温暖孩子的身体，使他不致死去。国王将其关在马厩里。结果也是一样。国王怀疑这孩子是天之子，就允许他活下去，让他做马夫。后来国王又怕这孩子会篡夺王位，再次企图杀死他。这个叫东明的孩子便逃避至施掩河以南，摆脱了追兵。渡河时他以弓击水，水下的龟鳖浮起成桥，供他过河，过河之后即隐去。后来他在夫余建立了自己的国家。

对《诗经》中后稷传说略作回想，可以加深夫余是按周朝模式建立国家这一印象。如果真的如此，则东明对于我们理解中国的天子观念便是很重要的。把这个王朝缔造者的神奇诞生与天联系起来，并给天子以实际的而不是比喻的意义，在这一方面，东明故事比后稷传说要明确得多。不幸的是，我们不知道夫余的历史发展。对于夫余的社会政治组织之类型的描述看起来是汉代中国的非常古典的术语。夫余是否真的如此古老，以致能够在中国找到一个直接的模型？也许我们应该寻求一种更古老的思想，这种思想在国家形成之前就已经产生,而为周和夫余所共有。用这种思想可以解释较晚出的两个观念:社会分层和统治权天授。在遥远的西方也有与此明显类似的天子神话,不仅见于希腊神话和罗马神话,也见于基督降生的故事。天子神话在中国北部和东北部很普通,但却不见于中国南方的民族,这是很有意思的。就我所知,中国南方民族(蛮族及其他民族)原始神话中的神奇降生故事,没有这种特征。

高句丽后来移入朝鲜半岛。朝鲜在隋唐时代分为三国,高句丽是最靠北部的国家。西南部的王国百济据说是由从夫余来的入侵者建立的,这样一来,穢—貊显然在某些方面与早期的朝鲜历史有关。他们可能迁移到更远的地方。根据关于日本王室渊源的"骑士"理论,在公元 4 世纪时,百济曾侵入日本,这意味着最终夫余也侵入了日本。这一理论是江上波夫(Egami,1967)提出来的,后来莱迪亚德(Ldeyard,1975)对它有所发展。当然,我们尚不能说明这些入侵者是不是那些约在公元前 1000 年居于北京附近的貊人的直接后裔,也说不清貊人在不同的居住地其种族和语言成分被冲淡了多少。

我没有发现任何证据,可以让我们推测貊人在周代被中国人认识时的语言。貊和蛮这两个种族名称在语音上相似。根据这两个字在中古汉语的音节类型,其声母在古汉语中可以构拟成复辅音 * mr-,与"闽、苗"一样。这两个字声母之相似,也许是和《诗经》中之蛮、貊并论相对应的。貊和蛮在语音上的联系带有暗示性;但是因为没有别的证据,关于貊与苗瑶相关的假说,其说服力是很脆弱的。我们倒是有更多的理由去寻找貊与北方民族的联系。

在《三国史记》里有些关于高句丽语言的证据。《三国史记》是一本追溯朝鲜早期历史的著作，编纂于高丽王朝。这个文献材料是非常有意思的，其中有些词汇(包括几个数词)与日本语明显相似，因此引起很多争论。它是不是与貊的语音问题相关是另外的问题。当高句丽在朝鲜北部建国之前，另一些民族可能与这个问题相关。

汉代之前中国人所知的东北地区的民族还包括：

1. 东胡——鲜卑(* Särbi)和乌桓(* Avar)。可能即是原始蒙古族。

2. 挹娄(早期中古音 ʔjip-low)。生活在夫余东边，远达海岸。据记载他们是粗鲁而耐劳的养猪人，与家畜同住在洞穴中。这些人可能属通古斯族。

3. 韩(早期中古音 ɣan)。生活在朝鲜半岛的低地部分，有三个主要的分支：东部的马韩、西部的辰韩和最接近日本半岛南端的弁韩。每一个分支又分为许多小国。这些人可能是朝鲜人的祖先。

蒙古语和通古斯语是阿尔泰语的不同分支。在朝鲜语和日本语之间以及在它们和阿尔泰语之间，在类型上相似。有些学者认为它们在发生学上与阿尔泰语有关，但是他们力图说明两者联系的努力并没有充分的说服力。卢因(lewin，1876)对这个问题的总结颇有见地，他认为这两种语言可能都有一个南岛语的底层，这底层之上则是征服者带来的阿尔泰语。现在我们感兴趣的是这个阿尔泰语上层的源流会不会是貊话。如果真是如此，那么从史前时代开始，使用阿尔泰语的民族就已经与中国人有所接触了。

八、北狄

狄(早期中古音 dejk,注意与藏缅的氐——早期中古音 tej 相区别,氐跟羌有关)是北方野蛮民族的通称。[1] 就像蛮、夷、戎各是南方、东方和西方野蛮民族的通称一样,这些狄人分为赤狄、白狄两个主要的支派,春秋时期主要见于今山西省,过黄河延伸到陕西东部,又向东越太行山进入河北西部。

《春秋》、《左传》屡次提到狄,特别是提到它与晋国的关系。相互敌对是他们和中国人的典型关系,不过也不总是这样。晋文公重耳在就位之前即曾在狄人之中避难。春秋末期,狄的领土大部分是在晋的控制之下,他们的汉化一定有较快的进展。战国早期,以河北邯郸为首都的中山国曾有一个鲜虞王室,其祖宗是狄人。除此之外,它与那个时期在中国的其他国家没有什么区别,它在公元前 295 年被赵国兼并。

---

〔1〕 马长寿曾引用《管子》称狄为"骑寇"的一段,但是由于《管子》的年代不能确定,所以这条材料作为证据价值不大。作者可能把年代搞错了,那时候中国的北方敌人是很著名的骑马民族。马长寿又曾引晋杜预和隋刘炫的《春秋左传》注作为证据,认为狄是以帐篷为居处的游牧民,这更加可疑。原文未作任何进一步的说明。马长寿承认,根据《春秋》和《左传》的其他部分,至少有一部狄明显拥有像中国人的那样的城市。

马长寿把狄与后来的草原游牧民族联系起来的另一条线索是色彩的名称,即用不同的色彩表示不同的社群,后来的草原游牧民族从匈奴开始则以不同的色彩表示不同的方向,红色表示南方,白色表示西方,黑色表示北方,蓝色表示东方,黄色表示中央。他说,其中只有南狄(红色)和西狄(白色)为中国人所认知,因为他们曾经迁出草原,并且使他们的部分生活方式适应新的环境,这似乎有点道理,不过并无证据来证实,不管怎么说,象征方向的色彩似乎与五行说相对应。五行说源出中国,后来借入匈奴,再由匈奴传到别的民族,如突厥民族。

从已有的相关研究论著来看，人们会以为下述两种意见似乎可以成立：狄与后出的草原民族如匈奴有关；狄使用一种阿尔泰话。但如果仔细审察，就会发现常用来证明上述假设的证据几乎仅仅只是下述这个事实：狄和后出的与中国敌对的民族住在同一个方向。其实狄的领土并不在草原。并没有证据可以说明他们是骑马拉的战车打仗（《左传·昭公元年》）。没有任何特别的理由可以让人想象，家畜饲养在他们的经济里比在中国邻居中起着更大的作用。

至少根据中国的文献记载，在春秋时期，中国对北方的草原尚无所知，那时候东亚有无骑马的游牧民族还有待研究。

不幸的是，后来对狄这个族称的混用，加强了这样的误解，即认为狄人与匈奴人或突厥人有关。用于写“狄”族的汉字恰好也用来写“狄历”。狄历是联盟之一，维吾尔族是渊源于狄历。这个族称的最早形式是 Ting-ling（丁灵），最早见于公元前 2 世纪，当时是一个被冒顿（匈奴帝国的缔造者）征服的北方民族的名称。但即使名称相同，丁灵和周代的狄的关系也是相当疏远的。实际上在相当晚近的时候两者才发生关系。到那时候丁灵已更靠近中国了。在匈奴帝国被推翻之后，他们南迁到阿尔泰及临近的草原，在那儿被称为高车，此外还有许多可以相互替换的本民族自称，例如，“狄历”，早期中古音 dejk-lejk；“直勒”，早期中古音 drik-lək；特勒，早期中古音 dək-lək；“铁勒”，早期中古音 tet-lək。此外还有“丁灵”，早期中古音 tejŋ-lejŋ。汉密尔顿（Hamilton，1962）以突厥语 tägräg（圈、环）为基础来解释这些名称，还含糊地提到中国人所谓“高车”是指一种特殊形式的战车，轮子很大，高车人以使用这种车闻名。但实际上，老的单音节名称“狄”(早期中古音 dejk< * lák)跟这个双音节的突厥词没有关系。上古汉语 * l-在其他情况下,可以通过“易”(早期中古音 jiajk< * làk^{j})和“狄”的交换显示出来。例如齐桓公厨子“易牙”也写作“狄牙”,见诸桥辙次《大汉和词典》。

还有一个巧合增加了混乱,那就是后汉时居于山西的匈奴人中间有了丁灵人和别的已臣服的民族。4、5 世纪的文献在许多场合提到这些人。马长寿提出鲜于这个姓(有点像古狄的名称鲜虞)出于丁灵(古中山国的邻国,公元 428 年背叛了拓跋魏)。可能真的有住在中山国的古狄人的后裔卷入丁灵的反叛,但是这不能使丁灵成为狄的后裔。这个姓不见于仍住在中国之外的铁勒或高车。

古代的狄常跟戎并称,似乎也有后者的特征,可能是藏缅人;他们也可能跟东胡有关,属阿尔泰人;但也许他们属于完全不同的民族或语言系统。目前我还没有办法解答这个问题。

九、匈奴

司马迁在《匈奴传》的开头概述了汉代之前中国北方的敌人。除了地理方位之外,没有任何理由可以把他们和匈奴联系在一起。司马迁曾述及两个民族,其名称跟匈奴有点相似,过去也常常假定他们是匈奴人的祖先,此即荤粥(早期中古音 xun-juwk)和猃狁(早期中古音 xiam-jwin)。《孟子》曾提到荤粥,说他们是先周时代住在上魏山谷的野蛮人。因为对他们所知太少,所以资料无助于把他们和后来的民族联系起来,尽管荤粥在语音上与浑庾(早期中古音 ɣwən-jua)有对应关系。浑庾是汉代早期中国西部的一个部落，后为匈奴所征服。

有关猃狁的问题更加诡秘。许多青铜器提到猃狁；《诗经》中有四首诗也提到猃狁，说他们曾于公元前780年左右在魏山谷突袭西周帝国。继其入侵之后，其他野蛮民族又发起攻击，最后导致西周的灭亡，周朝的首都也因此迁到东部的洛邑，但从此猃狁也最终消失了。猃狁的名称肯定与匈奴无关，但是他们的突然出现和消失表明他们是来自草原的入侵者。他们是在西方产生骑兵之后不久出现的。这暗示游牧生活的革命性发展——骑马已引进东方。游牧民族的骑马风尚大约始于公元前第一个一千年早期，此后一直到现代，在中亚历史上起着支配作用。哈农（Haloun，1937）甚至提出猃狁这个名称和辛梅里安人（Cimmerians）有关。普实克（Prušek，1971）认为两者在语言学上没有一致性，然而是想把他们当作远东的首批骑马者。这里的困难在于：在中国文献中没有鲜明的证据说明猃狁是骑马民族，为了这个结论寻找证据的天真的努力仍然没有说服力。可以肯定的只是，即使猃狁人的袭击使中国人第一次看到用骑兵作战，但这也没有产生直接的后果，没有导致军事技术的任何变化。军事技术的变化是公元前4世纪末以后产生的，史籍在那时候才明确提到骑马。

中国人首次确实接触到的骑马民族是胡（早期中古音ɣɔ＜＊gǎ）。这个名称最早见于战国时期有关赵国和燕国的文献，说胡入燕国的领土。在公元前458年赵国兼并了位于今晋北大同的代国。虽然资料没有我们预期的那么清楚，不过可以明确，代国人不是汉族而可能是狄族。但我们没有理由认为他们是不骑马的游牧民族，因为在他们被征服之后，在赵国采用骑兵之前，他们是作为一个封建领地为赵国公子所统治的。然而占领代国，使赵国接触草原，这是公元前307年的著名大辩论的前奏；辩论的焦点是要不要采用胡服，即游牧民骑马时穿的服饰，穿胡服是获得骑马射箭的军事技术的必要步骤。《战国策·赵二》和《史记·赵世家》对这次辩论的记载，正如顾立雅（Creel，1965）所指出的，是经过文学加工的。但我们没有理由怀疑其主要内容，即中国在军事技术中引进骑马射箭大约是在公元前4世纪末期。从那以后，在有关赵国和其他大国的文献中可以找到关于骑兵的资料。赵国统治者采用游牧民的作战方法的动因，很明显，更多的是为了增加自身对外侵略的潜力，而不是抵御游牧民的入侵。指出这一点是很有意思的。在这个著名辩论过后几年，同一个统治者"衣胡服"率军赴西北，迂回避开秦国，从北而侵入了游牧民族的领土（《史记·赵世家》）。实际上，与赵国交战的游牧民族当时并不强大，也不富于侵略性。"胡"有三个分支，从西到东为林胡、楼烦和东胡。赵国靠新建立的骑兵确立了对林胡和楼烦的统治地位，并建造了一条用于分界的墙，那就是秦长城的前身。有一个汉代的文献在涉及当时这些事件之时，用匈奴一名代替了林胡。这可能是因时代先后的错误所致。

到公元前第3世纪，情况有了变化。为了防止游牧民的袭击，保卫北方边境，赵国将军李牧在中国北部边界地区创立了一个几乎延续了近一千年的制度。当时李牧的敌人被认定为匈奴。不过这时候的匈奴究竟是新的民族抑或是旧有民族的新的政治集团，是不易确定的。匈奴后来的历史（他们被秦国将军蒙恬赶出鄂尔多斯之后，第一次跟草原上的邻居为生存的空间争斗，接着是一系列成功的征服活动，在草原东部建立了第一个帝国，跟南边的汉帝国相映衬、抗衡）以及他们跟汉帝国争斗、直到公元 2 世纪才崩溃而消散的经过，都是众所周知的事实。

我在别处曾指出（1962），跟过去常见的观点相反，没有证据说明匈奴在语言和种族上与突厥或蒙古有亲缘关系。事实上在语言学上有无可争辩的理由，可以否定匈奴人曾使用任何种类的阿尔泰语的看法。相反，正如利格特（Ligeti，1950）所首先指出的，匈奴人很可能使用了一种属于古西伯利亚（Palaeo-Siberian）语系的语言，这个语系现存的唯一语言是凯特什（Ketish）语，也叫叶尼塞奥斯加克（Yenissei-Ostyak）语。当俄罗斯人在 17 世纪和 18 世纪首次到达西伯利亚的时候，那儿还有些与凯特什相关的语言在使用，其中有的使用者是骑马的游牧民。有一些匈奴语的词汇曾用汉字记录并予注释，从中可知这些匈奴语词汇同凯特什语，或已经消亡但有词汇记录的古西伯利亚语有许多惊人的联系。虽然我们对古西伯利亚语言的早期历史所知甚少，但是对其作为一个残存的语系的可能性，理应加以认真的研究。这个语系有可能包括匈奴语，并可能在远东历史上发生过重要作用。

匈奴和欧洲匈（Huns）的同一性是 de Guignes 在 18 世纪首次提出来的，从那以后一直有很多争论。现在我们可以有把握地认定两者的同一性了，而名称的关系便是这种同一性的表现。在这里，没有必要讨论更多的问题或更加复杂的问题，如关于名称向西方或东方的传播，这个名称对民族学、语言学和政治边疆体的意义。

论定这个问题的更重要的基础，是有关匈奴和斯基泰人（Scythians）在文化上有特殊的亲缘关系的明确证据

(Egami:1948,1951;蒲立本 1962 和印刷中 a)。这些亲缘关系不是用游牧生活的迫切需要,例如特殊的宗教风俗,所能解释的。骑马的游牧生活显然是为适应草原环境而产生出来的,然后通过模仿从一个中心扩散开去。

公元前 1000 年骑马游牧的盛行在西亚和东亚都是伟大的事件。对于中国文明的形成来说,尽管这个事件在时间上太晚,不足以成为其直接基础;但它同我们所讨论的问题有间接联系。由匈奴人和斯基泰人完善起来的骑马游牧生活,只是将马用于战争全过程的最后阶段。将马用于战争在更早 1000 年前就已开始,那时曾将马套在两轮的轻便战车上。虽然很少看到有关马拉战车向东部草原以及中国传播的文献,但这些事件必定是曾经有过的。而它所带来的后果同骑马游牧的产生应当具有同等重要的意义。

十、原始蒙古人——东胡、鲜卑(*SÄRBI)和乌桓(AVAR)

作为公元前 4 世纪赵国北方的野蛮人,作为首批被匈奴所征服的民族之一,东胡是在匈奴建立帝国的时候,重新出现在历史上的。在《史记》中,东胡、林胡、楼烦是相提并论的三个民族。前汉末年,匈奴因内讧而削弱,东胡成为背叛者。从那以后,作为抵御匈奴的一支力量,东胡在中国的边防战略上发挥了越来越重要的作用。后来东胡又分成两个支派:北部的鲜卑和南部的乌桓。到公元前 1 世纪末年,这两个专称就取代了旧的总称。

公元 2 世纪中期,在鲜卑族中产生了一个伟大的军事领袖檀石槐。他建立了一个短暂的草原帝国,取匈奴而代之,使这个帝国从历史文献中消失了。但鲜卑王国在檀石槐去世之后也不复存在，这样一来，在中国边境就有了好几代具有鲜卑来源的部落国家：青海有吐谷浑，甘肃有乞伏，辽西有慕容。山西北部的拓跋最后成功地征服中国北方，建立了北魏王朝。

“东胡”的现代读音和“通古斯”偶然相似，因此很多人设想东胡人是说通古斯语的民族。这是一个没有真凭实据的浅显的错误。相反，伯希和在他的多卷著作的注解里曾零散地提出证据，说明东胡人使用原始蒙古语。这个问题，尤其是关于拓跋的部分，近来由利格特(Ligeti,1970)并参考较早的著作作了重新论证。根据汉语文献，蒙古人最初属室韦部落，公元 6 世纪住在满洲北部。利格特就是根据这个事实提出他的假说的。“室韦”(早期中古音 cit-wij)很像是“鲜卑”(早期中古音 sian-pjia)的后起的译写，这两种写法都代表 * särbi 或 * sirvi 这样的音。孤立地看，这个联系是脆弱的；但语言上的证据可以对它有所补充——后汉时代出自鲜卑族的各部落是说蒙古语的。伯希和发现在叙述吐谷浑的汉语文献中有蒙古语词汇，柔然(5 世纪和 6 世纪前半期蒙古草原上的主要国家)统治者的人名也是蒙古语的。利格特的结论则认为拓跋的语言基本上也是蒙古语，那个建立了拓跋魏的后续国家西魏和北周的宇文也一定如此(蒲立本，印刷中 b)。在参与拓跋联盟各部落的语言中，也可能有突厥语或别的非蒙古语成分，不过利格特的结论似乎只涉及它们的统治集团。

在东汉时代，更靠南边的东胡的分支乌桓在中国的文献里以鲜卑为名，但自东汉之后便基本消失了。然而有理由相信，他们也卷入了公元 2 世纪的扩张运动。这个运动把鲜卑人带到西部。根据汉代所用的对音原则，乌桓(早期中古音 ʔɔ-ɣwan< ＊ʔá-ɣ^{w}án)是对＊Awar(阿瓦尔)的很好的译写。中国和西方在叙述4、5世纪阿富汗的哌哒王国被突厥人推翻之时，欧洲的阿瓦尔(Avars)人曾成为难民(蒲立本，1962:258—259)。下述情况使问题进一步复杂化了：拜占庭文献说从哌哒王国来的是假阿瓦尔人，而真阿瓦尔人则是另一个也败在突厥人手下的民族。可见这个真阿瓦尔人必定是柔然。虽然在中国文献里，柔然和乌桓并没有关系，但显而易见，他们的语言是原始蒙古语，其统治集团应是东胡分支之一乌桓人。很可能，真假乌桓都是被人用阿瓦尔来称呼的。

有一样东西可以把乌桓人、哌哒人和历史上的蒙古人联系起来，那就是"句决"(早期中古音 kua-kwet)。《三国志》、《后汉书》据3世纪的《魏书》记载，这是一种已婚妇女戴的头巾，用黄金和宝石装饰。"句决"一词肯定是用来译写蒙古语Kökül的，在一个有关哌哒人的中国文献里，也述及特征相同的蒙古妇女用的头巾，即一种有斛状高顶的帽子，不过没有提到这种头巾的名称。后来因为成吉思汗的远征，这种帽子传遍了欧亚大陆，变成在欧洲和中国同样时髦的饰物——在欧洲称为 henin，在中国称为"姑姑"(还有别的写法)。"姑姑"即是以蒙古语词为来源的(Schlege，1893；Egami，1951；蒲立本，1962:259)。

公元3世纪的《魏书》在对鲜卑和乌桓进行描述的时候，还提到另外一些有意思的民族地理方面的内容。显而易见，虽然汉代的原始蒙古人使用骑马射箭的战术，但是他们却不像匈奴人那样有充分发达的游牧经济，农业的作用仍很重要。他们的政治组织也比较不发达，没有世袭的首领，只有当需要时产生的临时性的战时领袖。无疑，这正是公元2世纪檀石槐去世之后，鲜卑王国立即解体的原因。几代之后，男系继承的鲜卑地方王朝才开始建立国家。

如果东胡是蒙古人，那么，中国文献里同时出现的其他“胡”(林胡、楼烦等)也可能是蒙古人。一般人都会倾向于得出这种看法。这可能是正确的。尽管事实上“胡”很快就变成草原游牧民族的总称，但在汉朝却是专用来称呼匈奴人的，即我们不认为是蒙古人的那些人。如果更靠西边的胡像东胡一样，没有充分的发达的游牧生活，因而是中国人和充分发达的游牧民族之间的缓冲地带，那么这有助于解释：在公元3世纪中期匈奴人出现之前，为什么中国北部边境缺少游牧民族的威力。

十一、原始突厥语：丁灵(* TʔGRʔG)、坚昆(QYRQYZ)、薪犁(SYR)、呼揭(ORUZ)

突厥人(中国人的“突厥”等于Türk，蒲立本，1965c)在6世纪中叶突然出现，谁也不清楚他们的近祖。有一个早期文献称他们为平凉(甘肃)“亲胡”，认为他们的占统治地位的宗族源出南匈奴残部。汉代的南匈奴生活在中国北部边境，与真匈奴一样，包括一些分散的族群。且勿论这一说法正确与否，众所周知的是，在唐代之后有几个别的突厥族群，其族源可以追溯到公元前2世纪匈奴人统治的时代。那时候，他们住在南西伯利亚匈奴的北部和西部。这个地区似乎就是他们的原始家园。

匈奴帝国的缔造者冒顿在他的两翼打败原始蒙古人东

胡和欧印人月支之后，迁移到东部和西部，又征服了五个民族——浑庾、屈射、鬲昆、丁灵、薪犁，前两个名称在历史记载中没有重现，不能肯定其身份；“屈射”的早期中古音 khut-ziajk 则暗示与 Sku-jaka 人、斯基泰人有关。在公元 2 世纪的东部草原上找到这个古老而著名的伊朗名称是有可能的，这也是很吸引人的工作；但是因为“屈射”在文献中不再重现，这种工作对我们的帮助不大。其余三个名称分别是三个突厥民族。

在汉代文献里，丁灵是作为匈奴北部的民族，亦即住在贝加尔湖地区的民族重新出现的。上文说到，作为后汉时代南匈奴的一部分，有些丁灵人曾进入中国北部，晚至 5 世纪还保持了某些本来特征，仍称为丁灵人。然而丁灵人的主体在匈奴帝国崩溃之后，迁入蒙古西部和阿尔泰地区，从 4 世纪后以高车一名重新出现。我们也已经说过，当他们在一些后起文献中出现的时候，他们往往是以非汉语的本民族原始名称为标榜的，其中最著名的是铁勒。可以肯定，铁勒属突厥人，因为说突厥语的维吾尔族是在唐代由铁勒人演化而来的。在 5 世纪述及高车的汉语文献中记录了一些显然是突厥语的词汇（蒲立本，印刷中 b）。

鬲昆（早期中古音 kerjk-kwəu）是 Qyrqyz（也许源于 Qurqyŕ）一名的最初译写。在别的汉代文献里这些人称为“坚昆”（早期中古音 ken-kwən）。跟丁灵不同，坚昆在汉代之后仍住在较远的北方。9 世纪当他们参与推翻回鹘帝国的时候，他们还是住在大致相同的地方。

薪犁是比较不出名的民族，在汉代文献里未再次提起。不过这个名称（早期中古音 sin-li）可以肯定是 Syr 的对译。Syr 是一个突厥部落的名称，见于唐代鄂尔浑碑铭，在当时的中国文献中写成“薛”(早期中古音 siat)。

匈奴以远的呼揭(早期中古音 xɔ-giat)或乌揭(早期中古音 ʔɔ-giat),其名不见于有关冒顿征服他族的文献,而是在后汉的文献中出现的。这两个名称可能代表 * Hagaŕ这样的音,也许是突厥语 Oɣur-Oɣuz 的早期形式。在当时说突厥语的民族中,他们住在最西边。

这一段简短的概述关系到许多语文学问题,需要进一步详细讨论。不过大致的结论却必定是跟通常的假说相反的:在史前时代所有说阿尔泰语的人当中,突厥语民族迁离中国到达了最远的地方。

十二、印欧人

从 19 世纪最后十年到 20 世纪开头十年,新疆有一批考古物出土。在此之前,人们曾假设印度—伊朗人是印欧人在地理分布上极东的分支。后来考古发掘发现,在公元后第一个一千年,有一种已有文字的佛教文化在塔里木盆地的北部边境地带,即从库车到吐鲁番一带,曾经相当繁荣。这一文化所用的语言是此前还不知道的印欧语系的分支。上述情况在公元前 130 年以后的中国文献中已经有所记载。当时中国人首次渗透到那个地区,即张骞试图找到的月支。他们住在那儿已经有多久?这在历史记载中没有反映,迄今为止的考古资料也未提供答案。

接下来的事实是很自然的:一旦对所谓“吐火罗语”加以研究,人们很快就明确这些语言属于印欧语的西支(Centurm)而不是东支(Satem)。对印欧语的最基本的分类——东、西支的分类乃根据印欧语中硬腭塞音的分化。在拉丁语、希腊语、克尔特语(Celtic)和日耳曼语中是软腭音，但是在印度—伊朗语、波罗的—斯拉夫语(Balto-Slavic)和阿美尼亚语里变为咝擦音。例如“百”这个词是咝擦音：拉丁语的 centum，希腊语的 hekaton，英语的 hundred(h＜x＜k)，古爱尔兰语的 cēt；但是梵文是śata，阿吠斯陀(Avestan)语是 satem，立陶宛语是 szimtas，俄语是 sto。在吐火罗语中，东部 A 种方言是 känt，西部 B 种方言是 kante 和 känte。

一直到发现吐火罗语之前，印欧语的西支和东支的分类还只是跟地理上的东西划分相对应。在此之后，人们自然会假设吐火罗语源出西方的某地，例如北欧，然后从波罗的往伊朗伸展，通过狭长的东支地带，最后定居在新疆。没有考古学的或别的证据可以说明这一次非凡的移民运动。吐火罗语跟西支印欧语言的相似，看起来很像是保留了原始印欧语的共同特征。根据上述例子，可以假设印欧语的 k 在一些邻接的方言群里首先变为塞擦音，然后变为擦音，但是在其他东方或西方方言里仍然是塞音。

在许多方面，吐火罗语很不像其他的印欧语言。虽然动词的许多屈折变化是从印欧传承的，但名词的格的变化却不同。这也许是吐火罗语跟非印欧语长期接触的结果。所有这一切都强烈暗示吐火罗语曾长期在印度和伊朗的东部使用。直至公元 2 世纪佛教渗入该地区之前，他们在长期的发展过程中很少跟印度—伊朗语有紧密的接触。遗憾的是，这仍然不能为我们提供他们到达新疆的年代。可以假设这个年代早于阿基梅尼德(Achaemenid)的统治者大流士(公元前 522—前 486)。大流士曾出征里海(Caspian)东部的萨卡(Sakas)。不过也许比这个年代还要早得多，只有考古调查才能对直接回答这个问题有进一步的启发。

除了那些城市国家用吐火罗语撰写文件外，很可能这个地区别的民族也使用相关的语言，不过没有发现类似遗物。罗布泊地区的楼兰（Krorayina，也称作鄯善），公元3世纪曾使用印度的俗语作为官方语言。不过它的土著语言可能是一种吐火罗方言（Burron，1935）。以上所述最重要的一点是：某些游牧民族，包括月支和乌孙，也很可能使用跟吐火罗语有关的语言。

月支的家园据说在甘肃走廊南部的祁连山。在公元前2世纪，月支是主要的游牧国家。月支人被匈奴击败之后，其中被称为大月支的一部分往西迁移，最后先是占领了Sogdiana（今乌兹别克），然后越过阿姆河（Oxus）进入了Bactria（阿富汗北部），消灭了那儿的希腊王国。月支的另一支是小月支，他们仍住在甘肃，据称此后几世纪都住在那儿。

我不想在这里重提所有语言学上的论点，从而得出月支和乌孙可能使用吐火罗语的结论（蒲立本，1966）。虽然证据不充分是不可避免的，但是一个由反映内在关系诸事实所构成的网络，使这个假说显得很有可能。就可能性来说，这个假说比别的已经提出的可以替换的理论无疑要好得多。

我们又一次迫切需要考古学的帮助，以认识甘肃的月支，就他们到达的时间问题得出结论。甘肃的考古发现比新疆多。根据张光直的论文（1977），仰韶文化大约是在公元前5000年的中期从中原传播到甘肃东部的。接着是1000年之后的马家窑时期和公元前3000年的马厂和半山时期。仰韶文化之后的龙山新石器文化和龙山文化在较远的东方，并没有渗透到本地区。渗透本地区的却是“一些起源未详的新文化，但似乎跟半新石器文化有某种关系，也可能跟北方和西方新石器时代的人民有某种关系”(见张光直论文 194—195)。这些文化中的第一种是齐家文化,其年代现在已定于大约公元前 3000 年的末期。从中国文化起源的观点看,这种文化很重要,因为其铜器是“在中国发现的年代最早的金属器物之一”。接踵而来的许多种文化既有共性又有个性。正如张光直所指出的,个性和民族如何联系还有待研究。有一个猜测是洮河河谷的文化可能跟羌族有关。从羌族在汉代所处的地区来看,这一猜测不无道理,但是大致在同一个地区也有小月支人。也许有关甘肃内部的发展及其跟临近的西方、北方、东方文化的关系的更全面的知识,将有助于解决此类问题。

公元前 1000 多年,当有文字的文明刚刚在中国诞生的时候,西方是通过什么途径影响中国的?如果要寻求这个问题的答案,那么公元前 2 世纪印欧人在新疆和甘肃的出现,以及他们此前长期住在那儿的可能性,显然是很重要的。其中有一个因素看来不会有人否认,那就是马拉战车;虽然常有一种倾向贬低它的意义,尽可能推迟它产生的年代。在此后的 1000 年中马和战车在中国文化中的作用非常明显,所以不能轻率地不予考虑。战车的出现也许意味着类似的有轮子的交通工具的出现,尽管尚缺少商代别类车辆的考古证据。如果如此重要的先进技术是从西方传入的,那么其他技术也很可能从西方传入。我在别的出版物(蒲立本,1965a;1965b;1975)中曾提出,如果印欧语和汉藏语有发生学上的关系,那么上述情况可以把这两种语系间的接触推向更遥远的古代。不过这还是一个必须进一步调查研究的问题。

十三、结论

公元前1000多年中国文明尚处于文字诞生阶段，试图研究那时候的中国及其邻近的语言，这或多或少是一种轻举妄动；随着新知识的产生，许多细节必须要遭到修正。不过本文作为一种尝试，希望能为某种假说提供研究的框架。这种假说，即是关于迅速积累的考古资料及其所反映的社会之间关系的切实的假说。

这项研究所提出的假说可以概述如下：

1. 当仰韶新石器时代，汉藏人在中国的西北部可能在自己的共同家园。语言学涵义上的Chinese诞生于至今仍是半传说中的夏朝。从那时起，中国人开始自我认同。

2. 夏受到了东方文化的强烈影响。正如傅斯年(1935)所指出的那样，我们可以把东方文化联系于史前时代的东夷。东夷在语言学上可能跟南亚(孟一高棉)语言有亲缘关系。东夷文化是一种通过吴越(今江苏、浙江)向北方海岸延伸的综合性文化的一部分，它对商的影响明显超过了对夏的影响；虽然商继承了中国的文字，并且也许使用来自夏的语言。

3. 羌和戎这样的"野蛮"民族住在汉藏人的极西部，是中国西部边界地区晚期藏缅部落的先民。他们跟文化较发达的中国邻居有所不同。周朝的先民更可能是这些"野蛮人"，而非直接出自夏民族的"中国"一系。

4. 长江河谷和四川东部的史前文明属于"蛮"。也许可以认定蛮人是说苗瑶语的，其语言可能跟沿海的南亚语有较为疏远的亲属关系。春秋时期，当楚从“蛮”分出之时，它已处于汉化状态。

5. 较远的南方有台语系（包括关系较远的黎、獠和仡佬）。台语的使用者用云南的滇系铜器文化可以对应。

6. 居住在台湾的南岛语使用者接受了邻近的大陆文化的影响。本文提出：南岛语跟南亚语或台语之间在语言学上是否有联系？这些联系对史前的民族迁移意味着什么？这些都是有待研究的问题。

7. 在北方，可以确指的跟阿尔泰有关的民族有：(A)中国人在公元前 4 世纪以后才认识的原始蒙古人东胡，以及别的住在更远的西方的胡部族；(B)原始突厥部落丁灵、坚昆等等，居住在西伯利亚南部，汉代以后才被中国人认识；(C)满洲东部原始通古斯人(?)挹娄，也在汉代以后才被认识。此外有周代居于河北北部的貊，他们后来跟夫余、高句丽、百济、日本有关，可能也属阿尔泰人。如果这样的话，那么汉语跟阿尔泰语的接触可以提前到史前时代。山西的狄也可能属阿尔泰或藏缅，但是缺乏证据。

8. 属古西伯利亚语(?)的匈奴语，只是在公元前 3 世纪才和汉语有所接触。

9. 公元前 2 世纪在新疆北部和东部的绿洲上，有的城市国家是使用吐火罗语的。在甘肃和天山则有使用相近语言的游牧民族(月支和乌孙)。他们何时到达还不能确定，不过本文提出最迟应在公元前 2000 年。他们是西方文化影响新生的中国文明的中介。

参考文献

(一)中文资料

“二十四史”,采用中华书局新标点本,北京,1959—1977年。

下列著作采用哈佛燕京学社的引得丛书:《春秋》、《荀子》、《孟子》、《墨子》、《诗经》、《书经》。

《战国策》,万有文库本,上海,1931年。

《周礼》,十三经注疏本,北京。

《方言》,周祖谟、吴晓铃《方言校笺及通检》本,1956年。

韩愈:《韩昌黎文集》,马其昶校注本,台北,1967年。

《韩非子》,诸子集成本,北京,1954年。

《华阳国志》,国学基本丛书本,北京,1958年。

《管子》,诸子集成本,北京,1954年。

《国语》,万有文库本,上海,1931年。

《古本竹书纪年辑校》,海宁王忠悫公遗书本,1927年,1928年。

《论衡》,诸子集成本,北京,1954年。

严如熤:《苗防备览》,1820年序刊,1969年台北重印。

《博物志》,丛书集成本,上海,1939年。

金富轼(1075—1151):《三国史记》,青柳纲太郎编《原文和译对照三国史记》本,东京,1975年。

《释名》,四部丛刊本,上海,1929年。

《水经注》,国学基本丛书本,上海,1936年。

丁福保:《说文解字诂林》,1928年初版,1970年台北重印本。

《吴越春秋》,万有文库本,上海,1937年。

(二)第二手资料

爱知大学中日大词典编纂处:

1968 《中日大词典》,东京。

Benedict, Paul K.(白保罗)

1942 *Thai, Kadai, and Indonesian: A New Alignment in Southern Asia. American Anthropologist*, n. s. 44:576—601.

1975a *Sino-Tibetan*:*A Conspectus*. Cambridge,Eng.

1975b *Austro-Thai Language and Culture*,New Haven. Burrow, Thomas.

1935 *Tokharian Elements in the Khamshi Documents from Chinese Turkestan. Journal of the Royal Asiatic Society* 1935:667—675. Chang,Kwang-chih(张光直)

1977 *The Archaeology of Ancient China*. 3d ed. , rev. and enl. New Haven.

Clarke,Samuel R.(克拉克)

1911 *Among the Tribes in Southeast China*. London. Coblin,W, South.

1979 *A New Study of the Pai-lang Songs*,清华学报 12:179—216.

Creel,Herrlee G.(顾立雅)

1965 *The Role of the Horse in Chinese History. American Historical Review* 70:647—742.

1970 *The Origins of Statecraft in China*, vol. 1: *The Western Chou Empire*. Chicago.

De Beauclair,Inez.

1946 *The Keh Lao of Kweichow and Their History According to the Chinese Records. Studia Serica* 5:1—44.

1960 *A Miao Tribe of Southeast Kweichow and Its Cultural Configuration*."中央研究院"民族学研究所集刊 10:125—205.

Dyen. Isidore.

1965 *Formosan Evidence for Some New Proto-Austronesian Phonemes*, In *Indo-Pacific Linguistic Studies*,edited by G. B. Milnerand E. J. A. Henderson: vol. 1: 285 — 302. Amsterdam.

Egami Namio(江上波夫)

1948 《ユーラシア古代北方文化》,东京

1951 《ユーラシア古代北方の研究》,东京

1967 《骑马民族国家:日本古代史へのマブローチ》,东京

Forrest,R. A. D.(福里斯特)

1965 *The Chinese Language*. 2d ed. London.

Fu Ssu-nien(傅斯年)

1935 《夷夏东西说》,庆祝蔡元培先生六十五岁论文集,vo. 2:1093—1134.

Gimbutas,Marija

1970 *Proto-Indo-European Culture*:*The Kurgan Culture During the Fifth*, *Fourth and Third Millennia B. C. In Indo-European and Indo-Europeans*, edited by G,Cardona et al.:pp. 155—197. Philadelphia.

Graham,D. C.(格雷厄姆)

1954 *Songs and Stories of the Ch'uan Miao*. Washington, D. C. Haarh,Erik(哈尔)

1968 *The Zhang-Zhuang Language*:*A Grammar and Dictionary of the Unexplored Language of the Tibetan Bonpos Copenhagen.*

Haloum,Gustav(哈农)

1937 *Zur'üe-lsï-Frage. Zeitschrift der Deutschen Morgenländischen Gesellschaft*:pp. 243—318.

Hamilton,James(汉密尔顿)

1962 *Toquz-O ɤuz et On-Uy ɤur. Journal Asiatique* 250:23—63.

Haudricourt. A. G.

1954 *L'origine des tons vietnamiens. Journal Asiatigue* 242:69—82.

1967 *La langue lakkia. Bulletin de la Société Linguistigue de Paris* 62:165—182.

《开封和中国》,开封师范学院地理系、中国科学院河南省分院

地理研究所。

1959 《中国民族地理资料选集》,北京《考古》

1974.6 《辽宁喀左县北洞村出土的殷周青铜器》pp. 364—372.

Lebar, Frank M., Hickey, Gerald C., and Musgrave, John K.

1964 *Ethnic Groups of Mainland, Southeast Asia*. New Haven.

Ledyard, Gari(莱迪亚德)

1975 *Galloping Along with the Horseriders: Looking for the Fouders of Japan. Journal of Japanese Studies* 1:217—254.

Lewin, Brunoo(卢因)

1976 *Japanese and Korean: The Problem and History of a Linguistic Comparison. Journal of Japanese Studies* 2:389—412.

Li Fang-kuei(李方桂)

1965 *The Tai and Kam-Sui Languages*. In *Indo-Pacific Linguistic Studies*, vol. 2, edited by G. B. Milner and E. J. A. Henderson: pp. 389—412, Amsterdam.

1977 *A Handbook of Comparative Tai*. Honolulu.

Ligeti, Louis(利格特)

1950 *Mots de civilisation de Haute Asie en transcription chinoise. Acta Orientalia Hungarica* 1:141—188.

1970 *Le Tabghatch: Un dialecte de la langue sien-pi. In Mongolian Studies*, edited by L. Ligeti: pp. 265—308. Amsterdam.

Liu Yi-tang(刘义棠)

1969 《中国边疆民族史》,台北

Lunei de Lajonquière, E.

1906 *Ethnographie du Tonkin septentrional*. Paris.

Ma Chang-shou(马长寿)

1962 《北狄与匈奴》,北京

Maspero, Henri

1912 *Etudes sur la phonétique historique de la langue annamite: Lesinitiales*. BEFEO 12:1—127.

1933 *La langue chinoise*. Conférences de l'Institut de Linguistique de l'Université de Paris 1:33—70.

1952 *Les langues thai*. In *Les langues du monde*, rev. ed., 2 vols., edited by A. Meillet and M. Cohen: pp. 571—608.

Mei, Tsu-lin(梅祖麟) and Norman, Jerry(罗杰瑞)

1977 *The Austroasiatics in Ancient South China: Some Lexical Evidence*. Monumenta Serica. 32:274—301.

Mombashi Tetsuji(诸桥辙次)

1959 《大汉和辞典》,东京

Piggott, Stuart

1974 *Chariots in the Caucasus and China*. *Antiquity* 48:16—24.

1975 *Bronze Age Chariot Burials in the Urals*. *Antiquity* 49:289—290.

Proušek, Jaroslav(普实克)

1971 *Chinese Statelets and the Northern Barbarians in the Period 1400—300 B.C.* Dordrecht.

Pulleyblank, Edwin G.(蒲立本)

1962 *The Consonantal System of Old Chinese*. *Asia Major* 9:58—144, 206—265.

1965a *Close/Open Ablaut in Sino-Tibetan*. In *Indo-Pacfic Linguistic Studies*, vol, 1, edited by G. B. Milner and E. J. A. Henderson: pp. 230—242. Amsterdam.

1965b *The Indo-European Vowel System and the Qualitative Ablaut Word* 21:86—101.

1965c *The Chinese Name for the Turks*. *Journal of the Amercian Oriental Society* 85:121—125.

1966 *Chinese and Indo-Europeans*. *Journal of the Royal Asiatic*

Society 1966:9—39.

1970—1971 *Late Middle Chinese*. *Asia Major* 15:197—239 and 16:121—168.

1976 *Prehistoric East-West Contacts Across Eurasia*. *Pacific Affairs* 47:500—508.

1978 *The Chinese Cyclical Signs as Phonograms*. 印刷中 a The Hsiung-nu. To appear in Philologiae Turcicae Fundamenta 3. 印刷中 b The Nomads in China and Central Asia in the Post-Han Period. To appear in Philologiae Turcicae Fundamenta 3.

Ruey Yih—fu(芮逸夫)

1948 《僚为仡佬试证》,国立中央研究院历史语言研究所集刊 20. 1:348—357.

1951 《㸚人考》,同上刊 23.1:245—278.

1955 《僚人考》,同上刊 28:77—769.

1969 《僮人来原初谈》,同上刊 39.2:125—154.

Schlegel,Gustav

1893 *Hennins or Conical Ladies Hats in Asia ,China and Europe*. 通报 3:422—429.

Shafer,Robert(谢飞)

1943 *Further Analysis of the Pyu Inscriptions*. *Harvard Journal of Asiatic Studies* 7:313—366.

1955 *Classification of the Sino-Tibetan Languages*. *Word* 11:94—111.

Shima Kunio(岛邦男)

1958 《殷墟卜辞研究》,日本汲古书院

Shorto,Harry L.(肖托)

1969 *A Dictionary of Mon Inscriptions from the Sixth to the Sixteenth Centuries*. London.

Stübel,H. , and Li, Hua-min

1932 *Die Hsia-min vorn Tse-mu-schan*. 南京

Su Ping-ch'i(苏秉琦)

1979 《石峡文化初论》,《文物》1978.7:16—22.

Thomas, F. W.(汤姆斯)

1933 *The Zan-zun Language. Journal of the Royal Asiatic Society* 1933:405－410.

Wang Ching-ju(王静如)

1932 《西夏研究》,国立中央研究院历史语言研究所单刊甲种之八,北京

Wen Yu(闻宥)

1940 《民家语中同义字之研究》,Studia Serica 1:67—84 (English abstract.)

《文物》

1978.3 《陕西扶风庄白一号西周青铜器窖藏发掘简报》pp. 1—18.

译者附注

此文译自 E. G. Pulleyblank, *The Chinese and Their Neighbors in Prehistoric Times*, *The Origins of Chinese Civilization*, edited by David N. Keightley, University of California Press, Berkeley, Los Angeles, London, 1983。

此文译于 1990 年,时任加拿大英属哥伦比亚大学高级访问学者,师从作者蒲立本(E. G. Pulleyblank)教授,翻译时遇到问题得以向作者直接请教,所以译事尚称顺利。

译稿刊于《扬州大学中国文化研究所集刊》第一辑(江苏古籍出版社,1998 年,343－376 页)。刊出前因故未看校样,刊出后承汉语大词典出版社徐文堪先生来信校正排印错误及翻译不妥多处,非常感谢。此稿已据徐先生的校正意见修改,译者在文字上又有几处作了修饰。

原刊《扬州大学中国文化研究所集刊》第一辑,江苏古籍出版社,1998 年,343－376 页。修订本刊《中国文化语言学引论》(修订版),上海辞书出版社,2003 年,269－334 页。

罗马所藏1602年手稿本闽南话—西班牙语词典[1]

——中国与西方早期语言接触一例

马西尼　著

(罗马“la Sapienza”大学东方学系)

游汝杰　译

自16世纪末期开始，在远东地区因传教与中国人接触的西方人，几乎无不声称或打算编写中文词典。此后编写一本优秀的中文词典成为人们长期追求的目标，一直到20世纪初期马礼逊出版著名的5卷本大词典。

因传教活动关系，西方人需要实用的研究当地语言的基本工具书。最初碰到的问题是如何记录这些外国的语音，列出供记忆的词表。利玛窦(Matteo Ricci)在郭居静(Lazzaro Cattaneo)等传教士的协助下，为官话制订了一个可靠的拼

〔1〕 本文初稿是用意大利语发表，题目为“Materiali Lessicografici sulla lingua cinese redatti dagli occidentali far'500 e'600:I dialetti del Fujian”，in *Cina* 28，*Roma*，2000，pp. 53－79。

音方案，方案中有送气符号和声调符号。

这一方案稍加修改，最后为金尼阁的《西儒耳目资》所采用，此书于1623年在杭州出版。此后几百年此书所用官话拼音方案一直被当作标准拼法。[1]

不过在利玛窦经澳门到中国之前，在菲律宾的传教士们为学会汉语和中文，已经开始努力工作了。大多数传教会，即奥古斯汀会、多明我会和耶稣会，都声称已经编写好词典，这些教会是1565年至17世纪初期抵达菲律宾传教的。第一本词典是《中国语言词汇集》(*Arte y Vocabulario de la lengua China*)，据称编者是西班牙奥古斯汀会的 Martin de Rada (1533—1578)。他说他曾于1575年和1576年两度到福建旅行。可惜他编写的词典已佚失，与别的一些词典一样只有书名残留至今。[2]

这一时期编写的词典，只有少数几种至今犹存。其中一种今存罗马 Angelica 图书馆，作者是西班牙耶稣会的 Pedro

---

〔1〕关于 Ricci, Ruggieri, Cattaneo 的官话罗马字拼音系统，参见 Yang, Paul Fu-mien S. J., "The Portuguese-Chinese Dictionary by Matteo Ricci: A Historical and Linguistic Introduction", *Proceedings of the Second International Conference on Sinology. Section on Linguistics and Palaeography*. Taipei: Academia Sinica, 1989; F. Masini, "Some preliminary remarks on the study of Chinese lexicographic materials prepared by Jesuit missionaries in the XVIIth century", in F. Masini (ed.), *Western Humanistic Culture Presented to China by Jesuit Missionaries*, Rome, 1996, pp. 235—245; Joseph A. Levi, *Dicionario Portuguese-Chinese de Mateo Ricci*, University Press of the South 1998. 有关《西儒耳目资》的中文、日文和西文的书目参见马西尼《一些初步看法……》，见286页注3。

〔2〕关于 Miguel López de Legazpi 的探险事迹参见 N. P. Cushner, *Spain in the Philippines*, Institute of Philippine Culture, Ateneo de Manila, Quezon City 1971; P. Fernandez, *History of the Church in the Philippines* (1521—1898), Navotas Press, Metro Manila 1979; H. de la Costa, *The Jesuit in the Philippines* 1581—1768, Harvard University Press 1967. 感谢 Giuliano Bertuccioli 教授允许我利用他的有关菲律宾的材料，特别是有关 Pedro Chirino 的笔记。

Chirino(1557—1635)。这本手稿于 1602 年由作者从菲律宾带到罗马。这是一本记在笔记本上的手稿,共 88 页(其中只有 83 页有文字),包括几百条中文词语,并有某种闽南话及相应的 Castilian 西班牙语注音。这些词语对于研究中国和西方早期的语言接触是非常有用的。它也可以用于研究当时闽南话的语音和词汇特点。手稿上的汉字是文化程度不高的人写的,所以它对于验证最初出现的一些简笔字也是有用的。

西班牙的多明我会继奥古斯汀会之后来到菲律宾传教。他们是在 1578 年到达的,一直到 1626 年离开,当年他们设法登陆台湾,在 1642 年荷兰人占领台湾后,他们最终转移到中国大陆。[1] 他们在那儿所遇见的是福建人,多明我会便创制了闽南话罗马字拼音方案。

西班牙多明我会在 16 世纪末和 17 世纪初,曾将这些罗马字拼音方案用于各种宗教文献。开头在菲律宾,后来到中国大陆的多明我会编写了 16 本有关汉语词汇的著作,我们只知道这 16 本书的书名。其中非闽南话著作暂不讨论,我现在只是把其中的闽南话著作的情况略为说一说。正如上文所说,有关闽南话的著作是最早的,因为最早与传教士接触的中国人是福建人。

这些书的书名如下:

a) *Vocabulario Sinico*, 又名 *Diccionario espan-ol-chino vulgar*[2],Miguel de Benavides (1550—1605)著;

---

〔1〕 参见 J. Dehergne, "L'ile Formose au XVIIe sièle", in *Monumenta Nipponica* 4, 1941, pp. 270—277。

〔2〕 参见 Streit, *op. cit.*, vol. IV, p. 358, J. M. Gonzáles, *Historia de las Missiones Dominicanas de China*, Madrid 1967, vol. V, p. 386。

b) *Dictionarium Sinicum*，又名 *Diccionario chino*[1]，Domingo de Nieva (1563－1606)著；

c) *Vocabulario Chino*[2]，Juan Cobo (? －1592)[3]著。

还有下列闽南话词典，我们也仅仅知道其书名，大部分不知其作者是谁。

其中有五种曾在马尼拉的 San Tom 大学的档案馆目验。这五种中有两种毁于 1941 年第二次世界大战时。今存以下几种应无问题。

1. *Diccionario chino-español*；

2. *Diccionario español-chino*；

3. *Vocabulario de la lengua española-china*[4]；

4. 又一种见于巴黎国家书目，书名为 *Dicionario de la legua Chin-cheo*，写于 1609 年，最初为 Abel Remusat 藏书，后为 Stanislas Julien 所收藏，最后归 L. d'Hervey de Saint Denis[5] 所有；

5. 又一种见于大英博物馆图书馆(Add 25.317，ff. 2a—

---

〔1〕 参见 Streit，*op. cit.*，vol. IV，p. 364，J. M. Gonzáles，*op. cit.*，vol. V，p. 391。

〔2〕 参见 Streit，*op. cit.*，vol. IV，p. 472，J. M. Gonzáles，*op. cit.*，vol. V，p. 386。

〔3〕 有关这些传教士的事迹，也见于 Diego Aduarte，*Historia de la Provincia del Santo Rosario de la Orden de Predicatores en Filipinas*，Japón y China，Zarago? a 1693，now edited by M. Ferrero，C. S. I. C.，Madrid 1963. 其中有些人的事迹也见于 F. Mateos，"Apuntes para la Historia de la Lexicograf a Chino-Españla"，in M. Ariza，A. Salvador，A. Viudas ed.，*Actas del I Congreso International de Historia de la Lengua Españla*，Cáceres，30 de marzo — 4 de abril de 1987，Arco—Libros. S. A，pp. 927—941。

〔4〕 J. M. Gonzáles，*Historia de las Missiones Dominicanas de China*，Madrid 1967，vol. V，pp. 412—414. Gonzalez 指出，马尼拉的 San Tom 大学档案馆所藏这三本词典的签名分别为 t. 215，t. 216 和 t. 214。

〔5〕 参见 A. Remusat，*Mélanges Asiatiques*，vol. II，Paris 1826，pp. 90—93；Cordier，*op. cit.*，col. 1629. Courant，Chinois。

224b)，书名为 *Bocabulario de lengua sangleya por las letraz de el A. B. C.*，最初为 Heinrich Julius Klaproth 藏书，1863 年 7 月 11 日由大英博物馆购得[1]；

6. 又一种见于罗马的 Angelica 书目，书名为 *Dictionarium Sino-Hispanicum*，Pedro Chirino 著，作者是在菲律宾的西班牙耶稣会会士[2]。

前三种仅存书名，其编写的年代可能比后三种要古老得多。

第 5 种今藏大英博物馆图书馆，P. Van der Loon 曾研究过这本词典，并有所描述：这是一本汉语闽南话—西班牙语 Castilian 话词典，几无汉字，记录约 300 个音节，标出送气音和鼻音，但大多不标声调。P. Van der Loon 详细研究了用于 1605 年在马尼拉印刷的 *Doctrina christiana en letra y lengua china* 的罗马字拼音方案，他在梵蒂冈图书馆找到原本(Riserva, V, 73, ff. 33，只有中文部分)，又在大英博物馆找到该馆所藏两种稿本，在同一档案中另藏上文述及的 *Bocabulario*，还有 *Dictrina* 的两个抄本，一本有罗马字拼音和西班牙语译文(Add 25. 317, ff. 239a－279a)，另一本只有罗马字拼音(Add 25. 317, ff. 281a－313a)[3]。

Van der Loon 已认定 *Dictrina* 所见语言是闽南地区的潮州话，他相信 *Dictrina* 和 *Bocabulario* 的作者是 Domingo de Nieva，他也是 *Dictionarium Sinicum* 的作者(参见上文表中的 b)。

---

〔1〕 Cordier, op. cit., col. 1632.

〔2〕 参见"The Manila Incunabola and Early Hokkien Studies", in *Asia mayor* XII, pp. 95－186. cf. Part II, p. 99。

〔3〕 Ivi, pp. 143－186.

据 Van der Loon 说，多明我会士虽然负责编写词典，但是不会读中文。然而他们创制的罗马字拼音方案系统性很强。他们用了 13 个附加的发音符号，包括用 7 个符号表示不同的调值（见表 2），用一个符号，即提升半格的 h，表示送气，另用一个符号，即斜线，表示鼻音。

上述最后一本词典（第 6 种）是耶稣会而不是多明我会传教士编写的。就我所知，这是 16 世纪晚期以来，耶稣会传教士所编的唯一的非官话词典。要不是利玛窦和 Michele Ruggeri 所编的著名的汉葡词典早十年问世，这将是第一本汉外词典[1]。

1. Pedro Chirino 和他的词典

罗马 the Biblioteca Angelica 所藏 *Dictionarium Sinico-Hispanicum*（Ms. Ital. —lat. n. 60）[2]是西班牙耶稣会士 Pedro Chirino（1557 — 1635）编写的，他于 1557 年生于 Ossuna ，1580 年他在 Andalusia 省开始耶稣会修道士的见习期，他曾请求派他到美洲传教，但是没有获得批准，后来他就开始在 Jerez della Frontera 当使徒。1589 年他受命向菲律宾人传达耶稣会会长 Claudio Acquaviva 的指示，将马尼

---

〔1〕 手稿藏于罗马耶稣会历史档案馆，1934 年被 Pasquale D'Elia 发现，*Dizionario portoghese-cinese*. D'Elia 和杨福绵认为，这本手稿是 Ricci 和 Ruggieri 1583—1588 年在广东省的肇庆写的，1588 年由 Ruggeri 带到罗马。参见 ARSI, Jap. — Sin. I, 198, ff. 32—156. 又，参见马西尼《一些初步看法……》，p. 239，n. 9。

〔2〕 手稿的完整题目是：*Dictionarium Sinico-Hispanicum quo P. Pedro Chirino Societatis Jesu Linguam Sinensium in Filipinis addiscebat ad convertendos eos Sinenses qui Filipinas ipsas incolunt, et quadraginta millium numerum excedunt. Quem R. mo D. Mons. Sacrist? obesequia ergo ipsemet Petrus suppliciter obtulit prid. Cal. Aprilis* 1604. 又可参见 E. Narducci, *Catalogus codicum manoscriptorum praeter Graecos et Orientales in Bibliotheca Angelica*, vol. 1, Roma 1893, p. 21, cit. also in Van der Loon, *art. cit.*, p. 98。

拉耶稣会所(the Jesuit Residence)改为学院,以利解决在菲律宾居住的西班牙人的教育问题。他于 1590 年到达马尼拉,在马尼拉地区他曾参加一些传教活动,后来他被任命为在 Cebu 的耶稣会学院(Jesuit college)院长。他从 1595 开始学习中文,意在改变 Cebu 的中国人的观念,使其皈依耶稣教[1]。从当时 Chirino 写的一份报告,我们知道,在一位由马尼拉总督派往 Cebu 的年青的中国信徒 Don Luis de los Mariñas 的帮助下,他很快就能用中文授课,并在 1596 年为第一批中国人施洗浸礼。[2] 在 1602 年,作为菲律宾副省长的代理人,Chirino 被派往罗马,向 Acquaviva 报告在菲律宾的传教事业。Chirino 利用这个机会写了一份详细的报告,耶稣会会长很快就出版了这份报告,报告的题目是 *Relación de Islas Filipinas i de lo que en ellas trabaiado los Padres de la Compañia de Jésus*[3]。Chirino 又利用这个机会把他所编词典的手稿带到罗马,交给 Augustinian Cardinal Angelo Rocca,后者是教堂司事和著名的藏书家,他的个人

---

〔1〕 在 1604 年的报告中 Chirino 说,当地约有 200 个中国人,但在词典的序言里他说有 40 万人。

〔2〕 "Con estar sólo se ejercitaban nuestros ministerios en nuestra iglesia con Espanles y con indios con harta frecuencia, y predicaba muy ordinario en la catedral. De más desto viendo el barrio de los Chinos desta ciudad, donde había más de doscientos, con solo un cristiano, y que no habia quien los administrase, estando ellos muy dispuestos para recibir nuestra santa fe, si hubiese quien se la enseñase, me apliqué á estudiar y á aprender su legua, de que ellos se alegraron mucho, y acudían muchos dellos todos los días á hora señalada, á darme lición, con que tomé algo della, que me bastó para comenzarlos á doctrinar: á lo cual me ayudó mucho el Gobernador Don Luis de las Mariñas, que de Manila me envío un mozo muy hábil desta nación, cristiano, que me ayudaba á catequizar los que se habían de bautizar...", P. Chirino, *Relación...*, Manila 1969, p. 69. 又可参见 de la Costa, op. cit., pp. 166—167, 200, 222。

〔3〕 Roma, Estevan Paulino, 1604, pp. 196. Rist. Manila 1969.

藏书，后来成为 Biblioteca 书库，并最终成为世界上最早的公共图书馆之一。[1]

Chirino 于 1606 年回到马尼拉，1635 年 9 月 16 日在马尼拉去世。[2]

2. 书稿

书稿(21.8×16.6 厘米)由 88 张纸合订而成，其中只有 83 张纸和封面上写有文字，根据洋装书自左至右阅读的习惯，页码用铅笔自左至右记在右上角。所以有文字的每一页按中文书的习惯只出现在书的右页，但页码标在左页的右上角。这种现象很容易解释，页码是一个西方人添加上去的，

---

〔1〕 据《序言》，Chirino 在 1604 年 3 月 5 日完成他的 *Relación de Islas Filipinas*，过了没多久，即在 3 月 31 日，把手稿奉献给红衣主教 Rocca。为什么一个耶稣会传教士会把一本词典的手稿交给一位 Augustinian 红衣主教？可能的解释是：这位红衣主教可能是一位饱学之士，语言学专家，第一本官方出版的《圣经》(1590 年)的编辑，多少对 Chirino 的 *Relación* 的出版有些助益。事实上，一直到 1595 年，Rocca 多年来掌管梵蒂冈印刷厂，并与包括 Estevan Paulino 或 Stephanum Paulinum 在内的罗马所有的主要印刷厂都有联系，Chirino 的 *Relación* 和 Rocca 的至少一本书就是在上述印刷厂出版的。我们可以推想，Chirino 将词典交给 Rocca，是希望词典能在罗马出版。Rocca 在一本匿名小册子里曾提到这本手稿：*Bibliotheca Angelica litteratorum litterarumque amatorum commoditati dicata Romae in aedibus augustinianis*，Romae，apud Stephanum Paulinum，1608，在第 86 页他写道：Codices ex cortice arundinea Sinis conscripti，& Siniacè item Sinis impressi cum dictionarium Sinohispanico manuscripto. 这本手稿不见于 Angelica 图书馆的首批目录：*Index Manoscriptorum Bibliotheca Angelica autorum et materiarum odine alphabetico dispositus*. A Padri Basilio Rassegnier，1734（ms. 2393）. 但见于 Guilelmus Bartolomei 在 1847（ms. 1078，f. 48V）编辑的下述目录。有关图书馆一般历史和有关 Rocca 的文献参见 P. Munafò e N. Muratore，*La Biblioteca Angelica*，Istituto Poligrafico e Zecca dello Stato，Roma 1989。

〔2〕 关于 Chirino 的生平事迹见于上文述及的有关基督教在菲律宾传教活动的参考书，也见于下述著作(引自 Archivo Biográfico de España，Portugal e Iberoamérica，II/229，353，354)：M. Méndez Bejarano，*Diccionario de Escritores，Maestros y Oradores naturales de Sevilla*，Girones，vol. I，Sevilla 1922，n. 672；F. *Rodriguez Marin*，*Nuevos datos para las Biografias de cien escritores de los siglos XVI y XVII*，Tip. de la Revista de Archivos，Bibliotecas y Museos，Madrid 1923，ad indicem。

他并不知道中文书的书写习惯是从右到左。

每一张纸都只是一面有文字，只有第 71 页是例外，两面都写字。第 71(a—b)、72、73 和 74 张笔迹有所不同，并且在正字法方面与其余部分不同，例如“水”(“agua”)标为 Chuy，但在第 3 页上却标为 Chui。

每一个字都有 Castillian 话的翻译，译文写在左边，中文注音写在右边。多音节的词语按语素逐一用 Castillian 话译出，它们与组成中文多音节词语的语素显然没有任何关系。有些词语的注音与所注的中文字并不相符，实际上所注是口语中的词语的语音，例如第 29 页上的第一个词是 sai fu 师傅，可是在同一页和下一页有许多以“匠”结尾的词，对“匠”的注音也是 sai fu 。另有些例子，用不同的语音来注同一个汉字，例如 26 页上的“一”，罗马字拼法有标准音“su”或口语音 chit 和 cheg。

这本词典上的词和词语是按不同的标准编排起来的。见表 1，表上第 1 列是页码，第 2 列是内容，第 3 列是该页所见字数，第 4 列是单音节词的数量，第 5 列是双音节词的数量，第 6 列是三音节词的数量，第 7 列是短语和句子的数量，第 8 列是词语的总数，第 9 列是句子的数量(请与第 3 列所示字数比较)。表 1 底端列出每一列的总数。如果没有特别说明，每一个词、词语或句子都是先用中文写出，再写出罗马字拼音，最后是写出 Castillian 西班牙语。所有词、词语或句子都用中文的书写习惯写，从上到下，从右到左。

从表 1 可知，这本词典(或可称为“笔记”)包含 1920 个字，966 个词，其中单音节词有 639 个，双音节词有 304 个，三音节词语有 17 个，另有 6 个短语，104 个句子(未按组成这些句子的词的多寡来分类)。单音节词、双音节词和三音节词之间的比例关系，与对十七八世纪其他汉语方言文献的统计结果是一致的。[1] 以上的数字只能看作是大略的说明，因为确定某一个说法是词（单音节、双音节词和三音节等）或短语或句子，常常是非常困难的。

从表1可知，编者的意图是让读者循序渐进，熟悉这种语言。开头是一些普通的字，然后是热带地区常见的物件、动物、植物、鱼类和昆虫。只是开头的几页是按字形编排的，部首相同的词排在一起。开头五页按五个不同的部首分页，每一部首占一页：第一页为“铁”，第二页为“木”，第三页为“水”，第四页为“火”，第五页为“土”。从第六页开始，即按义类编排，可见编者的用意是将这本词典作为学习口语，而不是书面语的入门书。还应该指出，从这本词典所收的词汇和句子来看，没有任何表示外国的概念或观念的词或词语，也没有提到 Chirino 的祖国和他的宗教信仰。

这本词典上的字显然是没有受过教育的中国人写的。有些部首的写法前后不一致，如部首“犭”常常和“双人旁儿”相混。常用简笔字，而不用正体字：例如用“旧”代替“舅”(f. 21)，用“铁”代替“鐵 ”(f. 1)。后一种现象是非常有意思的，特别值得注意。这本词典中的有些简笔字，在中国文字学史的正规文献上，出现的时代要晚得多。

〔1〕参见 F. Masini, *The Formation of Modern Chinese Lexicon and its Evolution toward a National Language: The Period from* 1840 *to* 1898, Monograph No. 6 of the *Journal of Chinese Linguistics*, Berkeley, 1993, p. 121, n. 2. 中文译本：马西尼著、黄河清译《现代汉语词汇的形成——十九世纪汉语外来词研究》，汉语大词典出版社，1997 年。

例如“旧”，据现代的词典学参考书〔1〕，是下列三个字的简化形式：舊、臼、舅。在 Chirino 的词典里，只用于第三个字“舅”〔2〕。又如“铁”是“鐵”的简化形式，最早见于《正字通》，以及《雍熙乐府》中的一首诗，后者出版于 1566 年，年代仅比 Chirino 的词典略早几年〔3〕。

表 1　Chirino 词典内容说明

栏目内容：

Ⅰ. 页码；Ⅱ. 内容；Ⅲ. 见于该页的字数；Ⅳ. 单音节词的数量；Ⅴ. 双音节词的数量；Ⅵ. 三音节词的数量；Ⅶ. 短语的数量；Ⅷ. 词语的总数；Ⅸ. 句子的数量

Ⅰ	Ⅱ	Ⅲ	Ⅳ	Ⅴ	Ⅵ	Ⅶ	Ⅷ	Ⅸ
1.	“金”字旁的字	20	20				20	
2.	“木”字旁的字	20	20				20	
3.	“水”字旁的字	20	20				20	
4.	“火”字旁的字	20	20				20	
5.	“土”字旁的字	20	20				20	
6.	动物	21	17	2			19	
7.	鱼	27	9	9			18	
8.	虫	23	17	3			20	
9.	虫	26	10	8			18	
10.	天气	20	20				20	

〔1〕《汉语大字典》，湖北辞书出版社，四川辞书出版社，武汉，成都，1986—1990，8 卷；《汉语大词典》，上海辞书出版社，1986—1994，13 卷。这些书上没有简化字在历史上首出的资料。《中文大辞典》（中华学术院印行，台北，1973 年，1980 重印，10 卷，包括《宋元以来俗字谱》载录的所有简化字。《宋元以来俗字谱》为刘复和李家瑞编，1930 年初版，1957 重印，全书包括 6240 个简化字。

〔2〕参考《中文大辞典》，14052 条。

〔3〕参考《中文大辞典》，41220 条；《汉语大词典》第 11 卷，1232 页；《汉语大词典》第 6 卷，4187 页。

续表

Ⅰ	Ⅱ	Ⅲ	Ⅳ	Ⅴ	Ⅵ	Ⅶ	Ⅷ	Ⅸ
11.	物件	22	18	2			20	
12.	物件	20	20				20	
13.	物件	23	11	7			18	
14.	植物和水果	12	12				12	
15.	植物和水果	22	10	6			16	
16.	植物和水果	18	14	2			16	
17.	植物和水果	27	4	10	1		15	
18.	人体各部分	16	16				16	
19.	人体各部分	22	18	2			20	
20.	人体各部分	24	16	4			20	
21.	亲属关系	24	16	4			20	
22.	亲属关系	24	16	2			18	
23.	代词、色彩	18	12	3			15	
24.	布料	19	13	3			16	
25.	布料	31	5	8	2	1	16	
26.	数词 1—10，以及从20—100 的十位数	28	10	9			19	
27.	别的数词、度量衡	28	12	8			20	
28.	各类名称	25	9	8			17	
29.	职业（以“匠”结尾的14 个）	32		16			16	
30.	职业（以“匠”结尾的 5 个）	15		6	1		7	
31.	性质形容词	16	16				16	
32.	形容词和动词	16	16				16	

续表

Ⅰ	Ⅱ	Ⅲ	Ⅳ	Ⅴ	Ⅵ	Ⅶ	Ⅷ	Ⅸ
33.	形容词和动词	16	16				16	
34.	形容词和动词	17	15	1			16	
35.	动词	16	16				16	
36.	动词	16	16				16	
37.	动词	17	15	1			16	
38.	动词短语（as 如“完了”）	32		16			16	
39.	动词或形容词短语	26		13			13	
40.	11 个动词短语和 1 个动词	22	2	10			12	
41.	动词短语	24		12			12	
42.	动词短语	24		12			12	
43.	11 个动词短语和一个名称	24	1	10	1		12	
44.	句子	41						12
45.	句子	27						6
46.	句子(只有一个有翻译)	29						6
47.	句子(只有一个有翻译)	33						8
48.	句子(没有翻译)	28						5
49.	句子公司	36						5
50.	句子(没有翻译)	28						7
51.	词和动词短语	23		5			5	4

续表

Ⅰ	Ⅱ	Ⅲ	Ⅳ	Ⅴ	Ⅵ	Ⅶ	Ⅷ	Ⅸ
52.	句子	28						6
53.	句子	27						5
54.	8 个词和 1 个短语	20		8		1	9	
55.	各种名称	18	4	7			11	
56.	各种名称(7 个以“食”为偏旁的字)	21	7	4		2	13	
57.	7 个不同的名称和 2 个句子	22		7			7	2
58.	各种名称	18	8	5			13	
59.	各种名称(4 个以“手”为偏旁的字)	20	4	8			12	
60.	7 个含“打”字的句子和另一个句子	20		7			7	1
61.	各种名称和短语	20		7			7	2
62.	各种名称和短语	24	7			1	8	1
63.	各种名称(其中 8 个以“相”开头)	23	1	11			12	
64.	各种名称(其中 5 个以“相”开头)	22		11			11	
65.	基本方位词和季节名称	13	11	1			12	
66.	形容词和名称	20	20				20	
67.	各种名称(其中 3 个以“相”开头)	20	5	6			11	1

续表

Ⅰ	Ⅱ	Ⅲ	Ⅳ	Ⅴ	Ⅵ	Ⅶ	Ⅷ	Ⅸ
68.	句子	27						3
69.	各种名称	20	1	5	3		9	
70.	各种名称	19	1	6	2		9	
71.	右边:句子	30			1		1	5
72.	左边:不加注音和释义的单音节词	10	10				10	
73.	左边:不加注音和释义的单音节词	20	20				20	
74.	左边:单音节词,部分有注音和释义	20	20				20	
75.	动词短语	22				1	1	6
76.	短语和句子	20	2	4	2		8	1
77.	句子	27			2		2	4
78.	句子	32						6
79.	句子,只有第一个有部分翻译	35						5
80.	句子,有的有翻译	36						4
81.	句子和两个词,有的有翻译	27		2			2	4
82.	句子,有的有翻译	34						5
83.	句子和词,有的有翻译	27		3	2		5	2
	总计	1920	639	304	17	6	966	104

3. 罗马字拼音系统

Chirino 的罗马字拼音系统，在符号使用上有以下特点：

送气音十分系统地用“h”写在塞音/p/，/t/，/c/，/ɛ/，/q/的后面，即/ph/，/th/，/ch/，/ɛh/，/qh/。Van der Loon 曾研究过的 WTBXDoctrina 和 1607 年出版的 *Bocabulario* 也是用“h”表示送气的。在中国的耶稣会士后来编写的别的词典或词汇学文献则是用一个希腊文字母写在符号的上面，或者用一个撇号写在符号的前面，后来把撇号挪到符号的后面，表示送气，所使用的方法跟威妥玛式或远东法兰西学院（the Éole Françise d'Extrême-Orient）拼法完全一样。

声调似乎没有系统的标示法，不过在某些场合还是用了一些附加符号。可能这是最初为标示声调所做的努力，例如：sia 加声调后有三个音节 sià 城，siȧ 锡，siá 社。通过与闽语三个主要次方言（厦门话、潮州话、福州话）的比较，可以假设：短横在上表示阴入，长横在下表示阳入，一捺在上表示阳平；有时也用曲折号，可能是用来表示阴去，如 Suȧ 线。[1] 因为只有十来个音节用了声调符号，所以以上所说还只是一种假设。

---

〔1〕 各声调的调值据它们在现代闽语厦门话和（或）潮州话的调值作了修正。见《汉语方音字汇》第二版，北京大学中国语言文学系语言学教研室编，文字改革出版社，1989 年。

表 2　声调符号

声调	年代	平声		上声	去声		入声	
		阴	阳		阴	阳	阴	阳
Chirino	1604		/		∨		\	_
Doctrina 和 Bocabulario	1607	/	_	\	∨	∧	Y	人
西字奇迹[1]	1605	_	∧	\	/		∨	
西儒耳目资	1623	_	∧	\	/		∨	

这本词典所采用的罗马字拼音系统请见表 3 和表 4。表 3 为声母表，先写出大致的音值，后面括号中是 Chirino 所用的声母符号。表 4 为韵母表，表上的韵母只是对 Chirino 所用的韵母有所修正，我不想构拟当时可能的音值。因为我目前还没有将它的音韵与当时其他闽语进行比较，所以我不打算确定每一个语音的实际音值。Chirino 在 Cebu 的时候可能已经与使用不同闽语的人群有所接触。然而有必要指出，Chirino 的罗马字拼音系统与 Van der Loon 曾研究过的罗马字拼音系统有所不同。[2]

Chirino 词典的声母和韵母表如下：

〔1〕《西字奇迹》是一本简短的教科书（正反面共 6 页），利玛窦著，1606 年初版于北京，全书包括三个圣经故事，皆译成中文，并配以罗马字拼音。《西儒耳目资》一书是金尼阁（1577—1628）在韩云和王徵的协助下写成的，1626 年出版于杭州。参见马西尼《一些初步想法……》、《欧洲出版的第一本中文词典》，以及这两种著作所列的详细书目。

〔2〕相关的闽语音韵特征大多可以在下述两种著作中找到：《汉语方音字汇》第二版，北京大学中国语言文学系语言学教研室编，文字改革出版社，1989 年；袁家骅等著《汉语方言概要》第二版，文字改革出版社，1983 年。

表 3　声母

Voiceless unaspirated	p (p)	t (t)	ts (çh)	k (c,ç, qu)
Voiceless aspirated	p'(ph)	t'(th)	ts' (ch)	k' (qh)
Voiced	b (b)		dz (tz)	
Nasals	m (m)	n (n)		g (ng)
Fricatives			s (s)	
Approximant				h (h)
Sonorants		l(l, d)		

表 4　韵母

	—b	—c	—g	—m	—n	—ng	—p	—r	—t
a		ac		am	an	ang	ap	ar	at
ai									
ao									
au									
e		ec	eg			eng			et
ee									
ei									
i				im	in	ing	ip		it
ia	iab			iam	ian	iang	iap		
iao									
iau									
ie					ien	ieng			iet
io						iong			
iu									
o		oc	og			ong			
oa				oam	oan				

续表

oai									
oe									
ou									
u					un			ur	
ua				uam					
ue									
uei									
ui				uim	uin				uit
uia				uiam					
uio									

4. 结语

没有证据可以说明当时中国知识界已经注意到这一种或别的闽语罗马字拼音系统。它们只是为实用的目的而制订，即用于宗教图书的拼写，如 1605 年的 *Doctrina*，或者为了向当地人民传福音而研究语言，制订拼写法，如 Chirino 的罗马字拼音系统和用于 1607 年的 *Bocabulario* 的拼写法。这些系统很快就被制订者耶稣会士和多明我会士放弃，他们不久就去了大陆，最终将精力放在为官话制订拼音系统，编写词典和语法书，官话是那些皈依天主教的读书人所使用的语言。这种情形一直维持到 19 世纪初年，那时候抗议派传教士投身于研究南方语言，创制各种不同的罗马字拼音系统。这些拼音系统中只有闽南白话字得以传播，一直到今天福建省一些当地人还懂这种白话字。[1]

(游汝杰译于 2001 年 6 月)

提　要

自 16 世纪末期开始,在远东地区因传教与中国人接触的西方人,几乎无不声称或打算编写中文词典。此后编写一本优秀的中文词典成为人们长期追求的目标,一直到 20 世纪初期马礼逊出版著名的 5 卷本大词典。

因传教活动关系,西方人需要实用的研究当地语言的基本工具书。最初碰到的问题是如何记录这些外国的语音,列出供记忆的词表。利玛窦(Matteo Ricci)在郭居静(Lazzaro Cattaneo)等传教士的协助下,为官话制订了一个可靠的拼音方案,方案中有送气符号和声调符号。这一方案稍加修改,最后为金尼阁的《西儒耳目资》所采用,此书于 1623 年在杭州出版。此后几百年此书所用官话拼音方案一直被当作标准拼法。

不过在利玛窦经澳门到中国之前,在菲律宾的传教士们为学会汉语和中文,已经开始努力工作了。大多数传教会,即奥古斯汀会、多明我会和耶稣会,都声称已经编写好词典,这些教会是 1565 年至 17 世纪初期抵达菲律宾传教的。第一本词典是《中国语言词汇集》(*Arte y Vocabulario de la lengua China*),据称编者是西班牙奥古斯汀会的 Martin de

---

〔1〕 关于闽南白话字请参见《绍介流行悠久的闽南白话字》,载《语文建设通讯》,香港,1994,45,pp. 72—79。

Rada (1533—1578)。他说他曾于 1575 年和 1576 年两度到福建旅行。可惜他编写的词典已佚失，与别的一些词典一样只有书名残留至今。

这一时期编写的词典，只有少数几种至今犹存。其中一种今存罗马 Angelica 图书馆，作者是西班牙耶稣会的 Pedro Chirino(1557—1635)。这本手稿于 1602 年由作者从菲律宾带到罗马。这是一本记在笔记本上的手稿，共 88 页(其中只有 83 页有文字)，包括几百条中文词语，并有某种闽南话及相应的 Castilian 西班牙语注音。这些词语对于研究中国和西方早期的语言接触是非常有用的。它也可以用于研究当时闽南话的语音和词汇特点。手稿上的汉字是文化程度不高的人写的，所以它对于验证最初出现的一些简笔字也是有用的。

原刊《语言接触论集》，上海教育出版社，2004 年，211—234 页。原文作者及题目：Masini Federico, *A Minnan Chinese-Castillian Spanish Dictionary of* 1602 *Preserved in Manuscript in Rome*: *An Early Case of Sino-Western Language Contact*.

从合逊《广东对话》看19世纪中叶广东的语言、文化和社会

邹嘉彦　著
游汝杰　译

前　言

作为语言学和人类学的初学者，笔者曾于1973年在巴黎参加东方学会议，此后笔者对搜寻可供研究的原始资料发生浓厚兴趣。在巴黎笔者颇有所获，后来有幸再次访问莱顿(Leiden)，在莱顿的一家旧书店里，看到一本装订松散的笔记，第一页上所印的题目是《广东对话》。内容是粤语口语的书面记录，配有英文翻译，并有合逊(B. Hobson)于1850年所写的"导言"。这是笔者搜寻原始资料的收获之一，当即带着这些资料回到圣地亚哥，笔者当时在加州大学(La Jolla)讲授语言学。研究结果令人十分兴奋，因为这些资料不仅包含中国那个意义重大时期的有趣信息，并且证实了笔者两年前所写有关汉语历史句法的论文的结论，也使笔者能有合适的时机开始随后的研究计划。笔者在研究生时代就致力于

把汉语文本输入电脑，到了20世纪80年代中期很想把《对话》也输入电脑。当时实行起来有些困难，非常规的方言汉字需要造字，更重要的是要证实这些资料的可靠性。造字是技术问题，只要有时间就能解决，为了证实资料的可靠性，笔者开始阅读华南地区的传教士著作。几经努力，笔者对合逊的背景了解增加了，但对他所著《广东对话》仍然没有找到确凿的证据，一直到有机会研究伦敦传教士协会的档案，在缩微胶卷阅读器的屏幕上突然发现有一页合逊的著作，与笔者在荷兰所得完全一致，至此才证实《对话》的可靠性。

一 《广东对话》及其在19世纪中叶的中国的地位

19世纪中期对于中国历史和世界历史都是引人注目的时期，因为在这一时期，人口最多的中国、有它历史最悠久的绵延不断的文明，面对世界，突然从由来已久的自高自大中觉醒；又因为这一时期也是中国从封建国家发展成为现代国家的缓慢过程的转捩点，这个发展过程在150年之后的今天形成了新的高峰。与日本明治时代的经历一样，在不自愿的情况下与西方的接触大为增强但不自愿，这些接触对于划时代变化的发生起到很大的作用。这些重大的转变也反映在语言上，因为新奇观念的产生和成熟常常在语言上留下应有的痕迹，虽然本地人对外来文化会有所改造，例如在日本就是如此。在北京宫廷制订对外政策的时候，直接涉外的南方就已经占尽了有利的地理位置，特别是珠江三角洲，与国外的接触最多，随之而来的是社会的演变。珠江三角洲为来自阿拉伯、印度、波斯、马来亚、蒙古、葡萄牙、越南等国的外贸商人所熟知，已有几百年的历史，与历代的商人一样，他们的原动力是赚快钱，顾眼前的利益远远大于对当地社会与文化的兴趣。

在 18 世纪末期东印度公司在广东立足之后，过了好久，才有另一类外国人在珠江三角洲出现，他们就是新教传教士。西方商人和官吏为社会变迁创造机会，而传教士们则扮演执行者的角色。前者致力于强行打开中国的门户，引诱中国人沉溺于鸦片，以图取利润。后者透过开放的门户，试图拯救中国人的灵魂，使之永生。为了达到这个目的，他们千方百计要以前所未有的深入程度了解和熟悉中国。与以前天主教传教士一直以上层阶级为目标不同，新教传教士从基层做起，因而获得成功。他们最大的成功之处，在于通过医疗服务，达到初步的"人身关怀"，又通过学习中国语言特别是方言，开始与老百姓接触。同时他们也向西方报告他们所了解的中国，这些信息反过来又有助于洋人在中国继续获利。虽然开头 50 年教堂传教会在南方的皈依者为数很少，但是用 John Fairbank 的话来说，新教传教士起到了双重作用，一是扩大西方的势力范围，二是他们热心鼓吹的促使"振兴中国"〔1〕。毫无疑问，他们对中国社会的转变起到了催化的作用，但是对"振兴中国"的长期进程的贡献，并非只此一家，也非到处可见。王赓武曾注意到〔2〕，居住在海外的中国人在这两方面也有重要的贡献，并且可能继续充任"扩大在中国的势力范围"和"振兴中国"的代理人，同时也是"新政治文化"的传播者。然而，Suzanne Barnett 认为，传教士作为文化"掮客"，几十年来一直发挥轴心作用。担任这样的中介

〔1〕 见 Barnett and Fairbank，1985，p. 18。

〔2〕 见王赓武，1994，p. 15。

角色并不是轻而易举的。[1] 清廷顽固地拒绝与洋人和洋务接触，实行闭关自守的政策。马礼逊(Robert Morrison)[2]曾举例说，随机应变的传教士较早接触不受清廷法律管辖的移居海外的中国人，他们利用这一机会，切入不受中国政府控制的东南亚华人社会，从侧面“入侵”中国。[3] 传教士也为此付出沉重的代价[4]，许多人与贩运鸦片的商人在道义上发生争执[5]，贩运鸦片的结果导致英国向中国宣战。当时许多中国人被当做契约劳工，或被绑架为“卖猪仔”，到海外遥远的角落做苦工，那时候地方高官有可能遭到杀害[6]或被拘捕[7]，广州曾有三年多为英法所占领[8]，当时还发生与传教士有关的鼓吹改革的“太平天国”运动[9]。

传教士们所写的文字材料包含许多第一手的信息，涉及一个正在发生重大变化并急速变革的社会，它的性质和状况，也包含许多从中文文献中不能获知的细节和观察角度。这些材料可以让我们看到纯粹的南方方言口语的实际用例，还使我们了解到南方文化、社会和政治状况的细节，当时的中国南方与东南亚，以及北美已经发生可观的接触。本文集中讨论的是其中的一个典型人物。

---

〔1〕 见 Barnett and Fairbank，1985，序言。

〔2〕 例见 Towsend and Ride，1957。

〔3〕 见 Barnett and Fairbank，1985，p. 13。

〔4〕 在当地死亡的人约占总数一半。统计数字见 MacGillivray，1905。

〔5〕 例如伦敦会传教士“John” Medhurst 宁可绕道来中国，而不愿意搭乘运载鸦片到中国的船。合逊医生，他的著作是本文的主题，也曾写一份篇幅颇长的请愿书给香港总督 Plenipotentiary Bowring。

〔6〕 澳门总督。

〔7〕 两广总督，见 308 页注 1。

〔8〕 从 1858 年开始，见 308 页注 1。

〔9〕 见 311 页注 1。

二　编写者及其时代

从初选的一小批人中，笔者再精选出合逊(Benjamin Hubson)医生。他1816年1月2日生于英格兰Northampton郡的Welford，卒于1873年，享年57岁。其父是一位独立牧师。他本人在1835年进入伦敦大学学习医学，1838年毕业，并获得医学学士学位。1839年23岁，获得第二个学士学位，即外科学士学位。他成为医师学会会员，并被按立为牧师，不久就被伦敦会派往中国。1839年12月30日他与年轻的妻子Jane Abbay到达澳门，当时中国和英国正处在敌对状态的第一波高潮中，即第一次鸦片战争(1839—1842)正在进行中。从1839年至1859年，合逊基本上是在中国做医疗传教士，这20年对于仇外的中国和西方的相互关系来说，正是多事之秋，那时候西方正热衷于殖民扩张。就在不列颠王国和中国处于严重敌对的高潮中，他花费好几年时间，致力于在广州创办一所兴隆的医院，用中文出版好几本有关西方所谓“生理学”和“外科学”的重要著作，首次把西方的医药知识介绍到中国。他所写的第一本医学书是有关生理学的，此书为读者所喜爱，销路很好，重印了好几次。这本书的出版曾得到两广总督叶名琛[1]的赞助。叶

〔1〕1847年至1851年任广东省巡抚，1851年至1858年任两广总督。1858年叶名琛在广州被5000名强悍的英法远征军所俘，后被羁押在加尔各答，1859年在加尔各答去世。他对广州失守，为法英所占，负有责任，许多历史学家认为他是一个软弱的总督(例见Fu 1966)。不过近来对叶名琛问题又有新的倾向褒扬的解释(Wong 1976)。从叶名琛支持出版合逊有关西方医学论著来看，他对中国近代史和现代化的贡献应该重新谨慎评估。

名琛追随清廷别的大臣，包括林则徐总督，抵制西方对中国的影响。这种抵制运动和后来发生鸦片战争有一定的关系，而鸦片战争的结果使香港成为英国殖民地的皇冠。

人们大大地低估了合逊博士对中国的多方面贡献[1]，这大多是因为别的大人物掩盖了他的名声，例如著名的马礼逊，他不仅在中国近代史上有一定地位，而且在近代汉语研究史上也颇有名声。事实上合逊在第一任妻子过世以后，与马礼逊的女儿 Rebecca 结婚，而成为马礼逊的女婿。马礼逊是在 1834 年去世的，他们的婚事是在马礼逊去世 10 多年以后举行的，如果马礼逊还活着的话，他会为之骄傲的。马礼逊的儿子 John Robert Morrison 1842 年开始担任香港殖民地秘书，并且为 Jardine Matheson 工作，作为他们的书面和口语翻译，一直到 1843 年 29 岁患上疟疾为止。

在抵达中国海岸以后，合逊一开始就对语言学习很敏锐，并且勤奋学习中国事务。一天之中除了两个小时"用于门诊病人外，我把全部时间和精力投入语言学习，除了晚饭后有一段时间用于运动，利用晚饭后的一段时间活动身体是很合适的。合逊太太则每天用几个小时学习方言，进步很快"。这是他抵达差不多一年后的 1840 年 11 月 9 日向伦敦传教协会所作的有关他学习语言的报告。他显然没有足够的时间照顾他在广州创办的医院，在 1848 年他不得不每天从上午 9 点半至下午 3 点半，换句话说用 4 个小时时间，来看至少 200 个门诊病人。

---

〔1〕 他年仅 23 岁就去中国是不寻常的，而他在 23 岁就成为合格的医生更是不寻常。例如，最早到中国的马礼逊博士是 1807 年 25 岁到中国的。详见 Towsend and Ride, 1957。据合逊的讣告，他是先在伯明翰大学读书，后在伦敦大学读书。

同时代的一位中国名人梁发[1]对他的成就非常钦佩，梁发对他有如下评论：

“你的同胞来学习汉语的有许多已是中年人，他们的舌头已变硬，因此很难学会说汉语。而当他们学写书的时候，又学得太快，以至中国人很难看懂他们所写的内容。”

梁发是中国著名的福音传播者，这一段话摘自他给伦敦传教士协会的报告，报告传教士学习汉语的情况，写于 1841 年 11 月 1 日。然而，应该指出，合逊当年只有 25 岁，比更为年长的同事在学习语言上有明显的优势。马礼逊的情况也相似，他甚至更为幸运，在他 1807 年去中国之前，就能有两年时间在伦敦大学学习汉语。

还有别的事迹可以看出合逊医生热衷于汉语。别的传教士所写给伦敦传教士协会的报告，罕见中文字样，而合逊医生在 1848 年 6 月 22 日所写的报告，就有“金利埠”和“观音”这些汉字。“金利埠”是广州西郊一个市场的地名，他的医院就在那儿，而“观音”是一个女性菩萨的名字。在随后有关广州医院的报告中，提到 1856 年初版的他所著的《生理学论集》，他特别指出：“在中国写一篇论文有时可以找到新的术语。汉语中偶尔没有的名词，必须尽快音译。在交付出版前应注意所译名词是否明晰和准确。科学和艺术名词词典

---

〔1〕 梁发，他姓“梁”，拼作 Leong，有的作者拼作 Liang。他是中国最早的基督教皈依者，于 1817 年在马六甲的新教教堂受洗，主礼牧师是米怜，米怜是马礼逊年轻的合作人。梁发是中国本地最早的新教牧师，1822 年在中国传教会为马礼逊牧师所按立。洪秀全因他而皈依基督教，洪秀全是太平天国(1853—1861)叛乱的领袖，他曾读过梁发所写的著名小册子《劝世良言》。有意思的是，梁发的儿子，作为两广总督的译员，曾从美国传教士 Elijah Bridgeman 先生学习英语，后者当年曾出版影响颇大的 *China Repository*。有关梁发的出身，请参阅 McNeur(1934?)，有关梁发道德觉悟的理智基础的精彩讨论，请参阅 Bohr(1985)。

是必备的，不仅可以查阅参考，也是为了使新词统一。”

他一定是作过不少研究，因为他曾指出在中国人们只认识 20 种西方药物的名称。[1] 他还提供一份双语的名词对照表，附在所著《生理学》后面，那本书印了 500 本。毫无疑问，这些努力为随后在中国出版第一本《英汉医药词典》打下基础，他于 1856 年在上海出版这本词典。

虽然他的主要工作是医疗传教士[2]，合逊对中国的语言特别是粤语研究，也有不少有意义的贡献。1850 年他颇为得意地利用他的医院所属的石印印刷厂，出版了一系列语言研究笔记，他称之为《广东对话》。出版社的目标是用中文出版和传播基督教文献，这样出版社的存在就有了正当的理由，而他就抓住这个机会发行一系列“特别优秀”[3]的粤语学习资料，尤其是那些对传教士有用的资料。他在“导言”中指出，这些资料在 1841 年就准备好了。显然他自己和其他读者对这些资料都很赞赏。[4]

在编写方式方面，这些带有指导性质的资料所遵循的是自然教学法，在中国别的语言早在几百年前就采用这种方法

---

〔1〕 合逊医生在著作出版上有一位中国合作人。他称他的合作人“是一位对他要完成的任务非常称职的本地学者。他是太平天国南京难民，承艾约瑟(J. Edkins)牧师友善推荐任职，后者与他在苏州邂逅”。他隐去合作人的姓名，可能是为他的安全考虑，因为当局严惩给外国人教授汉语的中国人，也不许外国人除了贸易之外在中国从事别的工作，外国人被分隔开来，只能住在指定的居住区内。

〔2〕 见 Balme，1921；Lovett，1899。

〔3〕 见《广东对话》导言。

〔4〕 可能有紧急需要，要印发这些广东话的教学资料，因为据 Bridgeman1841 年 1 月给伦敦传教会的年度报告，有 13 个传教士正在学广东话，只有两个传教士在学官话，三个在学福建话。

了[1]，它与以词形变化和语法为基础的方法不同，后者为别的传教团体如天主教所偏爱。这些资料还包含反映中国文化和文明结构的信息，详见下文导言注。从这些教学资料的字里行间，可以明显地看出，合逊医生对他不采用的方法心中也很明白。在他个人的档案中有一套手工装订的资料，题目是《口语短语》，包括 700 个短语。[2]

两种语料中的语言有大致的一致性[3]，尽管可能因为太匆忙，短语条目有些失误。

《口语短语》有利于复习和帮助记忆，因此也是实用的，而《对话》则更像语言与文化入门的教科书。不管怎么说，这两种不同的教学方法对于早期传教士来说，都是不无意义的。

《对话》的策划者是佚名的，通常都是如此，不过据合逊医生说，他是一位"中国的饱学之士"，"曾经作为抄写员或编写者协助过马礼逊博士"，在他 1860 年所写的文章的注脚中，提到《中庸》(*Eclectic*)的标题为："与一位中国饱学之士

---

〔1〕《老乞大》是一本著名的语言教科书，至迟从明代开始，也许更早以前就用于教朝鲜人、蒙古人、满族人或其他民族人，它采用问答体裁，也提供大量口语材料。详见邹，1989 和杨，1969。

〔2〕每页分两栏，每栏通常包括 14 项，每项英文注解(常常是直译的)置于手写的中文条目之上。共有 26 页半，收 700 个条目，每条按字数从少到多排列，从两字词到九字词都有，十字词只有一条，排在最后。这些短语好像来自他的中文老师，或者是他在平时与中国同事和病人的接触中积累起来的。看起来他本来就有编辑一本短语集的想法，因为相关的中文和英文条目事先就安排在同一组，或自成意义单元的几组中，然后用手工装订在一起。26 页也几乎与对话的页数相同，也许他想把"常用短语选集"与对话编集在一起，对照使用。

〔3〕这些"口语短语"中有少数例外不见于在广州使用的粤语，例如"拢总"(所有，一切)：(1)扫拢总楼板(扫所有地板)，(2)拢总个人(所有人)。这个双音节词不见于《对话》，而是某些闽语专用的词，东南亚包括马六甲的海外华人也常用。在《对话》里一律用"一总"。近代广州话中也有来自粤语次方言的词汇，这是不足为怪的，请见下文。

的对话——有关中国人的宗教与精灵、鬼怪和轮回等信仰的种种观点”。在他自己所藏的重印本上，手写一段话：“合逊曾聘他为汉语教师，他也为合逊提供信息，翻译供一般人读的文章。”

刊登在杂志上的文章基本上是用《对话》第一章至第七章的材料写成的，有合逊医生写的有关中国文化的注解，其结论认为，对于基督教信仰来说，中国已经成熟。从《对话》中的资料，可以大致看到西方人对当时中国的感觉，因为有他所写的意味深长、真实可靠的附注。

《对话》所见大量例子，是我们所能得到的最早的高调现代粤语的资料[1]，对于研究汉语方言特别是南方方言是无价之宝，下文还要详说。同样有价值的是《对话》所见在中西敌对接触之下的有关广州的政府、文化和社会结构的详尽信息。其中有令人惊奇的有趣资料，有关穆斯林葬礼的习俗，如何决定死者是进天堂或地狱（可能只是道听途说，并不准确），当代香港和大清国官服的式样。并且，显然还有些更加重要的内部资料，如有关支付给总督和巡抚的数目庞大的养廉津贴，有关科举考试的制度、过程和结果，文官考核的基本要求，这些方面后来对英国也产生了影响。

上述非常有意思的观察引起《对话》的原始资料提供者是谁的问题。他（极大可能不是“她”）不仅可能受过很好的教育，而且可能与广东最高级官员很亲近，因为只有这样他才可能得到各种类型的内部资料，并且熟知北京清廷的情况，也可能精通英文。因为没有人会把这样的资料托付给一般教师，而使自己被控告叛乱，进而可能遭受惩罚。这样的

---

〔1〕 今天所谓“粤剧”一直到20世纪初年还不是用粤语演唱的。

人在当时的广州是很少的。上文已经提到梁阿发这个名字，他显然已与英国传教士打成一片，因而受中国当局的监视，结果为防备有人告发而遭逮捕，他回到马六甲。如果是他或他的儿子参与其事，这也不足为怪。他的儿子毕竟跟Bridgeman学过英语，能写标准英语，曾担任两广总督的翻译。不过要确认这个人，与对合逊的贡献做出全面评估一样，需要进一步研究。

毫无疑问，私人之间的关系可能比较亲切，国家之间的关系就很难说了。这可以从很少有人注意到的《英中天津条约》[1]的两个条款中看出，《英中天津条约》1858年6月26日在天津签订，1860年10月24日在北京批准换文，共有55条。[2]

Article 50：

All official communications，addressed by the Diplomat and Consular Agents of Her Majesty the Queen to the Chinese authorities，shall，henceforth，be written in English. They will for the present be accompanied by a Chinese version，but it is understood that，in the event of there being any difference of meaning between the English and Chinese text，the English Government will hold the sense as expressed in the English text to be the correct sense. This provision is to apply to the Treaty now negotiated，the Chinese text of which has been carefully corrected by the English original.

---

〔1〕英国和中国签订的和平、友谊、贸易和航运条约是这一时期所签订的四个不平等条约之一。其余三个条约是分别与法国、美国和俄国签订的，这三国坚持要与英国一样，签订更多的优惠条款。

〔2〕见中国、日本、菲律宾编年指引，香港，1877年。

Article 51:

It is agreed, henceforward the character 夷 "I" (barbarian) shall not be applied to the Government or subjects of Her Britannic Majesty, in any Chinese official document issued by the Chinese authorities, either in the capital or in the provinces.

第五十款

一、嗣后英国文书俱用英字书写,暂时仍以汉文配送,俟中国选派学生学习英文、英语熟习,即不用配送汉文。自今以后,凡有文词辩论之处,总以英文作为正义。此次定约,汉、英文字详细较对无讹,亦照此例。

第五十一款

一、嗣后各式公文,无论京外,内叙大英国官民,自不得提书夷字。

第 50 条中英两种文字的不相称,不见于与别的三个交战国——法国、美国和俄罗斯分别签订的《天津条约》,签订这些《天津条约》是"太平天国叛乱"的后果。中英文本的重大差异[1]是很有讽刺意味的,特别是第 50 条所说:"此次定约,汉、英文字详细较对无讹,亦照此例。"更具讽刺意味的是,150 年以后,在中国恢复行使主权的 1997 年 7 月 1 日公

〔1〕 在中文本中插入了一段有意思的话:"俟中国选派学生学习英文、英语熟习,即不用配送汉文。"在第二段第一个子句后面插入:"暂时仍以汉文配送。"中文本的这些详细说明不同寻常,不但不符合专业翻译要求,而且与中国政府"中西不接触"的政策相违背。这引起人们的猜测,可能是英文本执笔人的中文顾问插入这些话,意在鼓励中国人学英语,并使之合法化。30 年以后发生义和团运动,人们这才认识到英语学习的重要性,同时使之合法化,当时将对美国政府的赔偿用来资助中国留美学生,包括最早的两名中国"诺贝尔桂冠"学生,到耶鲁大学和别的学校留学。

布的香港特别行政区基本法，只以中文文本为准。[1] 同时，作为历史悠久的殖民地，香港近年来在司法领域据此认同中文和95%以上居民的家庭语言——粤语口语，在法律上的地位，即在香港法庭上是与英文“同等”的语言。[2]

上述第51条在外交史上是不寻常的，它没有参照别的《天津条约》，又以审查官的口气说“不得”。这明显地反映出欧洲人已发觉中文称他们为“夷”是对他们的鄙视，而英国政府和在华的英国官员则将此事看得很重，甚至等同重大的租界问题和向中国要求的赔款问题，这些赔款的数额超过广东全省一年的税收。[3] 洋人所感觉到的中国人的精神状态，可以从John Thomson的作品中略见一斑，Thomson是苏格兰摄影家，在19世纪最后25年从事有关中国的摄影和写作。他写道：

那些熟悉中国人及其根深蒂固的迷信思想的人，很容易明白笔者要完成的任务是既困难又危险的。在有些地方从来没有见到过脸色白皙的白种人，而文人或知识阶层在他们中间养成这样的观念，当心避开各种魔鬼，而不必认真避开“番鬼”，“番鬼”具人形，为己利独来独往，常靠目力发现隐藏在天地间的宝藏。所以笔者常常享有诡秘的风水先生的名

---

〔1〕 1983年中英关于香港的主权回归中国的宣言，提到中文和英文的同等地位。宣言提到两种文本的宣言具有同等的权威：“1984年在北京复制的中英两种文本具有同等权威。”然而，1990年北京颁布的《香港特别行政区基本法》却否定了上述提法，英文文本仅可作参考之用，而且也没有设法提供权威的英文文本。有关中文和英文地位倒转的详细分析，请见邹(《语言炸弹》)，1986年。

〔2〕 请参阅邹，1986。

〔3〕 此书第11章提到，广东全年税收不到二百万两银子，而法国要求赔偿二百万两银子，英国则要求赔偿四百五十万两银子，其中二百万两用于远征军。

> 声，笔者的摄影机被当作黑色的神奇机关，它与超自然的强大的目力结合在一起，给笔者力量，使笔者能看穿岩石和山脉，看透本地人的灵魂，用黑色的艺术拍出神奇的照片，而这些照片摄取了一个人太多的元气，以致他会在短短的几年里死去。[1]

其中还有更具讽刺意味的事，首先，中国官员在没有别的选择的情况下签了条约，但是在后出的文件中他们从未停止用表示特征的形容词“夷”[2]指欧洲人。看起来操作这个条约的英国官员也知道这一点。[3] 第二，尽管 Thomson 早有上述观察，在一个多世纪后的香港，欧洲人和中国人仍然半开玩笑地(在大多数情况下)用口头用的表示特征的形容词“鬼”来指称欧洲人。[4]

三　19 世纪广州的社会和文化

《对话》出色地透视了 19 世纪中国最重要的贸易港口，其中有些方面因与现代社会相关，或者可以视为文化特征得以保留或延续的根据，值得特别提出来。

---

〔1〕 参阅 Thomson 著作(1873—1874,1982 年再版)的导言。值得注意的是 Thomson 自己与合逊及别的传教士，已经用了“Chinaman”这个词。

〔2〕 Thomson(1982)指出，中国人不信任欧洲人是由于较早到来的葡萄牙人的不良行为所致。

〔3〕 就英国人对中国官场操作细节的熟悉程度而言，他们一定早有所知。因此其中不无奥妙。可以推测英国人不是为这一条款的相关内容而开战，那么，为什么要加上这一条款呢?

〔4〕 中国人在欧洲人同事面前很少用这个词，然而，欧洲人用这个词互相指称或在中国人同事面前用这个词却不少见。

香港官职的中文名称参考广东省级官职谨慎地加以制订。在殖民地时代，当局弄辞取巧，对殖民地最高长官，不以中国省级的最高长官“巡抚”来称呼，而以“巡抚”的上级、管辖两省的“总督”（如两广总督）来称呼。他的副手最早称为殖民地秘书，后来改称主任秘书，在当时小小的殖民地香港，并无大事可干，但是他的中文名称“布政司”却与级别高得多的广东官职同级。有趣的是，1997 年以后，香港的中文官职名称，在中国文官系统中，比相应的官员级别要低得多。

养廉银，或者说反腐败措施，因为关系到官员的薪俸，今天人们对它在许多方面仍有兴趣。表 1 所列是省级高官的年薪和每年补贴的养廉银。总督和巡抚的养廉银分别是他们的基本薪水的 139 倍和 100 倍。这两位最高级官员的养廉银合计为 40000 两银子，相当于全省全年税收的 2%，而全省税收相当于法国所要求的赔款，或英国所要求的赔款的一半，法英联军在鸦片战争 17 年后的 1859 年战胜中国后，法英两国提出上述赔款。〔1〕更加有意思的是官方全省全年的税收与官员的俸禄，相比之下显得很少。〔2〕布政司的养廉银是巡抚的差不多一半，而按察司略少些。值得注意的是并没有列出海关监督和武官的养廉银。

---

〔1〕 参见 316 页注 3。

〔2〕 比较今昔香港和广东两地两个顶级高官的年俸和两地的总税收及其相互关系，引人反思。

表 1 养廉银和薪俸

	官阶	薪俸（每年银两）	养廉银（每年银两）
1.	总督	180	25,000
2.	巡抚	150	15,000
3.	布政司[1]	150	8,000
4.	按察司	130	6,000
5.	盐运司	130	5,000
6.	道台	105	3,800
其他			
7.	学院	150—180[2]	4,500[3]
8.	海关监督	150—180	?
9.	兵备道	105	3,000
10.	知府	105	2,400 or 2,000
11.	州	80	1,600 or 1,000
12.	知县[4]	45	1,500, 1,000, 800 or 600

许多在《对话》详述的礼节已经消失。就婚礼而言，“归宁”或“回门”[5]和“过大礼”[6]在今天的婚礼中仍然会提到，

---

〔1〕 大清国和香港的布政司。

〔2〕 与(1)和(2)等级相同(见 12.15B)

〔3〕 对这个敏感职位的养廉银没有说明，盐运司也同样是敏感的职位。

〔4〕 杂官也有养廉银，但是没有提到数目。

〔5〕 (14.23A 众兄弟 拜见新翁、新郎，然后新郎引入房内，拜候新妇，因此名为探房，是日仍用花轿，送新妇回家拜父母，名为归宁，俗叫回门，另具好多烧猪、羊、酒等物送去。)

〔6〕 (14.9B 必要先过大礼，然后至娶。)

但是“醮酌”〔1〕、“拜雁”〔2〕、“送房”〔3〕和“暖房饭”〔4〕已经淡忘。葬礼中的“捍狗棍”〔5〕和“过(生死)河”〔6〕可能还会有，但是“掟口”〔7〕、“紧棺”〔8〕和“喊饭”〔9〕不再普通。在教育方面“大科”〔10〕和“解元”〔11〕的分别已不再明显，而“大总裁”〔12〕(10.9A)在现代社会已变为指 CEO。在现代很吃香的医药行业，在古时候地位并不高：“假如笔者有子侄读书，不能上进，又唔愿学贸易，但想学医道，咁就要选择一位明白书理，晓畅脉诀，谨慎用药，临症亦多，咁嘅医生，拜佢为师。”〔13〕

当时在广州出现的穆斯林及其习俗，以其详细记载的科举考试、教育制度和医药实践都是很值得探索的。总之，可以认为《对话》几乎是一个时间锦囊。

---

〔1〕(14.15B 上头之后，男家就醮酌其子。)

〔2〕(14.20B 轿夫就将轿门除开，大妗迎新人入屋，同新郎交拜于堂上，俗名拜雁，因此设木雁一双在堂上，取其不乱群之意。)

〔3〕(14.21B 谈笑一回，然后又再送新郎入房，俗名叫做送房，各人就告辞回家咯。)

〔4〕(14.20D 堂上就摆设筵席款待人客，堂下就吹弹歌唱，灯烛辉煌，到人客散席之后，另设一席在新人房，行合卺礼，俗名暖房饭。)

〔5〕(15.20C 初做第一旬，又名头旬，所有亲属，应该着孝嘅人，就于是日成服，孝子着粗麻袍、束麻带、穿草鞋、戴麻布帽，帽边吊三个绵花球，名为三梁冠，手揸一枝短杖，俗名捍狗棍。)

〔6〕(15.13A 世俗传说阴间有一条河，死后必要经过嘅，因此烧衣服，俾死者替换咁意思。)

〔7〕(15.18B 穿好衣服之后，又俾一粒银珠，放入死者口内，俗叫掟口，又有一个枕头，名为鸡鸣枕，放稳棺内，然后请尸入棺。)

〔8〕(15.18D 又俾红缎被周身盖密，咁至钉棺盖，俗名紧棺。)

〔9〕(15.19B 朝晚供献茶、饭，如生时一样，妻、子跪在灵前哭喊，俗名喊饭。)

〔10〕(10.4A 定例三年，考选各省秀才一次，名为乡试，亦系叫做大科。)

〔11〕(10.6B 此后换戴金顶，俗名叫做中举，第一名称为解元。)

〔12〕(10.9A 皇上命四个学士尚书做主考，称为大总裁。)

〔13〕(13.3A 假如笔者有子侄读书，不能上进，又唔愿学贸易，但想学医道，咁就要选择一位明白书理，晓畅脉诀，谨慎用药，临症亦多，咁嘅医生，拜佢为师。)

四　19世纪中期广州的语言

合逊《对话》所载150年前广州所使用的粤语，今天的广州人还能看得懂。不过在词汇和语法结构方面也还是有些不同。此书的字数共有15194个，包括1341个各别的汉字，其中有15个今天已不常用(见附录或表3)，可以看作是此书特有的，或者可能是那个时代使用的。

随意浏览《对话》都会即时发现150年来语言在下述三个主要方面的变化：1)用字变化，2)词汇演变，3)新的语法现象产生，特别是疑问句的形式趋于成熟。(译注：下文引例后面括弧中的数字表示原书章节和问答顺序，Q代表question，即问题，A代表answer，即回答。)

新的词汇：

乜谁(1.15Q)≘边个(谁)

乜讲究(1.14Q)＝点意思(什么意思)

为乜事(2.9Q)＝点解(为什么)

一总(2.8Q)＝通通，所有

通省＝全省(今已罕用。但这种用法的“通”仍见于半粘着的词“通街、通巷”[整条街、整条巷])。

但凡(7.3B)＝凡系(无论何时)

晓(1.4A)＝识(知道)

晓得(3.12A)＝知道(知道)

闻(1.5Q)＝听闻(听见)

共(4.5Q)＝同(动词)(一共，合计)

自后(16.8)＝后来

起首(2.4A)＝开始

其始(14.6Q)＝开始

有名色(14.14A)＝有名气

去归(15.10C)＝归去(家里)(回家)

去远(15.24A)＝远去

代词与四邑方言有很大的一致性，从“一总”可以看到闽南方言的成分[1]。有些用法的使用范围缩小了，如上文提到的“通”。还有些词与官话口语相同，如：但凡、其后、及后和共(动词)。句法上有些逆序现象很有意思，与动词“去”相关的结构有“去远”(今粤语：远去)、“去归”(家)(回家)。

《对话》所采用的体裁是调查者和被调查者之间的求教问答形式，所以为探索问答的语法和语用结构提供了非常好的材料。

这些材料包括分布在15章中的285对问题和回答。这些问题可以分为两大类型：第一类，可以用表示肯定的yes，或可以用表示否定的no来回答(例1.23Q有食物祭冇呢?[有没有供祭祀的食物?]。第二类，不可以用“是、有”，或“不是、没有”来回答，而要求在回答中提供问题中没有出现的语义信息，例如某人的职业(例3.14Q佢做啲乜工夫呢?[他们是做什么工作的?])。第一类“是非问句”有43句，第二类“语义信息”问句有215句。另有些希望听话者提供有关信息但没有明显标志的问句，这是由《对话》的性质造成的。

43个“是非问句”可以分为两小类：32个Ia类“中性是非问句”和11个Ib类“非中性是非问句”。例如上文所引例1.23Q是中性的，即问话者对回答的要求是中性的。另一方

[1] 还有“拢总”，见312页注3。

面，例 14.2Q“唔系自己拣择嘅咩？”（不是可以自己选择的吗？）是一个非中性问句，因为问话人希望可以自己选择。

在《对话》中出现的所有句末疑问语气词，今天的广东话基本上都还在用。但是它们的用法和分布却发生了不可忽视的变化。表 2 列出所有不同类型疑问语气词的分布。

表 2　疑问语气词的分布和问句的类型

疑问句类型	句尾疑问语气词	标记	百分比
有冇	“le” 呢	22	8.4
有冇	“aa” 呀	3	1.2
(别的)V－neg－V	“le” 呢	8	3
(别的)V－neg－V	“aa” 呀	3	1.2
系唔系	“le” 呢	7	2.7
系唔系	“aa” 呀	0	0
吗	“ma” 吗	5	1.9
特殊疑问句	“le” 呢	176	67.4
特殊问句	“aa” 呀	37	14.2
总共		261	100

应该指出，是非问句发生了实质性的变化。其中最有代表性的是，发生非常重要的通过“后缩减”来简化冗余的信息，而使问句形式更加语法化。“后缩减”现象在中国境内的语言中以前没有发现，但对世界上绝大多数语言来说是普遍存在的。

原文有许多用字错误，这可能是刻版工人文化水平较低造成的。研究别字也是饶有兴趣的。表 3A 和 3B 列出这些错别字。

表 3A 别字表

序	原文	正字	原文出处
1.	[illegible]	咩	2.8Q，4.8Q，4.9Q，4.17Q，5.14Q，5.17Q，10.6Q，11.18Q，13.2Q，13.8Q & 14.2Q
2.	野	啲	全部
3.	個的、個宗	嗰啲、嗰宗	全部、嗰宗
4.	你、笔者地	你、笔者哋	全部
5.	黎	嚟	全部
6.	赒⇐銀	賺銀	2.18A
7.	寔首、實	實首	3.15A，5.19Q & 5.21A;5.15A，7.4A & 11.12A
8.	噲	會	5.20A & 9.21
9.	首餙⇦	首飾	14.10A & 14.13A
10.	粧	妝	14.12A，14.13Q，14.13A
11.	著	着	14.21A，15.8B，15.12A
12.	笋	筍	2.12A
13.	[illegible]	[illegible]	13.7A
14.	胗	診	13.13A，13.15C，13.15D（13.3B，13.15B，13.21A 原文用診）
15.	蔴	麻	15.20C，15.22A
16.	裡	裏	15.16A(裱密裏便)
17.	翻/番	番	14.19

续表

序	原文	正字	原文出处
18.	吽	叫	2.8Q
19.	一	一總	2.8Q
20.	真	眞	3.3A

表 3B 错字

序	原文错字	正字	例句
1.	知到	知道	3.12A，10.15A，11.4A & 15.9Q
2.	歛	殮	全部
3.	兩傍	两旁	14.21A，15.19C
4.	擰	拎	2.20A，15.16A
5.	止係、止用	只係、只用	4.9A & 10.12B;14.18A
6.	炮像	炮仗	5.23B
7.	僯省	鄰省	6.4B
8.	得間	得閒	13.3B
9.	針炙	針灸	13.7A
10.	淅江	浙江	10.81A
11.	住趾	住址	13.15B
12.	隻亡	雙亡	14.14A
13.	梅酌	媒妁	14.26A，14.26B
14.	鍇聲	諧聲	8.5A
15.	養廉	養廉銀	12.14C
16.	扣	叩	13.15B(叩門而入)
17.	阿	啊	6.8，10.16 & 11.5

参考文献

Archives of the London Missionary Society (also microfische).

The Hobson Archive. Wellcome Institute, London.

Balme, H. 1921. *China and Modern Medicine: A Study in Medical Missionary Development*. London Missionary Society, London.

Barnett, S. W. & Fairbank, J. K. 1985. *Christianity in China: Early Protestant Missionary Writings*. Harvard University Press: Cambridge, Massachusetts.

Bohr, P. R. 1985. "Liang Fa's Quest for Moral Power", in Barnett and Fairbank (1985) pp. 35—46.

Chao, Y. R. 1947. *Cantonese Primer*. Cambridge: Harvard University Press.

Cheung, S. (张洪年) 1970.《香港粤语语法的研究》,香港中文大学。

Cheung, S. 2001. "The Interrogative Construction: (Re) constructing Early Cantonese Grammar" in H. Chappell (ed) *Sinitic Grammar: Synchronic and Diachronic Perspectives*, New York: Oxford University Press, Oxford. pp. 191—231.

Cheung, Y. S. 1974. *Negative Questions in Chinese*. *Journal of Chinese Linguistics*. 2:3 pp. 325—339.

Fu, Q. X. (傅启学) 1966.《中国外交史》,台北:三民书局。

Huang, Z. D. (黄正德) 1988.《汉语正反问句的模块语法》,《中国语文》4. 247—264.

Jing, C. (竟成) 1988.《汉语和藏缅语的一种是非问句》,《民族语文》,2—35—8.

Lovett, R. 1899. *The History of the London Missionary Society 1795—1895*. Henry Frowde: London.

MacGillivray, 1905. *A Century of Protestant Missions in China (1807—1907)*. Christian Literature Society for China. San Francisco.

McNeur, G. H. (1934?). *China's First Preacher: Liang A-fa*.

Shanghai: Kwang Hsueh Publishing House, Oxford University Press, China Agency.

Ni, D. B. (倪大白)1982.《藏缅、苗瑶、侗泰诸语言反语疑问句结构的异同》,《语言研究》,1. 249－258.

Qian N. R. (钱乃荣)1992.《当代吴语研究》,上海:上海教育出版社。

Rao, B. C. (饶秉才)1990.《广州词汇和语法的主要特点》,《王力先生纪念文集》,pp. 446－463.

Ride, L. 1957. *Robert Morrison: The Scholar and the Man*. Hong Kong University Press.

Rockefeller Foundation. China Medical Commission. 1914. *Medicine in China*, New York.

Thomson J. 1982. *China and Its People in Early Photographs: An Unabridged Reprint of the Classic 1873 － 1874 Work*. New York: Dover Publications.

Townsend, W. J. 1888. *Robert Morrison: The Pioneer of Chinese Missions*. S. W. Partridge & Co.: London.

T'sou, B. K. 1972. "On Re-ordering in Diachronic Syntax", Papers from the Chicago Linguistics Society Meeting, pp. 591－612.

T'sou, B. K. 1976. A Concordance of the Lao－Qi－Da, Tokyo.

T'sou, B. K. (邹嘉彦) 1981.《有关近代汉语"顺裁"、"逆裁"结构演变的探究》,中国语言学会,首届学术讨论会,成都。

T'sou, B. K. 1986. *The Language Bomb*. Longman: Hong Kong.

T'sou, B. K. 1989. "Teaching Chinese to Non-Native Speakers in the 14th Century: Explorations in Methodology". *Proceedings of the 1989 International Seminar on Chinese Language and Its Teaching in the World*. Singapore. (Ed. C. Y Chen), Chinese Language Society, Singapore. pp. 670－671.

Wang, G. W. (王赓武) 1994. *Upgrading the Migrant: Neither Huaqiao nor Huaren*. Keynote paper, International Society for the Study of Chinese Overseas Conference, Hong Kong, December 1994.

Wang, W. S. Y. 1965. *Two Aspect Markers in Mandarin Language*, 41. 457－470.

Wong, J. Y. 1976. *Yeh Ming-ch'en: Viceroy of Liang Kuang 1852－58*. Cambridge University Press: Cambridge（中译本：黄宇和著，区鉷译，《两广总督叶名琛》，北京：中华书局，1984）。

Wu, M. Y., Li, H. X., and Zheng, P. H. 1992.《国史纵编》，雅美出版社（修订版）。

Yang, L. S. 1969. *Excursions in Sinology*. Cambridge: Harvard University Press.

Yip, V. and Mathews, S. 1993. *A Introductory Grammar of Cantonese*.

Yue-Hashimoto, A.（余霭芹）1992.《广东开平方言的中性问句》，《中国语文 40 周年纪念刊》4. 279－286。

Yue-Hashimoto, A. 1993. *Comparative Chinese Dialectal Grammar: Handbook for Investigators*. Collection des Cahiers de Linguistique d'Asia Oriental No. 1, Paris.

Zhang, M.（张敏）1990.《汉语方言反复问句的类型学研究》，北京大学博士研究生学位论文。

Zhu, D. X.（朱德熙）1985.《汉语方言里的两种反复问句》，《中国语文》，1. 10－20。

译者附注

本文原题 Hobson's Canton Dialogues－Language, Culture, and Society in 19th Century Canton，待刊海外学术刊物。作者英文名：Benjamin K. T'sou。合逊原书序于 1850 年，目录如下：导言 1. 论孔夫子的文字系统和宗教系统　2. 佛教的派别和教义　3. 道教的派别和教义　4. 论穆罕默德教　5. 精灵和鬼怪　6. 论魔鬼　7. 论轮回　8. 论中国的书面语　9. 论教育　10. 论官阶　11. 论中国的政府　12. 论省政府　13. 论中国的医药业　14. 论中国的婚礼　15. 论中国的葬礼　16. 散语。

原载《语言研究集刊》(复旦大学)第三集,复旦大学出版社,2006 年,371—389 页。原文作者及题目:Benjamin T'sou,"Hobson's Canton Dialogues—Language,Culture,and Society in 19th Century Canton",Collection des Cahiers de Linguistique 6,Ecole des haules etudes en sciences socials,Centre de Research Linguistuques sur L'Asie Orienta.